esotera

Taschenbücherei
im Verlag Hermann Bauer

Mit dieser Reihe macht der Verlag Hermann Bauer dem interessierten Leser bedeutende Werke aus Bereichen der Esoterik und Grenzwissenschaften zu ungewöhnlich günstigen Preisen zugänglich. Der Schwerpunkt bei der Auswahl für die *esotera-Taschenbücherei* liegt auf Titeln, die dem Leser auf leicht faßliche und umfassende Weise esoterisches Wissen vermitteln, das er auch in seinem Leben anwenden kann. Die Auswahl der Werke erfolgt in enger Zusammenarbeit mit der Redaktion der in Europa führenden grenzwissenschaftlichen Zeitschrift *esotera*.

Bisher sind erschienen:

Archarion: Von wahrer Alchemie
Bernbaum: Der Weg nach Shambhala
Brahmachari: Yoga hilft heilen
Brunton: Entdecke dich selbst
Brunton: Karma – Kette von Ursache und Wirkung
Brunton: Die Weisheit des Überselbst
Chögyam: Der fünffarbige Regenbogen
Dalichow (Hrsg.): Beziehung statt Erziehung
Desjardins: In Liebe gemeinsam wachsen
Easwaran: Mantram – Hilfe durch die Kraft des Wortes
Edwards: Geistheilung
Findley: Beweise für ein Leben nach dem Tod
Fortune: Die mystische Kabbala
Gauquelin: Planetare Einflüsse auf Persönlichkeit und Lebensweg
Geisler (Hrsg.): New Age – Zeugnisse der Zeitenwende
Geisler (Hrsg.): Paramedizin – Andere Wege des Heilens
Halpern: Klang als heilende Kraft
Haraldson: Sai Baba – ein modernes Wunder
Ingrisch: Die Kapelle der Gefahren
Johanson: Zuerst heile den Geist
Kardec: Das Buch der Geister
Kardec: Das Buch der Medien
Kieffer (Hrsg.): Gopi Krisha – Kundalini im New Age
Leuenberger: Das ist Esoterik
Lu K'uanYü: Geheimnisse der chinesischen Meditation
Lütge: Carlos Castaneda und die Lehren des Don Juan
Mertz: Die Esoterik in der Astrologie
Mori: Die Buddha-Natur im Roboter
Osis/Haraldson: Der Tod – ein neuer Anfang
Peick: Wiedergeburt – Eine Reise in frühere Erdenleben
Prantl: Licht aus der Herzmitte
Radha: Aufs Herz vertrauen
Ramm-Bonwitt: Yoga-Nidra – Der Schlaf der Yogis
Reifler: Das I-Ging-Orakel
Schäfer: Stimmen aus einer anderen Welt
Schorsch: Die große Vernetzung – Wege zu einer ökologischen Philosophie
Sharon: Magier der vier Winde
Sterneder: Der Sonnenbruder
Sterneder: Tierkreisgeheimnis und Menschenleben
Sterneder: Der Wunderapostel
Sulami: Der Sufi-Weg zur Vollkommenheit
Swann: Der sechste Sinn
Thakkur: Ayurveda – die indische Heil- und Lebenskunst
Vivekananda: Jnana-Yoga
Vivekananda: Raja-Yoga
Weinfurter: Der Königsweg
Wirth: Lexikon der Lebensweisheit

Gene Kieffer (Hrsg.)

Gopi Krishna:
Kundalini im New Age

BAUER
Verlag Hermann Bauer
Freiburg im Breisgau

CIP-Titelaufnahme der Deutschen Bibliothek

Gopi Krishna:
Kundalini im new age / Gopi Krishna. Gene Kieffer (Hrsg.)
[Ins Dt. übertr. von Angelika Bardeleben]. –
1. Aufl. – Freiburg im Breisgau : Bauer, 1989
(esotera-Taschenbücherei)
Einheitssacht.: Kundalini for the new age ‹dt.›
ISBN 3-7626-0651-X

Die amerikanische Originalausgabe erschien 1988 bei Bantam Books,
New York (a division of Bantam Doubleday Dell Publication)
unter dem Titel *Kundalini for the New Age*

Ins Deutsche übertragen von Angelika Bardeleben

Die *esotera-Taschenbücherei* erscheint im
Verlag Hermann Bauer, Freiburg im Breisgau

Die Umschlagillustration stammt von Magnus Berger

1. Auflage 1989

Lektorat und Satz: textwerkstatt, Sulzburg
Druck und Bindung: May + Co., Darmstadt
Printed in Germany
ISBN 3-7626-0651-X

Inhalt

Einführung

Kundalini und das neue Zeitalter

Mehr als einmal hat Gopi Krishna seine Meinung zum Ausdruck gebracht, die Kundalini sei eines der größten Geheimnisse der Geschichte. Zwar haben Millionen von Menschen Kenntnisse der großen Errungenschaften von Physik, Astronomie, Medizin, Chemie und anderer Bereiche der Wissenschaft. Aber kaum jemand ist mit einer anderen und weitaus wichtigeren Tatsache vertraut: mit dem fast unglaublich großen Potential, das unentdeckt in seinem eigenen Gehirn verborgen liegt. Es ist dieses Kraftzentrum im menschlichen Körper, das die Weisen Indiens als Kundalini ansprachen und das Gelehrte in anderen Teilen der Welt wieder anders benannten: etwa als »Sonne hinter der Sonne« oder als »Stein der Weisen«. Die Kundalini ist ein bestimmtes, körperlich lokalisierbares Organ, allerdings von so feiner Beschaffenheit, daß alle Versuche, handfeste Beweise für ihre Existenz zu finden, bisher gescheitert sind.

Warum die Kundalini jahrtausendelang als Geheimnis betrachtet und gehütet wurde, ist eine Frage, auf die man möglicherweise nie eine befriedigende Antwort finden wird: eine Tatsache, die durchaus etwas Faszinierendes besitzt. So gibt es beispielsweise keine Eintragung zu dem Wort Kundalini in den üblichen Nachschlagewerken wie etwa der *Encyclopaedia Britannica* oder im *Oxford English Dictionary.* Sogar heute, zwei Jahrzehnte, nachdem Gopi Krishna seine Autobiographie *Höheres Bewußtsein. Die evolutionäre Kundalini-Kraft* veröffentlicht hat, ist das Wort Kundalini kaum je in den Medien zu hören oder zu lesen.

Um Klarheit darüber zu gewinnen, was Kundalini ist,

braucht man, wenn man nicht selbst irgendwann einmal die Kraft der Kundalini in sich gespürt hat, nur die Beschreibungen zu lesen, mit denen er seinen eigenen Bewußtseinszustand geschildert hat. Bis zum Alter von vierunddreißig Jahren unterschied ihn von anderen Menschen nichts Nennenswertes. Aber Weihnachten 1934 wurde alles anders, und er wurde nie wieder der, der er vorher war. Im folgenden finden Sie eine leicht gekürzte Beschreibung, wie die Kundalini in Gopi Krishna erwachte, nachdem er siebzehn Jahre lang jeden Morgen drei Stunden meditiert hatte.

> Ich saß aufrecht und ruhig und hatte meine Gedanken ohne Unterbrechung auf den glänzenden Lotus gerichtet. Ich wollte unbedingt meine Aufmerksamkeit sammeln ... Mein ganzes Sein war so sehr mit der Betrachtung des Lotus erfüllt, daß ich einige Minuten lang den Kontakt mit meinem Körper und mit meiner Umgebung verlor. Ich solchen Momenten hatte ich das Gefühl, als hinge meine Seele in der Luft und als hätte ich keinerlei Gefühl für meinen Körper.
> In einem solchen Zustand intensiver Konzentration hatte ich plötzlich unterhalb der Wirbelsäule, dort, wo der Körper den Sitz berührt, eine sehr seltsame Empfindung. Ich saß aufrecht im Schneidersitz, auf einer Wolldecke, die ich auf dem Fußboden ausgebreitet hatte. Das Gefühl war so ungewöhnlich und so angenehm, daß meine Aufmerksamkeit davon angezogen wurde. In dem Moment aber, als meine Aufmerksamkeit von dem Punkt, auf den sie sich gerichtet hatte, absichtslos abglitt, hörte das Gefühl auf. ... Nach einer Weile sammelte ich mich und fiel wieder in meinen meditativen Zustand. Als ich vollkommen in meine Meditation eingetaucht war, überkam mich das Gefühl wieder; allerdings hielt ich meine Aufmerksamkeit diesmal streng auf das Objekt meines Interesses gerichtet. Das Gefühl dehnte sich wieder-

um nach oben hin aus und wurde immer intensiver. Ich spürte, daß ich begann, mich ablenken zu lassen, aber mit großer Anstrengung gelang es mir, meine Konzentration auf den Lotus gerichtet zu halten.
Plötzlich nahm ich wahr, wie unter Donnergetöse ein Strom von Flüssigkeit durch die Wirbelsäule in mein Gehirn einfloß.
Da ich mich darauf überhaupt nicht vorbereitet hatte, war ich vollkommen überrascht; es gelang mir allerdings sofort, meine Selbstbeherrschung wiederzugewinnen und meinen Geist weiter an dem Konzentrationspunkt festzuhalten. Das Licht in meinem Inneren wurde immer heller und das Getöse lauter. Ich hatte das Gefühl, als würde mich jemand hin- und herwiegen, und dann spürte ich, daß ich aus meinem Körper herausglitt und dabei vollkommen in einen Lichtschein eingehüllt war. Diese Erfahrung kann ich unmöglich genau beschreiben. Ich fühlte, daß sich der Bewußtseinspunkt, der ich eigentlich bin, erweiterte und daß er von Lichtwellen umgeben war. Er dehnte sich immer weiter aus, während mein Körper, normalerweise das unmittelbare Objekt meiner Wahrnehmungen, sich anscheinend in eine bestimmte Entfernung zurückgezogen hatte, bis ich mir dieses Körpers überhaupt nicht mehr bewußt war. Ich war jetzt nur noch Bewußtsein, ohne jede äußere Form, ohne jedes körperliche Anhängsel, ohne irgendein Gefühl, das durch meine Sinne hervorgerufen worden wäre, und eingetaucht in ein Meer von Licht. Dieses Bewußtsein war darüber hinaus außerordentlich verfeinert, es hatte sich sozusagen in alle Richtungen zugleich ausgedehnt, ohne irgendeine Grenze oder ein mentales Hindernis.
Ich war nicht länger ich selbst, oder, um es genauer zu sagen: ich war nicht mehr derselbe, den ich vorher gekannt hatte, ein kleiner Lichtpunkt, in einem Zustand der Bewußtheit von einem Körper eingegrenzt. Ich war stattdessen ein riesengroßer Bewußt-

seinskreis, in dem der Körper nur ein Punkt war. Ich war gebadet in Licht, und ich befand mich in einem Zustand von leidenschaftlicher Erregung und Glück, der unmöglich zu beschreiben ist.

Nach einer Weile, so fuhr Gopi Krishna fort, verkleinerte sich der Kreis wieder, und er fühlte, daß er sich erneut zusammenzog, bis er schließlich wieder in seinen früheren Zustand hineinglitt. Am folgenden Morgen begann er wie immer seine Meditationsübungen, und wieder fühlte er den Strom nach oben steigen: »Heftig und mit einem Dröhnen in meinen Ohren drang der Lichtstrom in mein Gehirn ein. Er erfüllte mich mit Kraft und mit Lebensfreude, und ich fühlte, wie ich mich in alle Richtungen ausdehnte, wie ich über die Grenzen meines Körpers hinauswuchs, wie ich vollkommen aufging in diesem hellen, bewußten Glühen, mit dem ich doch nicht vollkommen verschmolzen war.«

Er war sich jedoch nicht darüber im klaren, daß er von diesem Zeitpunkt an niemals wieder die altvertraute und »normale« Persönlichkeit sein würde, die er einst gewesen war. In seiner Autobiographie erzählt er, daß er unwillkürlich »die wunderbarste und stärkste Kraft im Menschen erweckt hätte«, daß er, ohne es zu wissen, den Schlüssel zu einem der am besten gehüteten Geheimnisse der Vorfahren gefunden habe. »Von dem Moment an lebte ich für eine lange Zeit nur wie an einem seidenen Faden, und ich schwankte zwischen dem Leben auf der einen und dem Tod auf der anderen Seite, zwischen geistiger Gesundheit und Krankheit, zwischen Licht und Dunkel, zwischen Himmel und Hölle.«

Der Grund für diesen außerordentlich instabilen und furchterregenden Gemütszustand, der zwölf Jahre lang andauerte, ist in den populären Büchern über Yoga nicht aufgezeichnet. Es war ein ganzes Bündel von Faktoren, die dabei eine Rolle spielten, beginnend mit einer ungesunden und unzuträglichen Ernährung und einem Mangel an Wissen über die Erbfaktoren bis hin zum Fehlen eines Lehrers oder Gurus, der ihn hätte führen können. Es ist in der letzten Zeit kaum bei irgendeinem Menschen vorgekommen, daß die Kundalini, so wie bei Gopi Krishna, vom Tag der Erweckung an bis zu seinem Tode ohne Einschränkung aktiv gewesen ist. Dies und die Tatsache, daß er seine subjektiven und objektiven Beobachtungen aufzeichnete, und zwar fast ein halbes Jahrhundert lang, machen seine Erfahrungen nicht nur einzigartig, sondern geben ihnen auch eine enorme Bedeutung für unser Verständnis von unserer eigenen Entwicklung und für die Entwicklung der Zukunft aller Menschen. Es ist beispielsweise ein Unterschied, nur darüber zu spekulieren, ob wir nur ein Zehntel unseres Gehirnpotentials nutzen, wie es von vielen Psychologen behauptet wird, und welche anderen menschlichen Fähigkeiten wir ungenutzt lassen, oder ob jemand uns tatsächlich zeigt und vorlebt, was möglich sein kann.

Die Pfade zum Gipfel führten immer über Berge, von denen die Menschen annahmen, sie wären unbezwingbar – bis ihnen irgendwann einmal ein kühner Geist den Weg wies. Die Geschichte der Olympischen Spiele ist die Geschichte von Rekorden, die immer wieder von solchen grenzüberschreitenden geistigen Einstellungen gebrochen werden. Irgend jemand muß der erste sein und den Weg zeigen. Gopi Krishna war nicht der erste Mensch, der Grenzen, die vorher unüberwindlich schienen, überschritten hat, aber er war in unserer Zeit der erste, der niedergeschrieben hat, was es bedeutete, so grundlegend verändert zu sein. Und was noch wichtiger ist: Er war der erste Mensch, der erklärt hat, was das Leben für jeden Menschen bedeuten kann, der wie wir in ungewissen und unsicheren Zeiten lebt.

Kundalini ermöglicht es dem Menschen, in die Zukunft zu schauen und dadurch die Abgründe zu vermeiden, die für die Menschen zu einer Katastrophe werden können. Unser inneres Licht kann uns zeigen, wie wir unbehelligt die Minenfelder des nuklearen Zeitalters überwinden können. Dieses Licht ist auch die superintelligente Energie hinter unserem Bewußtsein; es ist deshalb der evolutionäre Mechanismus, der die eigentliche Kapazität unseres Gehirns festlegt.

Als gewöhnliche Sterbliche müssen wir uns fragen, was es bedeutet, sich in einem solchen Bewußtseinszustand zu befinden.

Alle, die jemals darin waren, scheinen in der Meinung übereinzustimmen, daß dieser Bewußtseinszustand einer ganz anderen Dimension angehört. Es gibt in jeder Sprache nur wenige Wörter, die sich für eine auch nur annähernde Beschreibung dieses Zustandes eignen; im Grunde ist die Erfahrung nicht in Worte zu fassen. Genau das jedoch hat Gopi Krishna zu tun versucht – und einige seiner außergewöhnlichen Beschreibungen sind in diesem Buch wiedergegeben. Dadurch unterscheidet es sich sehr deutlich von anderen Büchern, die sich mit mystischen Erfahrungen befassen.

»Es ist unmöglich, das überwältigende Erstaunen zu beschreiben, das die Seele erfüllt«, sagte er, »wenn sich mit dem Hereinfließen des neuen psychischen Stroms in das Gehirn der Bereich des individuellen Bewußtseins zu weiten beginnt, bis es sich wie ein Ozean überall hin ausbreitet, so weit der Geist nur reicht.«

Ein Gefühl von ungeheurem Staunen und unbegrenzter Ehrfurcht erfüllt den Geist während der ganzen Zeit der wahren mystischen Erfahrung, und niemals wird man das damit verbundene unbeschreibliche Glücksgefühl vergessen. Gopi Krishna erlebte dies Gefühl nicht nur ein einziges oder einige wenige Male; das Gefühl, in ein Meer von Licht eingetaucht zu sein, blieb ein dauerhafter Aspekt seines Lebens – und zwar vom ersten Moment an bis zum Augenblick seines Todes im Alter von 82 Jahren, am 31. Juli 1984. In all den Jahren spürte er immer wieder tiefe Verwunderung, Begeisterung und zugleich Demut angesichts dieser Erfahrung, Gefühle, die sein ganzes Leben, bis hinein in seinen Schlaf, bestimmt haben. Selbst wenn man die gesamte einschlägige Literatur studiert, wird man kaum etwas Vergleichbares finden. Zwar ist das Geheimnis von Kundalini bereits seit mindestens siebentausend Jahren bekannt, aber es war bisher ausschließlich im Besitz einiger weniger Eingeweihter.

So bedeutet die Entdeckung der Kundalini zugleich die Entdeckung eines der größten dem Menschen bekannten Wunder der Natur. Alle mystischen und psychischen Phänomene sind das Resultat der Aktivität eines verborgenen Kraftzentrums im menschlichen Körper, das den Eingeweihten in vielen Teilen der Welt bekannt ist; sie arbeiten mit ihm und gaben ihm vielerlei Namen. Die Berichte über ihre Erfahrungen waren immer in eine metaphorische und symbolische Sprache gekleidet, die nur ein anderer Eingeweihter entschlüsseln konnte. Die höchsten esoterischen Lehren wurden vom Guru an den Schüler durch mündliche Überlieferung weitergegeben.

Der Himmel hat in den menschlichen Körper einen kraftvollen Speicher an psychischer Energie eingepflanzt. Diese Energie kann, wenn sie aktiviert wird, zu transzendentalen Bewußtseinszuständen, zu genialen Eingebungen und zu über das Normale hinausgehenden psychischen Fähigkeiten führen. Bei allen Propheten, Mystikern, Weisen und Sehern war dieses Kräftereservoir von ihrer Geburt an auf natürliche Weise aktiv. Es kann auch nicht auf künstliche Weise erweckt werden; wenn der Kontakt mit Gott auf dem Wege über Drogen oder Hypnose oder elektronische Wellen geschaffen werden könnte, so würden der Menschheit alle Möglichkeiten einer spirituellen Entwicklung genommen. Warum? Nun, warum sollte sich der Mensch dann noch anstrengen und jene Charakterzüge entwickeln, die alle religiösen Schriften der Welt so klar herausstellen und beschreiben? Im Atomzeitalter hängt unser Überleben davon ab, daß wir jene erhabenen Charakterzüge entwickeln, die unsere Führer in allen menschlichen Unternehmungen leiten sollten.

Jetzt also ist die Zeit gekommen, in der die Kenntnis der Kundalini das Allgemeingut der gesamten Menschheit werden muß, um ein Gegengewicht gegen die unbegrenzte Macht zu schaffen, die der Mensch über das Reich der Materie und der Natur ausübt. Die beiden Komponenten der menschlichen Persönlichkeit, der Körper und der Geist, müssen unterschiedlich erforscht werden. Einige Wissenschaftler werden zwar weiterhin mit der falschen Vorstellung leben, daß sie durch die neuesten Entwicklungen der Physik in der Lage seien, rein religiöse Probleme ebenfalls zu lösen. Dies ist aber nicht der Fall.

Sinnliche Wahrnehmung und intellektuelle Erkenntnisse können zwar durchaus Tatsachen über den Körper und über das sichtbare Universum beschreiben; was aber den Geist und seinen Lebensbereich anbetrifft, so sind innere Einkehr und Reflektion nötig. Die Wissenschaft ist kopflastig geworden, weil sie dem Bewußtsein nicht genug Aufmerksamkeit gewidmet hat und weil sie sich sogar bei der Erforschung des Geistes ausschließlich gewisser intellektueller Methoden bedient. Es ist noch nicht allgemein bekannt, daß die intelligenten Lebensenergien, die für die Ausformung des Körpers und des Geistes verantwortlich sind, ihren Schöpfungen bei weitem überlegen sind.

Die Weisen früherer Zeiten haben diese Tatsachen bereits erkannt, aber ein Großteil ihres Wissens ist verlorengegangen. Was überlebt hat, ist in Hunderten von Büchern gesammelt worden, die auf den verschiedenen Wegen heutiger Bewußtseinserforschung sehr hilfreich sind. »Sowohl auf Grund ihrer geistigen Überlegenheit als auch ihrer praktischen Nutzbarkeit wird die spirituelle Wissenschaft unsere heutige, materialistisch orientierte Wissenschaft gänzlich in den Schatten stellen«, sagt Gopi Krishna. »Wir leben immer noch in einem Zustand, in dem das neue Zeitalter nur sehr schwach heraufzudämmern beginnt.«

Zu allen Zeiten hat der Mensch nach dem Lebenselixier gesucht, nach dem heiligen Gral, dem Lebensbaum, dem Brunnen der Jugend, dem alchemistischen Rezept, das Schlacke in Gold verwandelt, dem dritten Auge, dem Zauberstab, dem kosmischen Bewußtsein, der Aufklärung, der Erleuchtung und dem Stein der Weisen, und in allen diesen Fällen ist das Ziel der Suche das gleiche geblieben: Ob die Suchenden nun genau wußten, wonach sie auf der Suche waren – letztlich war das eigentliche Ziel ihrer Bemühungen immer die Erweckung der Kundalini.

Ohne die Weisheit der Philosophen oder den »Stein der Weisen« kann die Welt im Atomzeitalter nicht überleben. Deshalb machte Gopi Krishna mehrere Reisen in den Westen – um Gelehrte zu treffen und sie zu drängen, nach der ewigen Weisheit zu suchen, indem sie sich der vernachlässigten und vergessenen esoterischen Literatur der Vergangenheit zuwandten. Er glaubte, daß in dem Moment, in dem dies geschähe, Kundalini das »am heißesten diskutierte Thema« werden würde.

Im Laufe der Geschichte war es immer wieder Indien, das als Zentrum des geistigen und spirituellen Wissens galt. Die ältesten Texte der Menschheit, die Veden, wurden etwa 1500 vor Christus erstmals schriftlich aufgezeichnet und seit jeher so sorgfältig von einer Generation zur anderen mündlich überliefert, daß fast keine Silbe davon verlorengegangen ist. In einem der frühesten Veden, dem Rig Veda, trägt die Kundalini den Namen *vak*, die Göttin der Sprache; zudem steht in diesem Veda das folgende Gebet: »Aus der Dunkelheit führe mich ins Licht, vom Unwirklichen führe mich zum Wirklichen, vom Tode führe mich zur Unsterblichkeit.«

Aber sogar vor den Zeiten der Veden hatten die Weisen der alten Kulturen des Industals Kenntnis der Kundalini. Und es gibt genügend Anzeichen dafür, daß auch in Ägypten von den Hohepriestern und den königlichen Familien Übungen gemacht wurden, um die Kraft der Kundalini zu wecken. Es war die Religion der Akhenaten und Nefertiten einige hundert Jahre vor

Christi Geburt, jedenfalls, wenn man nach den Bildern der Lyrik und den Symbolen urteilt, die die Revolution überdauerten, in deren Folge eine Stadt, die an den Ufern des Nils zur Ausübung ihrer geheimen Religion gebaut worden war, zerstört wurde.

Obwohl Gopi Krishna weder als Gelehrter noch als Wissenschaftler einen akademischen Grad hatte, glaubte er an seine Lebensaufgabe, einer breiten Öffentlichkeit das Geheimnis der Kundalini zu enthüllen. Zu diesem Zweck wollte er alles, was jemals zu diesem Thema geschrieben worden war, kennenlernen. An einem Tag im Herbst des Jahres 1978 entdeckte er während seiner ersten Amerikareise die Kopie einer seltsamen Arbeit, die vor dreihundert Jahren in Paris vom Abbé N. de Montfauçon de Villars veröffentlicht worden war. Die Arbeit trug den Titel »Compte de Gabalis«, und er sagte nach der Lektüre, er sei überrascht gewesen, was darin über Kundalini stünde, vor allem, weil nur sehr selten auf indische Quellen Bezug genommen würde. Die meisten Bezüge stammten aus dem Alten und Neuen Testament, aus dem Koran, von Plato und anderen griechischen Philosophen und aus zahlreichen Legenden und Mythen, die aus einer vergangenen Zeit vor Hunderten oder sogar Tausenden von Jahren stammen. Das Buch war ins Englische übersetzt und ungefähr 1900 von The Brothers veröffentlicht worden.

Zwar könnte man Dutzende von bedeutungsvollen Textstellen aus diesem kleinen Band zitieren, den man zumindest in den letzten zehn Jahren in zahllosen amerikanischen Buchläden kaufen konnte, aber es genügen einige wenige wahllos herausgegriffene Zitate, um aufzuzeigen, daß in den traditionellen Schriften und in der klassischen Literatur des Westens vieles verborgen lag:

»In der frühen christlichen Kirche war das Wort ›Christus‹ ein Synonym für das Sonnenprinzip im Menschen. ›Aber so Christus in Euch ist, wird Euer Geist, obwohl der Körper in Sünde sterben muß, in Rechtschaffenheit leben.‹ (Römer 8:10)« (»Sonnenprinzip« ist ein Begriff, der in dem Buch sehr häufig gebraucht wird und der zugleich die Kundalini meint.)

»Der Tag ist gekommen, an dem wir versuchen sollten, den Schatz dieses alten Bandes mit einem Schlüssel zu öffnen, der aus dem Stein der Weisen gemacht wurde.« (Die Entdeckung des Steins der Weisen oder der Philosophen und die Erweckung der Kundalini werden als identische Phänomene behandelt.)

»Das Gleichnis von Eva und der Schlange: Die ursprüngliche Elektrizität oder Sonnenkraft, die auch in der Aura jedes Menschen enthalten ist, wurde von den Griechen Speirema, die Schlangenspirale, genannt; in den Upanishaden, den heiligen Schriften Indiens, heißt es, daß diese Kraft spiralförmig ineinandergedreht liegt wie eine schlummernde Schlange. Im dritten Kapitel der Schöpfungsgeschichte wird sie durch die Schlange symbolisiert – ›geschmeidiger als irgendein anderes Tier der Schöpfung, das unser Herrgott erschaffen hat‹. Als sich diese Kraft in Eva rührte, wurde sie in Versuchung geführt, sie zu mißbrauchen. Sie wurde nach unten, in die niederen körperlichen Bereiche und in die Geschlechtsorgane gelenkt, nicht geweiht und geheiligt vom Bewußtsein der Verantwortung für Gott und die Seele. So brachte die Schlangenkraft oder das Feuer das Wissen über das Böse; als sie sich nach oben, zum Zweck der Regeneration in Richtung des Gehirns richtete, in den Bereich des unsterblichen Sonnenkörpers, brachte sie das Wissen um das Gute. Und so wird die doppelte Wirkung der Sonnenkraft durch den Baum des Wissens von Gut und Böse symbolisiert.«

»Der Stein der Weisen ist ein Begriff, der von den Geheimwissenschaftlern benutzt wurde, um den Gipfel der Weisheit zu beschreiben, die Vereinigung des göttlichen Bewußtseins oder des allwissenden Sonnenprinzips im Menschen mit dem niederen Bewußtsein oder der Persönlichkeit. Diese Vereinigung war zu allen Zeiten das Ziel der Eingeweihten.«

»Durch das Wissen von dem Gesetz, das die Sonnenkraft (Kundalini) beherrscht, wird der Mensch die Macht gewinnen, um jene mit den Planeten korrespondierenden Zentren zu wecken. Er wird dadurch die planetarischen Kräfte kontrollieren, die sich in ihm manifestieren; er wird die Unsterblichkeit seines eigenen Seins entfalten und zum Herrn seines Schicksals werden.«

Es gibt Tausende von Büchern über Religion, Mystizismus und Zauberei, die im Licht des neuen Verständnisses gelesen werden könnten, wenn die Erkenntnisse Gopi Krishnas wie der Stein von Rosetta auf das angewandt werden könnten, was bis jetzt im dunkeln verborgen ist. Ob es nun um die Freimaurer geht, um die Okkultisten, um die Rosenkreuzer, die Kabbalisten oder die Alchemisten, alle diese Philosophien würden dann in einem neuen Licht erstrahlen. Denn die Kundalini ist der goldene Faden, der sich durch die heiligen Schriften der ganzen Welt hindurchzieht, und die Kraft, die uns den Weg weist, um den Geist zu erforschen. Sie ist der einzige von der Natur vorgegebene Weg, um in das Reich des Bewußtseins zu gelangen.

»Den Erfahrungen von Gopi Krishna ausgesetzt zu sein ist, als träfe man einen Weltraumfahrer, der anscheinend ohne besonderes Ziel und ohne die Standardausrüstung eines Astronauten auf einem fremden und unbekannten Stern gelandet ist und der jetzt einfach die verwirrende Landschaft um sich herum farbig und tatsachengetreu beschreibt«, schreibt Dr. Frederic Spiegelberg in seiner Einführung zu Gopi Krishnas Autobiographie. »(Er) ist ein extrem aufrichtiger Reporter und nimmt fast eine demütige Haltung ein.«

Demut ist ein untrügliches Charakteristikum für jeden, der erfolgreich die Kundalini erweckt hat. Der Mensch wird dadurch sensibler, mitfühlender und aufnahmefähiger für die Gefühle seiner Mitmenschen. Er wird dadurch auch zu einem genial begabten Menschen und zu einem Weisen. Durch die Aktivierung der Kundalini kann der Mensch einen Zustand von kosmischem Bewußtsein erreichen, in dem er die tiefsten Geheimnisse des Lebens und der Existenz intuitiv erfassen kann. Gopi Krishna war ein lebendes Beispiel für die radikale Transformation, die dieses psychosomatische Kräftereservoir an psychischer Energie hervorrufen kann. Er lebte im wörtlichen Sinne in einer glänzenden, lichtdurchfluteten Welt, in der »jede Szene und jedes Objekt vor einem wunderbar leuchtenden Hintergrund glänzte«, sagte er. »Dadurch entsteht ein Bild von einer solchen Pracht und sublimen Schönheit, daß ich mich, ohne die geringste Übertreibung, in jeder Nacht im Schlaf so fühlte, als befände ich mich in bezaubernden göttlichen Regionen himmlischen Lebens.«

Gopi Krishna wurde 1903 in dem kleinen Dorf Gairoo, ungefähr 32 Kilometer entfernt von Srinagar, der Hauptstadt Kashmirs, geboren. Nachdem er durch seine Collegeprüfungen gefallen war, verließ er die Schule, heiratete und widmete sich dem Yoga und der Meditation, während er als kleiner Beamter seinen Lebensunterhalt verdiente. 1937 spürte er das plötzliche Erwachen der Kundalini. Da die Energie aber in negativer Form aktiviert worden war, litt er etwa zwölf Jahre lang unter schweren gesundheitlichen Störungen und hatte oft große Schmerzen. Zugleich wurde er trotz aller Leiden Zeuge seiner eigenen, sehr stark beschleunigten evolutionären Verwandlung. Der Entwicklungsschritt hin zum Zustand eines stabilen kosmischen Bewußtseins erfolgte endlich 1950, als er auch zu schreiben begann.

Als er an einem Wintertag gerade mitten auf einer Brücke in einer Menschenmenge stand, fühlte er plötzlich einen unbezähmbaren Drang zu schreiben. Zwei Zeilen eines Gedichts in Kashmiri zogen an seinem inneren Auge vorbei, »wie glänzende Buchstaben in der Luft ... wie ein machtvoller Impuls, der aus dem Nichts entstanden war, mich umarmte und alle Gegenstände um mich herum überstrahlte ... Die Zeilen entsprangen den geheimen Winkeln meines Herzens und entwickelten sich plötzlich zu vollkommen ausgeformten Versen wie fallende Schneeflocken.« Er hatte jahrelang fast bis zum Wahnsinn unter den entsetzlichsten Seelenqualen gelitten – jetzt aber, von diesem Moment an, befand er sich auf dem Weg der vollkommenen Genesung und in einer blendenden gesundheitlichen Verfassung.

Den höchsten Bewußtseinszustand, der sich ihm schließlich eröffnete, erreichte er nicht sofort. Dieser Zustand markierte vielmehr den Gipfelpunkt eines fortlaufenden Prozesses biologischer Umwandlung, der sich über fünfzehn Jahre erstreckte. Sogar nachdem er schon zweiundachtzig Jahre alt war, setzte sich dieser Prozeß weiter fort.

Die Bedeutung von Gopi Krishnas Schriften in der heutigen Zeit liegt darin, daß sie das Produkt seiner eigenen, direkten Beobachtungen sind – ähnlich wie die Erkenntnisse eines kompetenten Wissenschaftlers, der die Ergebnisse einer Reihe von sorgfältig durchgeführten Experimenten getreulich aufgezeichnet hat.

Seine Autobiographie wurde 1970 von Stuart & Watkins in London veröffentlicht und erregte bei einigen Gelehrten der westlichen Welt sofort Aufmerksamkeit. Einer von ihnen war der deutsche Astrophysiker Dr. Carl Friedrich von Weizsäcker, Direktor des Max-Planck-Instituts zur wissenschaftlichen Erforschung des Lebens. Beide Männer trafen sich häufig – in Deutschland ebenso wie in Indien. In dem Versuch, die Ideen von Gopi Krishna anderen westlichen Gelehrten nahezubringen, schrieb von Weizsäcker einen sehr bemerkenswerten Aufsatz, in dem es hieß: »Der einzigartige Aspekt von Gopi Krishnas Erfahrung und der Erfahrung der ganzen Yogarichtung, zu der ihn seine Erlebnisse hingeführt haben, ist die am eigenen Körper erlebte Erfahrung eines immer stärker wachsenden Bewußtseins.«

Professor von Weizsäckers Einführung und ein Aufsatz, der zwei Jahre früher für eine Rede, die in Florenz von Gopi Krishna geschrieben worden war, wurden 1972 in New York von Harper & Row mit dem Titel *The Biological Basis of Religion and Genius* veröffentlicht.

Gopi Krishnas zweites ausführliches Buch *The Secret of Yoga* wurde zur selben Zeit, ebenfalls von Harper & Row, veröffentlicht.

»Mit der Erweckung der Kundalini«, so hatte er geschrieben, »wird das gesamte Nervensystem auf ganz erstaunliche Weise aktiviert, beginnend am Scheitelpunkt des Kopfes bis hin zu den Zehen ... (und der) Körper wird nun in ein winziges Laboratorium verwandelt, das Tag und Nacht mit sehr großer Geschwindigkeit arbeitet ... Die Nerven in allen Teilen des Körpers, deren Existenz man im Zustand normalen Bewußtseins niemals spürt, werden jetzt durch irgendeine unsichtbare Kraft zu einer neuen Aktivität gezwungen, die für den Menschen entweder sofort oder auch schrittweise wahrnehmbar wird.«

»Durch ihre zahllosen Enden beginnen die Nerven, eine nektarähnliche Substanz aus dem Gewebe herauszuziehen, die dann in zwei deutlich unterschiedenen Aggregatzuständen, als Strahlung und als feine Flüssigkeit, in das Rückenmark eingeht ... Die Strahlung, die als eine glänzende Wolke im Kopf erlebt wird, strömt ins Gehirn.«

Zugleich mit dieser fließenden Strahlung wurde Gopi Krishna zum Schreiben mehrerer Bücher inspiriert, von denen er einige in Versen, andere in Prosa schrieb, bis er schließlich mehr als ein Dutzend Bücher verfaßt hatte. Aus einem gewöhnlichen Mann mit sehr geringer formaler Bildung war er zu einem Propheten und Weisen geworden, genauso, wie es die alten Handbücher allen ehrlich Suchenden versprochen hatten. Die Erweckung der Kundalini bedeutet nicht nur Seelenfriede oder die Vision Gottes oder bestimmte psychische Fähigkeiten, wie dies früher geheime Texte verkündet hatten, sondern sie führt den Menschen auch auf die Höhen eines intellektuell wunderbar begabten Menschen empor, der mit *vaikhari*, der spontanen Fähigkeit zu Aussagen voller Weisheit und Tiefe, gesegnet ist.

Für Gopi Krishna kam zusammen mit dem *vaikhari*

der Traum von einer durch die Verschmelzung von Religion und Wissenschaft emanzipierten Menschheit. »Das Wissen über den Geist muß ebenso präzise und allgemein verbreitet werden wie das über die physische Welt«, schrieb er in einem Brief an einen Zeitungsherausgeber in Bombay. »Darin liegt die Sicherheit und die Überlebenschance der Menschen.«

Das hier vorliegende Buch soll helfen, diesen Traum zu verwirklichen. Eine Revolution in der Erforschung des Gehirns ist natürlich bereits im Gange, aber es fehlt uns immer noch sehr viel Wissen über unser eigenes Selbst. Es gibt kaum etwas Wichtigeres, als unsere Aufmerksamkeit auf diese Tatsache zu lenken. Wird dies nämlich nicht getan, dann wird die weit verbreitete, aber falsche Ansicht, der Mensch sei nur eine Maschine, Jahr für Jahr stärkeren Einfluß gewinnen.

»Es gibt nicht den geringsten Grund, daran zu zweifeln, daß Gehirne irgend etwas anderes sind als Maschinen mit enorm vielen Einzelteilen, die sich in einer perfekten Harmonie mit physikalischen Gesetzen befinden«, bemerkte Professor Marvin Minsky, Professor am Massachussetts Institute of Technology in Cambridge, USA, in *The Society of Mind.* »Soweit wir wissen, ist unser Intellekt nichts weiter als ein komplexes Zusammenspiel einzelner Vorgänge.«

Bei der Rezension des anderen Buches eines Autors ähnlicher Denkungsart für die New York Times zeigt Professor Barry L. Jacobs von der Universität Princeton, welch fehlgeleitete Hoffnungen aus dieser Einstellung erwachsen können: »Da das Gehirn den Ausgangspunkt allen menschlichen Denkens und Handelns bildet und da es auf Grund chemischer Neurotransmission arbeitet, ist es genau der Ort, an dem wir das Allheilmittel für alle Übel dieser Welt finden werden.«

Aber wie jeder Geschichtsstudent inzwischen weiß, gab es im Laufe der Zeit schlechte, destruktive und gute, konstruktive Regierungen; und Macht hat die Tendenz, den Machthaber zu korrumpieren. Darüber hinaus »scheint es so, als gäbe es unter den Führern eine größere geistige und moralische Schizophrenie als in der Bevölkerung, die von diesen Personen regiert wird«, meinen Sorokin und Lunden in *Power and Morality*. Angenommen, diese Beobachtung ist richtig, so bleibt zu fragen, wer denn die Tabletten verschreiben oder die Operationen durchführen sollte bei denen, die für unsere Sicherheit verantwortlich sind. Wenn Medizin oder ein chirurgischer Eingriff bestimmte Charakterschwächen korrigieren oder einen Kriminellen in einen Heiligen verwandeln könnten, welche Notwendigkeit gäbe es dann, sich selber zu verändern? Ohne moralische und ethische Grundsätze und Bindungen wird eine Welt von atomar bewaffneten Staaten nicht lange überleben.

Was immer wir über das mechanische Funktionieren des Gehirns lernen mögen, wir müssen noch den Weg finden, um es von innen her zu erleuchten. Sonst werden die unsichtbaren Ebenen der Schöpfung, zu denen unser Verstand und unser Geist gehören, niemals in unser Blickfeld kommen. Zu behaupten, daß jeder menschliche Gedanke, jede Hoffnung, jede Furcht, jede Leidenschaft, jede Sehnsucht und jede Einsicht vom chemischen Zusammenspiel der Transmittoren und Rezeptoren im Gehirn abhingen, zeigt, daß das wirkliche Verständnis fehlt. Es ist auch gefährlich. Warum? Weil es bedeuten würde, daß wir nichts anderes sind als komplizierte Computer. Dann hätten die recht, die uns sagen, »Gott ist ein Mythos, an den zu glauben wir durch unsere Natur vorprogrammiert sind.« War es ein bloßer Zufall, daß die unglückselige siebente Weltraumrakete den Namen »Challenger« (Herausforderer) trug?

Wenn wir uns dem Phänomen des menschlichen Gehirns – einem »Wunder der Schöpfung« – gegenübersehen, dann ist es sinnvoll, sich Gopi Krishnas Bemerkung zu vergegenwärtigen, daß die »Intelligenz, die dahinter steht, unseren Verstand millionenfach mehr übersteigt als dieser dem Verstand eines Maulwurfs.«

Die meisten von uns würden ihm beipflichten, daß sich die Welt auf eine Katastrophe zu bewegt und daß daher eine drastische Veränderung des Denkens notwendig ist. Allerdings wird die Frage nur sehr selten oder auch gar nicht diskutiert, wie man diese Veränderung sicher und schnell bewerkstelligen kann. Es gibt die Möglichkeit, die öffentliche Aufmerksamkeit auf die göttlichen Potentiale des Menschen zu richten. Wenn wir uns auf das Höchste, das wir uns vorstellen können, konzentrieren, sagt Compte de Gabalis, »dann wird die Sonnenkraft und die Macht, die nach oben gerichtet sind, jene Ganglienknoten oder Organe der Wahrnehmung erwecken und revitalisieren, die uns bisher noch nicht zur Verfügung standen.«

Diese Konzentration auf das Höchste kann sehr stark durch die Veröffentlichung und Verbreitung der Arbeiten jener Männer und Frauen gefördert werden, die aus eigener direkter Erfahrung über den Zustand der Erleuchtung geschrieben haben. Auch dann, wenn man jener mystischen Visionen selbst noch nicht teilhaftig geworden ist, kann doch das Lesen jener Worte der Weisheit schon an sich eine tiefgreifende Erfahrung sein. Gewiß ist es einer der sichersten und wirksamsten Wege, um das eigene Bewußtsein zu verändern.

Dieses Buch enthält das weite Spektrum der Gedanken Gopi Krishnas und gibt zugleich einen Überblick über die Arbeit der zwei Jahrzehnte – 1965 bis 1984 –, in denen er seine Erfahrungen und Gedanken schriftlich niedergelegt hat. Seine Vision ist neu, originell und in sich stimmig. Kein anderer Philosoph oder Mystiker vergangener Zeiten hat mystische Erfahrung auf deratige Weise interpretiert. Er stellt die gesamte Religion und mystische Erfahrung auf die Grundlage einer ordentlichen Wissenschaft, die mit empirischen Methoden beweisbar und deren Laboratorium der menschliche Körper ist.

Jedes dieser fünfzehn Kapitel kann für sich allein eine Konzentrationsübung auf das Göttliche sein, aber es ist sicher vorteilhaft, am Anfang zu beginnen. Dies ist umso mehr der Fall, als er in Kapitel eins seine Arbeitsweise beschreibt.

Zu einer Zeit, in der die fortschrittlichsten Nationen der Welt sich in ein wildes Rennen um Leben oder Tod gestürzt haben, in dem es darum geht, wer der erste bei der Entwicklung des Supercomputers sein wird, ist es sehr schwer, sich vorzustellen, warum nicht irgend etwas Vergleichbares getan wird, um ein Supergehirn zu entwickeln. Nur Weisheit und Einsicht können die Menschheit retten. Aber Weisheit kann leider nicht in einer Nebelkammer oder durch ein Teleskop gefunden werden. Erleuchtung muß von innen kommen. Ein neues Zentrum der Wahrnehmung, unabdingbar für das Wissen um die nicht mehr mit den Sinnen erfaßbaren Welten, muß ihm Gehirn selbst eröffnet werden.

Wenn nur ein winziger Bruchteil der Milliardensummen für Atomzertrümmerer oder für ähnliche Instrumente (die vor allem dazu dienen, die Neugierde zu befriedigen), darauf verwandt würden, eine Wissenschaft von der Seele des Menschen zu entwickeln, wer wüßte, welche Wunder daraus erwachsen würden? Solange wir diese Wissenschaft nicht haben, können wir nur auf die Schriften der Mystiker zurückgreifen.

Zwar meinten die alten Weisen, daß Worte selbst bereits Macht besäßen, jedoch reichen Worte allein nicht aus, um jene geheime Kammer im Gehirn zu öffnen, von der Gopi Krishna spricht. Sie können aber eine große Hilfe sein. So wie ein Pilot mit Hilfe eines Kreiselkompasses sicher durch ein Gewitter fliegen kann, so kann das Wissen um die Kundalini eine stabilisierende Wirkung auf den Geist und eine stimulierende Wirkung auf das Gehirn haben.

Gene Kieffer

Kapitel 1

Wie ich schreibe

Die 125. Hymne des zehnten Mandalas des Rig Veda, das vor etwa 3500 Jahren niedergeschrieben wurde, spricht von der Kundalini als *vak*, der Göttin der Rede. Dies bedeutet, daß das eigentliche Kennzeichen der Kundalini schon seit alten Zeiten das Talent gewesen ist, sich mit Hilfe der Inspiration weise und gut auszudrücken. 1952, fünfzehn Jahre nach seiner Erweckung, veröffentlichte Gopi Krishna eine kleine Sammlung von Versen mit dem Titel *From the Unseen* (Aus dem Bereich des Unsichtbaren). Sie enthielt Gedichte in verschiedenen Sprachen, von denen er einige, etwa Deutsch, Französisch, Italienisch und Persisch, überhaupt nicht kannte, und sie enthielt auch Gedichte in Englisch und in seiner Muttersprache Kashmiri.

In seinem Vorwort schrieb er, »Alles Wissen kommt aus den unerschöpflichen Tiefen des Bewußtseins – Tiefen, die unbekannt und unerforscht sind ... um sich dann, durch die Quelle des menschlichen Geistes, wieder einen Weg hinaus zu bahnen.« In diesem ersten Kapitel, das weitgehend seinem Werk *The Shape of Events to Come* (Die Zukunft) entnommen wurde, beschreibt er, wie Wörter, Sätze, Ideen und Vorstellungen ihm zuflogen »wie Schneeflocken, zunächst winzig, hoch oben am Himmel, dann allmählich, wenn sie dem Auge immer näher kommen, als klar ausgeprägte, regelmäßig geformte Kristalle.«

Um deutlich zu machen, wie die in meinen Büchern enthaltenen Gedanken zustande kamen, ist es notwendig, ein Bild meines gegenwärtigen Geisteszustandes zu malen. Ich habe in meiner Autobiographie *Höheres Bewußtsein. Die evolutionäre Kundalini-Kraft* (Freiburg 1974) so gut es mit sprachlichen Mitteln eben möglich ist, versucht, die Erweiterung des Bewußtseins zu beschreiben, die ich am ersten Tag der Erweckung der Kundalini vor mehr als 40 Jahren, im Dezember 1937, spürte.

Ich erinnere mich noch lebhaft an diese Erfahrung, so, als hätte ich sie erst gestern gemacht: Meine ungewöhnliche geistige Verwandlung übte auf mich eine so starke Wirkung aus, daß davon ein unauslöschlicher Eindruck in meiner Erinnerung zurückgeblieben ist. In jenem köstlichen Moment fühlte ich, daß ich mich – oder, besser gesagt, daß sich meine Wahrnehmungsfähigkeit – in alle Richtungen ausdehnte. Ich fühlte mich so, als wäre ich selbst zu einem unermeßlich großen Bereich des Bewußtseins geworden, in dem die Empfindungen, die mir durch meine Sinne und meinen Körper übermittelt wurden, allmählich immer stärker verschwammen, so daß mein erweitertes Selbst dadurch den Eindruck einer nicht körperlichen Existenz gewann.

Es heißt, daß mystische Erfahrung nicht kommunizierbar sei, da es fast unmöglich ist, jemandem, der diese Erfahrung nicht gemacht hat, zu erklären, was Ausdehnung des Bewußtseins in Wahrheit bedeutet. Der jetzt häufig gebrauchte Begriff »Bewußtseinserweiterung« bezieht sich auf das Ziel der menschlichen Evolution und meint das wesentliche Symptom, das bei der Erweckung der Kundalini deutlich wird.

Mein eigener Fall hört sich seltsam an. Ich weiß nicht, ob es in der Welt heute überhaupt einen ähnlichen Fall gibt. Ich stelle mir selbst diese Frage, denn einige wenige parallele Fälle könnten als unbestreitbare Beweise für das dienen, was ich aussage. Ich möchte keine spezielle Anerkennung und keine besonderen Lorbeeren für den Zustand der Erkenntnis und Wahrnehmung bekommen, den ich erlangt habe. Er ist das

Ergebnis einer langen Kette von Umwandlungsprozessen in meinem Körper, über die ich keine Kontrolle hatte.

Mit siebzehn Jahren hatte ich begonnen zu meditieren, und zusammen mit der Meditation begann ich auch mit einem Kursus in Selbstdisziplin, der sehr notwendig war, da ich bis zu dem Zeitpunkt keine Lebenserfahrung hatte. So fühlte ich wohl irgendwo in mir ein Bedürfnis, in meinem Verhalten bestimmten Idealbildern nachzueifern, und ich tat alles, um diesen Idealbildern zu entsprechen. In den ersten Jahren meditierte ich sehr hingebungsvoll und intensiv, später fuhr ich mit geringerer Intensität darin fort.

Als ich vierunddreißig Jahre alt war, also siebzehn Jahre nach Beginn meiner Meditationen, machte ich zum ersten Mal die Erfahrung eines transzendentalen Bewußtseins. Es war im Winter, ungefähr zur Weihnachtszeit. Ich war dabei, früh am Morgen zu meditieren, als es mir plötzlich schien, als würde irgend etwas in mir nachgeben, als hätte sich eine neue Tür aufgetan. Ich fühlte, wie eine bestimmte Energie mein Rückgrat hinaufstieg. Zuerst war ich entsetzt und konzentrierte mich auf das Gefühl, das durch diese Energie hervorgerufen wurde. In dem Augenblick verschwand die Vision wieder. Dann konzentrierte ich mich erneut, und schließlich gelang es mir, meine Aufmerksamkeit auf den Scheitelpunkt meines Kopfes zu richten, während die Energie immer weiter hinaufstieg, durch das Rückenmark hinein in den Hals und dann in den Kopf. Ich spürte plötzlich, wie ein Strom silbernen Lichtes in mein Gehirn floß.

In meinen Ohren ertönte ein Geräusch wie Donner oder wie ein Wasserfall und wurde immer lauter. Zur selben Zeit begann ich, mich auszudehnen. Ich kann nicht genau beschreiben, was ich damit meine, aber mir schien, daß mein Bewußtsein jetzt immer mehr Raum einnahm, daß ich meinen Körper hinter mir ließ und mich selbst nach vorne warf, mich ins gesamte

Universum hinein ausbreitete. Mein Körper verblaßte immer mehr, und ich konnte kaum von der Straße kommende Geräusche wahrnehmen. Ich war vollkommen der Vision hingegeben, die sich jetzt in mir entfaltete.

Es war wie ein silbriger Glanz, vibrierend und voller Leben, den ich in vollem Bewußtsein um mich herum ausgebreitet sah. Mein kleines Selbst schien sich auf einen einzigen Punkt zu konzentrieren, der diese große Persönlichkeit, die sich jetzt entwickelt hatte, beobachtete und das ganze Universum umfaßte. Ich hatte die Vision, ein kleiner Korken zu sein, der auf dem Ozean des Bewußtseins trieb und der sich an jeder Stelle der ganzen Oberfläche dieses Ozeans bewußt war. Ich fühlte, daß ich mich selbst immer mehr ausdehnte, eine Ausdehnung, die von einem unbeschreiblichen Glücksgefühl begleitet wurde. Ich war in einem Zustand von Jubel, Glück und Hochgefühl, den ich nie zuvor erlebt hatte. Es war eine unglaubliche Erfahrung, und ich war vollkommen überwältigt von dem, was mir widerfuhr.

Auf dem Höhepunkt dieser Erfahrung nahm ich ein Meer von Bewußtsein wahr, das mir das Empfinden vermittelte, als wäre ich überall hin ausgebreitet, als befände sich an Stelle meines Körpers ein hell leuchtender, ätherischer Lichtmantel, der mich überall hin begleitete. Ich sah mich selbst in einer glänzenden Welt des Seins treiben, in der die materielle Welt nicht mehr spürbar war. Da war überall nur noch reines Bewußtsein und ein überwältigendes Gefühl von Verzückung, das ich unmöglich beschreiben kann. Ich blieb weiter sitzen und betrachtete diese Vision mit meiner ganzen Aufmerksamkeit. Dies war nicht ich. Die Vision zog mich fort. Ich war fasziniert, und meine ganze Aufmerksamkeit wurde fortgezogen, so wie Eisenspäne zu einem Magnet hingezogen werden. Ich konnte mich dieser Anziehungskraft nicht widersetzen und betrachtete die Vision eine Zeitlang.

Der darauffolgende Vorgang des Zusammenziehens

war ebenso klar wie der der Ausdehnung. Das unbegrenzte Meer des Bewußtseins begann zu schrumpfen, und der Umfang, den mein Geist angenommen hatte, verkleinerte sich, bis schließlich dieser Lichtkranz immer schmaler wurde. Ich begann, mich zusammenzuziehen, und nachdem ich mich zunächst immens weit ausgedehnt hatte, kam ich meinem ursprünglichen Selbst und der Erde wieder näher, bis ich fühlte, daß ich wieder ich selbst war, im deutlichen Bewußtsein meines Körpers und der Eindrücke, die von der mich umgebenden Welt auf mich wirkten.

Die wunderbare Erinnerung an die erlebte Verwandlung, durch die ich zu der großartigen, nie zuvor erlebten Existenzform getragen wurde, hat mich seither nicht wieder verlassen. Ich wußte, daß ich zu einem anderen Seinszustand emporgehoben worden war, in dem alle meine Fähigkeiten aktiviert worden waren. Dann fiel ich wieder auf die Stelle zurück, an der ich mich vor diesem unglaublichen Höhenflug befunden hatte.

Die ungewöhnliche Erfahrung dieses ersten Tages wiederholte sich nur ein einziges Mal, und dann begann eine jahrelange Periode des Leidens und der Mühen. Während der ganzen Zeit war mir der Grund dafür nicht klar. Alles, was ich wußte, war, daß mein Körper aus irgendeinem unbekannten Grunde abnorm reagierte. Mein Gemütszustand schwankte zwischen Hochgefühl und tiefster Depression, und ich lebte fortwährend zwischen Hoffnung und Verzweiflung.

Nicht durch meine eigenen Bemühungen wurde ich vor dem Verderben gerettet und durch die mörderische und qualvolle Tortur hindurchgebracht, die ich in all jenen Jahren täglich erlitt, sondern mein Retter war ein rätselhaftes höheres Selbst, eine überlegene Persönlichkeit, eine göttliche Gegenwart, die ich viele Jahre später allmählich schwach erkennen konnte, obwohl ich sie auch dann niemals ganz klar sah. Es war eine Persönlichkeit, die mit meinem eigenen verletzlichen Ego-Bewußtsein zwar sehr schwach verbunden war, aber die doch zugleich darüber hinauswies und in keiner Weise von meinem Kummer und meinen Qualen berührt war.

Es war ungefähr am Ende dieser Zeit, als ich einen unwiderstehlichen Drang zu schreiben spürte. Dieses Bedürfnis fand dann seinen Ausdruck in einem kleinen Büchlein mit Gedichten, geschrieben in neun Sprachen, von denen ich vier nicht beherrschte. Ich hatte in meinem ganzen Leben noch niemals eine einzige Zeile eines Gedichts geschrieben, und normalerweise wäre ich dazu auch überhaupt nicht imstande, selbst wenn ich tagelang darüber nachgedacht hätte. Aber jetzt stellte ich fest, daß vollkommene Gedichtzeilen, ganze Verse oder sogar ein ganzes Gedicht mir blitzartig wie aus dem Nichts zuflogen. Manchmal hatte ich Mühe, sie schriftlich festzuhalten, so schnell war der Fluß der Gedanken und Bilder.

Meine Art zu schreiben ähnelt dem, was einige Dichter, Philosophen und sogar Wissenschaftler als Inspiration definiert haben. Sie sehen dann vor ihrem geistigen Auge ganze Abschnitte, Verszeilen, Gedichte, Buchkapitel, fertige Kunstprodukte etc., die durch ihren Geist hindurchziehen, oder, wie Nietzsche gesagt hat, ihnen geradezu in den Schoß fallen. Alles was sie tun, ist, das Material, das aus den Tiefen ihres Geistes aufsteigt, niederzuschreiben. Dieses Gebiet sollte wirklich näher erforscht werden, denn viele der großen Dichter, Komponisten, Künstler und Schriftsteller haben ganz klar diese Begabung als Geschenk erkannt und einige ihrer Arbeiten auf eine solche Inspiration zurückgeführt.

Von dem Tag an, an dem ich mich diesem Zustand des Getragenwerdens befand, brauchte ich die chaotischen Erfahrungen der Vergangenheit nie wieder durchzumachen. Die neue Bewußtheit und Wahrnehmungsfähigkeit, durch die jedes Objekt und jede Szene, die ich betrachtete, in einer Schönheit und einem Glanz erschienen, wie ich ihn nie zuvor gesehen hatte, wurden, anstatt allmählich wieder zu verblassen, zu einem immer festeren und dauerhafteren Bestandteil meines Bewußtseins. Heute lebe ich in einem richtigen inneren Paradies. Die Farben, die ich sehe, wie beispielsweise das Blau des Himmels, sind so schön und in einen solch silbrigen Glanz gebadet, und die Musik, die ich höre, ist manchmal so ergreifend und harmonisch, daß ich bisweilen vor Entzücken in Ohnmacht fallen könnte, hielte ich mich nicht zurück.

Ich weiß wohl, daß das, was ich hier sage, unglaublich klingt, aber es gibt in den Upanishaden und in den Schriften der großen Mystiker wie Abinava Gupta und Shankara und bei vielen anderen reichlich Material, das uns zeigt, daß solch ein Zustand langandauernden Glücks möglich ist. Bald nach meinen Versuchen, in Versen zu dichten, fühlte ich einen unwiderstehlichen Drang, Fremdsprachen zu lernen. Leider hatte ich überhaupt kein Geld, und zudem machte es mir meine anfällige Gesundheit unmöglich, diesen Wunsch zu befriedigen und dafür die Dienste eines Lehrers in Anspruch zu nehmen. Ich hatte nicht einmal die Mittel, meinen Kindern eine gute Ausbildung zu bieten oder mich selbst mit den Lebensmitteln zu versorgen, die für meine Gesundheit wichtig waren.

Dies verschärfte noch meine Gesundheitsprobleme, und erst im Alter von vierundsechzig Jahren konnte ich mir alles leisten, was ich brauchte, um mich in Frieden und schöpferisch zur Ruhe zu setzen. Mein erstes Buch wurde 1967 in Indien veröffentlicht; seitdem sind fünfzehn Bände gedruckt worden, und ein Dutzend weitere unvollendete Werke warten auf ihre Veröffentlichung.

Ich behaupte nicht, daß meine Schriftstellertätigkeit oder meine Prosa jene Merkmale besitzen, die das literarische Genie kennzeichnen; aber für jemanden, der in seinem ganzen Leben niemals ein Dichter oder ein Schriftsteller gewesen ist, ist die plötzliche Manifestation solcher Talente in einem vorgeschrittenen Alter wie bei mir durchaus nichts Gewöhnliches, und ich selbst sehe dies Phänomen so, wie Newton den Fall eines Apfels als einen Beweis für das universelle Gesetz der Schwerkraft betrachtete. Ich trage diese wenigen Fakten über meine Erfahrungen nicht aus persönlichen Gründen vor, sondern weil ich damit andeuten möchte, welch ungeheures Potential für die Wissenschaft darin enthalten sein könnte.

Als meine Autobiographie veröffentlicht wurde, erwartete ich schneidende Kritik von den Skeptikern und ein Sperrfeuer von Fragen der Gelehrten. Aber obwohl das Werk übersetzt und in vielen Sprachen veröffentlicht wurde, hat es nicht einmal einen Bruchteil der Zweifel hervorgerufen, die ich erwartet hatte. Im Gegenteil: Andere Bücher sind zu dem Thema veröffentlicht worden, einige davon von Wissenschaftlern; und was sogar noch erstaunlicher ist, es wurden sogar Kundalini-Krankenhäuser eröffnet, in denen Patienten behandelt werden, die unter unangenehmen Nebenwirkungen bei der Erweckung dieser Kraft – durch Yoga oder andere geistige Übungen – litten. Das Phänomen ist mehr oder weniger akzeptiert worden, vielleicht auf Grund gewisser geheimer Überlieferungen, die in vielen Teilen der Erde zu diesem Thema bereits existierten.

Was auch immer der eigentliche Grund dafür sein mag, das Phänomen der Kundalinikraft ist allmählich allgemein bekannt geworden. Und auf Grund aller der damit zusammenhängenden Umstände, sei dies nun Kreativität oder geistige Verwirrung, ist es dringend notwendig, die Sache wissenschaftlich gründlich zu erforschen – was allerdings bis jetzt noch nicht geschehen ist. Um Einblick in das Phänomen der Kreativität zu gewinnen, ist es notwendig, das Leben sogenannter Genies zu studieren. Die Studie sollte sich auch auf solche Bereiche erstrecken, die häufig von den Gelehrten beiseite gelassen werden, vor allem auf ungewöhnliche Menschen mit übersinnlichen Kräften und mystischen Erfahrungen. Der Grund für die bisherige Vernachlässigung dieser Untersuchungen ist, daß sie nicht mit den gegenwärtigen Vorstellungen über den Verstand und das Bewußtsein zusammenpassen, die das Empfindungsvermögen so behandeln, als sei es das Resultat biochemischer Prozesse im Gehirn.

Moderne Psychologen, einschließlich C. G. Jung, William James und Abraham Maslow, haben bei ihrer Behandlung der unerklärlichen Phänomene mystischer Erfahrungen oder psychischer Fähigkeiten häufig zum Unterbewußtseins Zuflucht genommen, dabei aber die Tatsache übersehen, daß das Unbewußte ebenso wie das Bewußte ein Teil des im Gehirn verkörperten menschlichen Geistes ist. Wenn dieser unter der Oberfläche liegende Teil des Geistes in der Lage ist, die Zukunft vorherzusagen, mit einem anderen Geist in weiter Entfernung zu kommunizieren oder auch in die Vergangenheit zu sehen, so bedeutet das, daß der Geist bestimmte Fähigkeiten und Möglichkeiten hat, die einige fundamentale Konzepte der modernen Wissenschaft durchaus in Frage stellen.

Dasselbe gilt für das Phänomen der Inspiration bei Dichtern, Schriftstellern und Künstlern oder für bestimmte, durch eine plötzliche Eingebung hervorgerufene Entdeckungen. Es ist ganz offensichtlich, daß es eine Kategorie von geistigen Phänomenen gibt, bei denen, wenn man es genau nimmt, die Wissenschaft gänzlich im dunkeln tappt. Anstatt diese Rätsel ans Tageslicht zu bringen und eine Lösung dafür zu finden, werden alle möglichen Versuche gemacht, sie aus der Diskussion herauszuhalten oder sie ganz einfach zu ignorieren, so, als existierten sie überhaupt nicht. Einen schlagenden Beweis für diese These gibt uns Sir Francis Galton. Obwohl er im Alter von zwei Jahren bereits ein Wunderkind war, vermeidet er es, in seinem Werk über das Genie das Thema »ungewöhnliche Talente bei Kindern« anzuschneiden. Dennoch gab es in moderner Zeit sehr viele bekannte Beispiele für dieses Phänomen – Mozart, Dürer, Pascal, um nur einige zu nennen.

Ich bin letztlich zu der Erkenntnis gekommen, daß die Kundalini die Quelle dieser Inspiration ist, und zwar, weil ich den schöpferischen Prozeß in mir selbst mit dem verglich, was Schriftsteller, Dichter, Maler oder andere kreative Menschen erzählt haben oder was über sie berichtet worden ist. Ich schreibe häufig in voller Klarheit meines Bewußtseins und meines Verstandes, wobei ich jedes Wort, das mir durch den Sinn geht, abwäge, bevor ich es niederschreibe. Aber das Material fließt mir ohne Anstrengung zu, Satz für Satz, Absatz für Absatz oder Zeile für Zeile, und zwar gewöhnlich in gereimten Versen. Es scheint so, als würden vollständige Sätze, Reimpaare oder Vierzeiler, die schon vorgeformt waren, in meinen Geist fließen, um von mir dann wiedergegeben zu werden.

Bisweilen erfüllen mich diese schöpferischen Prozesse mit Ehrfurcht. Ganze Seiten oder sogar Kapitel leuchten vor meinem inneren Auge so schnell auf, daß ich trotz aller Bemühungen nicht in der Lage bin, sie niederzuschreiben. Die Lücken, die bleiben, werden später eingefügt. Wie ich bereits gesagt habe, sieht mein ganzes Innenleben jetzt aus wie ein glänzend erleuchtetes Zimmer von unermeßlichen Ausmaßen. In dem Augenblick, in dem ich versuche, seine Grenzen zu ermessen, dehnt es sich weiter und weiter aus, bis ich selbst das Empfinden habe, in einer unermeßlichen Leere zu treiben. In tieferen Gemütszuständen scheinen die Worte und Ideen aus dieser unbegrenzten Leere zu steigen und dann, nachdem sie sich in mein Gedächtnis eingeprägt haben, wieder zu verschwinden.

So wie bei anderen schöpferisch tätigen Menschen wechseln meine kreativen Phasen mit unfruchtbaren Perioden ab, die unterschiedlich lang sind und sich vor allem nach meinem Gesundheitszustand richten. Auf Grund einer ausgiebigen Studie meines eigenen, für mich selbst erstaunlichen Zustandes kann ich mit Sicherheit sagen, daß die Pranastrahlung, die in mein Gehirn während der produktiven Phasen einfließt, reiner ist oder sich doch zumindest in größerem Einklang mit meiner Kreativität befindet. Unergiebige Zeiten gibt es dann, wenn die Strahlung in irgendeiner Weise nicht den Reinheitsgrad erreicht, der Voraussetzung für meine schöpferische Arbeit ist. Die Veränderungen entsprechen wahrscheinlich den periodischen oder zyklischen Veränderungen der Reinheit des Blutes und des Nervengewebes meines Körpers und meines Gehirns. Welche feinen organischen oder hormonellen Bestandteile bei diesen Veränderungen ein Rolle spielen, kann nur durch eine langfristige Untersuchung festgestellt werden. Auf Grund dieser Veränderungen der pranischen Strahlung schwankt auch die Produktivität eines genial begabten Menschen, und darauf sind auch die ekstatischen Zustände bei Mystikern und Sehern zurückzuführen.

In meinen schöpferischen Phasen nehme ich ganz deutlich wahr, daß die Ideen, die in meinem Geist aufblitzen, und die Worte, die ich benutze, um sie auszudrücken, wie aus dem Nichts aufsteigen. Beim Formulieren von Ideen ist das Ego immer beteiligt. Ich weiß, daß die Idee meine eigene ist und daß ich sie niedergeschrieben habe. Aber sowohl das »Ich« als auch die »Idee« sind jetzt nicht auf den kleinen Radius meines individuellen Geistes beschränkt, sondern sie scheinen Teil eines riesigen Gedankenreservoirs zu sein, das mich umkreist. Die Ideen und die Sprache, um sie auszudrücken, steigen aus diesem Reservoir auf, und wenig später – abhängig von meiner Stimmung – verschwinden sie wieder aus meinem Gesichtsfeld, um in dieses Reservoir zurückzufallen.

Es ist nicht leicht, diese Erfahrung zu beschreiben. Sie bedeutet, daß so, wie es um uns herum eine Welt der Materie gibt, es auch eine Welt der Gedanken gibt. Durch unsere Sinne gewinnen wir Zugang zur physischen Welt, aber der Zugang zur Gedankenwelt wird durch den Geist selbst eröffnet. Die Gedankenwelt ist zumindest ebenso real vorhanden wie die Welt der Materie, und offensichtlich weitaus ausgedehnter und tiefer.

Gedanken bestehen aus einem besonderen Stoff. Dieser Stoff ist ganz anders als irgendeine Substanz, die wir durch unsere Sinne wahrnehmen oder die wir uns mit unserem Intellekt vorstellen können. Wenn wir etwas denken, uns etwas vorstellen, wünschen oder träumen, benutzen wir dieses seltsame Material aus der Gedankenwelt. Von der Geburt bis zum Tode bedient sich jeder Mensch dieser flüchtigen Substanz, ohne jedoch jemals zu erkennen, woher sie kommt. Gedanken sind schwerer zu zerstören als feste Materie; weil wir durch unsere Sinne begrenzt sind, sind wir aber unfähig, dieses Material wahrzunehmen oder sein wirkliches Wesen zu erfassen.

Im normalen Zustand nehmen wir die Gedankenwelt, aus der wir die Ideen oder die von uns gewählten geistigen Bilder entnehmen, niemals wahr. In einem über dem Bewußtseinsbereich liegenden Zustand, in dem wir dann Zugang zur Welt der Gedanken gewinnen, nehmen wir keine gefühllose, unsensible Welt wahr, sondern einen umfassenden Geist, eine erstaunliche Welt der Ideen, eine riesenhafte Intelligenz, die sich überall hin ausgebreitet hat und der auch wir unser Sein verdanken.

Ich habe keine Worte, um die Erschütterung wiederzugeben, die durch diese Erfahrung hervorgerufen wird. Versuchen Sie einmal, sich ein geistiges Reservoir vorzustellen, das Sie in jedem Augenblick mit Material versorgt, mit Phantasien, Gefühlen, Kalkulationen und allen möglichen anderen geistigen Aktivitäten von fünf Milliarden Menschen auf der Erde. Stellen Sie sich noch weitere Milliarden von bewohnten Planeten im Weltraum vor, mit zahllosen anderen intelligenten Lebewesen bevölkert, und Sie können sich ein vages Bild der Welt machen, der unsere Seele eigentlich angehört und aus der uns jeder Atemhauch und jeder Gedanke zufließt.

Das Reich der Kreativität ist nicht auf den rationalen Bereich allein beschränkt, sondern es reicht ins Suprarationale hinein. So gibt es beispielsweise bewiesene Schilderungen von künstlerischen, musikalischen oder literarischen Schöpfungen, die im Zustand der Trance, ohne die bewußte Anstrengung der betreffenden Person, hervorgebracht werden. Dieses Phänomen ist unter dem Begriff Automatismus oder automatisches Schreiben bekannt. Solche Trancezustände treten häufiger und in größerer Zahl auf, als man allgemein annimmt, und selten wird etwas darüber veröffentlicht. Hervorragende Wissenschaftler und Schriftsteller sind von ihren wissenschaftlichen Entdeckungen oder literarischen Werken im Schlaf inspiriert worden. Wir kennen zudem das geschichtlich bewiesene Phänomen der Wunderkinder, die von einem frühen Alter an – zum Beispiel mit acht oder zwölf Jahren – ganz ungewöhnliche Fertigkeiten in einem Fach oder in einer Kunst an den Tag legen und ältere Menschen, die ein ganzes Leben dem Erlernen dieses Faches gewidmet haben, bei weitem übertreffen.

So gibt es beispielsweise keine Erklärung für das Phänomen Mozart, dieses musikalische Wunderkind, oder für Guru Nanak, den Gründer der Lehre der Sikhs, der mit acht Jahren mystische Verse schrieb, für Janeshvar, der mit siebzehn Jahren einen umfangreichen Kommentar zur Bhagavad Gita geschrieben hatte, oder für Dürer, den berühmten Maler, für Pascal und andere.

Und auch für die anderen herausragenden psychischen Begabungen ist bisher keine rationale Erklärung gefunden worden: für die diagnostischen Fähigkeiten eines Edgar Cayce oder den Heldenmut der heiligen Johanna, eines Bauernmädchens, das seine ruhmreiche Stellung in der Geschichte dadurch erlangte, daß es nach den geschauten Bildern und den gehörten Stimmen handelte. In den modernen Abhandlungen über Kreativität oder Genialität werden die Fälle von ungewöhnlichen psychischen Begabungen gewöhnlich, obwohl sie sich ohne Zweifel ereignet haben und bewiesen sind, ausgelassen; ebenso wie die Berichte über

Wunderkinder, obwohl sie immer wieder in den Geschichtsbüchern erwähnt werden. Warum dies so ist, wissen wir nicht. Möglicherweise wegen eines Vorurteils gegen das Überrationale und das Paranormale, das allerdings, wenn wir den alten Berichten Glauben schenken wollen, seit den frühesten Zeiten der ägyptischen Zivilisation, also seit fast 7000 Jahren, eine immer wiederkehrende menschliche Erfahrung gewesen ist.

Das Erstaunen ist nach Sokrates der Anfang der Philosophie. Es ist zweifellos auch der Anfang der Wissenschaft. Phänomene zu übersehen, die seit den frühesten Zeiten der Geschichte Erstaunen hervorgerufen haben – wie beispielsweise Inspiration und prophetische Enthüllungen in Einklang mit erstaunlichen Fähigkeiten oder Genialität – ist extrem unwissenschaftlich, da dadurch leicht genau das Phänomen ignoriert wird, das im Laufe von Tausenden von Jahren die größten Umwälzungen und Revolutionen hervorgerufen hat.

Es hat niemals eine Gruppe von Menschen gegeben, die einen größeren Einfluß besaßen, so sehr verehrt wurden und denen man so willig folgte wie den großen Religionsstiftern, vor allem Moses, Buddha, Christus, Mohammed und anderen, und dennoch werden diese Persönlichkeiten in Büchern über Genie und Kreativität nur selten einem genauen Studium unterzogen. Den Grund dafür kann niemand sagen. Vielleicht liegt er darin, daß die Menschen oft Vorurteile gegen die Religion und all das, was damit für den Menschen zusammenhängt, hegen.

Ich bin davon überzeugt, daß meine eigenen Versdichtungen (*The Shape of Events to Come* und *The Way to Self-Knowledge* sind zwei Beispiele dafür) aus einer übermenschlichen Quelle stammen. Von dem Augenblick an, als ich begann, Verse zu schreiben, erschienen mir ununterbrochen bestimmte Phantasiebilder über künftige Ereignisse. Ich wünsche mir von ganzem Herzen und von ganzer Seele, daß der Menschheit die Schrecken eines weiteren Weltkrieges oder die schrecklichen Folgen einer Naturkatastrophe erspart bleiben, aber die Vorzeichen weisen zweifellos in Richtung auf ein herannahendes Unheil. In diesen Jahren haben sich die Lebensbedingungen auf dieser Erde unsagbar verschlechtert. Der Wettlauf um die Übermacht im Bereich der Rüstung ist so hektisch geworden – und zwar nicht nur zwischen den Supermächten, sondern auch zwischen den anderen Staaten –, daß es aussieht, als würde ein innerer Zwang die menschliche Rasse in eine Richtung drängen, die sie letztlich ins Verderben führt.

Die Botschaft, die in diesen Schriften enthalten ist, ist keine Prophezeiung im üblichen Sinne. Vielmehr ist sie, vom Standpunkt der Evolution aus, eine Analyse der gegenwärtigen kritischen Situation, die durch unsere eigene Mißachtung der geistigen Gesetze hervorgerufen worden ist. Es ist auch eine düstere Bilanz und Prognose der ungesunden geistigen Bedingungen, die ernsthafte Hindernisse für die Entwicklung der Menschen in unserer Gesellschaft darstellen.

Ich behaupte nicht, daß die Schlußfolgerungen, zu denen ich in meinen Schriften gelangt bin, ein für alle Male gültig sind. Das kann kein Mensch von sich behaupten. Die Forschung, die zukünftigen Ereignisse und das Urteil unserer Nachkommen werden festlegen, inwieweit ich recht hatte. Ich teile nur genau das mit, was mir in paranormalen Wahrnehmungszuständen offenbart worden ist. In diesen Zuständen kann, so meine ich, die Zukunft recht deutlich vorhergesehen werden. Dann – und zwar nur dann – sind Offenbarungen möglich; diese Zustände sind im Laufe der Geschichte nur bestimmten, ganz besonders begabten Menschen zuteil geworden. Dies waren die Propheten, die Weisen und die Seher der früheren Geschichtsperioden. Auch heute brauchen wir solche ganz besonders begabten Menschen. Wir brauchen sie heute noch dringender als jemals zuvor, um dadurch die Menschen in sehr schwierigen Zeiten in sichere Zustände hineinzugeleiten. Führung kann nicht von einem Intellekt, der ganz allein auf sich gestellt ist, kommen. Die menschliche Natur ist so komplex, die Gedanken, Handlungen und Neigungen der Menschen sind so unterschiedlich und die Interaktionen zwischen den Naturkräften sind so gewaltig, daß die vereinten geistigen Bemühungen aller führenden Köpfe der Erde den Lauf der Dinge nicht einmal für ein Jahrzehnt vorhersagen könnten. Aber ein seherisch besonders begabter Mensch kann, durch das plötzliche Aufblitzen einer Vorahnung, bestimmte Ereignisse der Zukunft, und seien sie noch hundert Jahre entfernt, enthüllen.

Einstein konnte sich nicht mit dem Prinzip des Zufalls von Heisenberg versöhnen oder es mit seinen eigenen Theorien in Einklang bringen. Seine Ansicht war: »Gott würfelt nicht.« Aber das Prinzip des Zufalls, das auf der Quantentheorie aufbaut, ist zu einem Bestandteil des Denkens in der modernen Physik geworden. Was dieses Prinzip besagt, ist, daß wir an den Wurzeln der Schöpfung in einem Universum von hoher Wahrscheinlichkeit, aber auch ohne absolute Gewißheit leben.

Der allmächtige Schöpfer des Universums kann ebensowenig wie intelligente Menschen nur eine Maschine sein. Diese haben in ihrem Leben jederzeit einen individuellen Willen und eine Möglichkeit der Wahl. Woher kommt dieser Wille, diese Wahlmöglichkeit und all das Denken der Menschen? Nicht aus dem Rückenmark oder dem Gehirn, denn dort werden wiederum nur Botschaften empfangen, die für unser Denken gänzlich unfaßbar sind. Dieser Wille, diese Wahlmöglichkeit und dieses Denken kommen aus der kosmischen Quelle des Geistes. Da der Geist, wie die Materie, ein Bestandteil der Schöpfung ist, können wir daraus schließen, daß jeder Gedanke, den wir denken, aus sich selbst heraus existiert, und zwar genauso, wie jeder Bestandteil der Materie seine eigene Existenz hat. Allerdings ist die Substanz, aus der die Gedanken bestehen, ganz anders gestaltet und für uns unbegreiflich.

In diesem Sinne ist es korrekt zu behaupten, daß Gedanken Dinge sind.

Aus dieser Welt der Gedanken kommen zugleich mit unserem Denken und Fühlen unsere Vorstellungen von Wahrheit, Güte, Mitgefühl, Barmherzigkeit, Gnade, Gesetz, Gerechtigkeit, Nachsicht und Verzeihen. Kreative Intelligenz muß deshalb all diese Eigenschaften in unbegrenztem Ausmaß besitzen, und sie müssen sich auch auf kosmischer Ebene auswirken. »Was hier ist, ist auch dort«, sagen die Upanishaden.

Die Möglichkeit, daß Gott in seiner Barmherzigkeit und Gnade eingreifen könnte, um die Katastrophe abzuwenden, die durch die Grenzüberschreitungen des Menschen hervorgerufen wird, oder daß er sie in ihrem Ausmaß wesentlich reduzieren könnte, entspricht vollkommen dem Konzept eines intelligenten Schöpfers.

Die Gnade kommt ausschließlich aus den Händen des Herrn. Ihr Geheimnis ist unerforschlich. Es gibt Hinweise darauf, daß unerwartete Ereignisse, Unfälle und unvorhergesehene Umbruchsituationen zusammenkommen werden, um die selbstzerstörerischen Pläne rivalisierender Großmächte zu umgehen und um den Aufruhr eines bornierten, rebellischen Geistes mit einem Minumum an Nachteilen für die Menschheit zu bezwingen. Dennoch werden die Schäden beträchtlich sein. Eine angeschlagene Menschheit wird sich nur sehr zögernd an die Aufgabe des Wiederaufbaus machen, um eine neue Ordnung auf der Erde herzustellen.

Daß sich die Menschheit am Gipfelpunkt ihrer intellektuellen Entwicklung anschickt, Selbstmord zu begehen, erscheint so widernatürlich, daß es nicht im Bereich des Normalverhaltens einer intelligenten Gattung zu liegen scheint. Die führenden Nationen haben sich, getrieben von einem zur Zeit nicht erklärbaren psychologischen Impuls, auf diesen vollkommen irrationalen Weg begeben.

Wir können die gewaltigen Dimensionen der allmächtigen Intelligenz, die hinter der Schöpfung steht, nicht begreifen. Das Bild, das wir uns machen, ist nur allzu häufig das eines riesig vergrößerten Menschen. Es ist für unseren Intellekt unmöglich, sich in realistischer Weise eine allmächtige Intelligenz vorzustellen, die die ganze üppige Schöpfung in ihren Händen hält. Jeder Versuch des Menschen, den ewigen Gesetzen dieser unvorstellbaren Macht zu widerstehen, ähnelt dem Versuch einer Ameise, der Flutwelle des Ozeans zu trotzen. Das, was uns bleibt, ist, mit reuigen Herzen und von Tränen verschleierten Augen auf unsere Knie zu fallen und für unsere Fehler um Vergebung zu bitten – in der Hoffnung, daß uns dadurch die Tür zur Gnade aufgetan werden möge.

Kapitel 2

Die biologische Grundlage der Religion und des Genius

Im Herbst des Jahres 1970 wurde Gopi Krishna zu einem Vortrag nach Florenz eingeladen. Es hatte die Absicht, aus dem Stegreif zu sprechen, aber ungefähr zur selben Zeit erreichte ihn ein Brief von mir mit der Bitte, mir eine kurze Zusammenfassung seiner Ansichten zu übersenden, damit ich für interessierte Kreise in den USA ein kleines Buch darüber zusammenstellen konnte. Nach Erhalt des Briefes verfaßte er innerhalb von sechsunddreißig Stunden einen Aufsatz und fuhr damit nach Europa. In doppelter Länge wie die hier vorliegende Version wurde er ein paar Monate später privat verlegt und an mehrere Hundert Wissenschaftler und Gelehrte verschickt. 1972 veröffentlichte Harper & Row in New York *The Biological Basis of Religion and Genius* (Die biologische Grundlage von Religion und Genialität) mit einer Einführung von Carl Friedrich von Weizsäcker.

Religion ist ein Geheimnis, das sich allen Versuchen, es zu enträtseln, entzogen hat. Seit vorgeschichtlichen Zeiten, so weit es die Wissenschaft überhaupt zurückverfolgen konnte, hat der Mensch immer eine irgendwie geartete Religion gehabt. Ausgrabungen von Fossilien des früheren Steinzeitalters haben Hinweise darauf erbracht, daß es zeremonielle Begräbnisse gab. Dies deutet darauf hin, daß sogar in den primitiven Stadien der kulturellen Entwicklung, etwa bei den Steinzeitmenschen, der Glaube an das Überleben der Seele als eine vom Körper getrennte und von ihm deutlich verschiedene Einheit verbreitet war.

Aus den wissenschaftlichen Untersuchungen primitiver Religionen und Kulturen wird deutlich, daß der Glaube der Steinzeitmenschen kaum etwas anderes war als Aberglaube, Mythos und Ritual, und daß die religiösen Zeremonien recht häufig schreckliche Formen und Ausmaße annahmen. Menschenopfer, sexuelle Orgien und gräßliche Formen der Selbstfolterung waren häufig Bestandteil der religiösen Rituale. In weniger hoch entwickelten Staaten begegnen wir immer noch Überresten dieser abstoßenden Praktiken der Vergangenheit.

Vielleicht erwartet der Leser jetzt Ausführungen über das Heilige und Sublime, und meine Einführung erscheint durch den Hinweis auf einige der verachtenswerten Rituale primitiver Kultformen möglicherweise unzeitgemäß und für das Thema wenig passend. Darin genau liegt der Grund, daß wir nicht das Naturgesetz, das all den unendlich variationsreichen Manifestationen der Religion und dem religiösen Impuls von vorgeschichtlichen Zeiten bis zur Gegenwart zugrundeliegt, erkannt und durchschaut haben: Wir haben es versäumt, das Gesetz der Religion als Ganzes zu untersuchen – von ihren frühesten Spuren bis zu den gegenwärtigen hohen Idealen der Propheten und Weisen; alle diese Manifestationen müssen als eine Einheit betrachtet werden. Dieses Gesetz ist auch heute, wo die Welt sehr deutlich zwischen denen, die an die Existenz Gottes glauben, und denen, die es nicht tun, geteilt ist, genauso wirksam wie zu der Zeit, als die Religion noch eine alles überragende Stellung einnahm und als sich sogar Könige dem Diktat der Kirche zu beugen hatten.

Warum glauben wir an eine allwissende und allmächtige göttliche Macht, die diese Welt und uns selbst geschaffen hat, wenn wir keine sinnlich erfaßbaren Beweise dafür finden, daß eine solche Macht wirklich existiert? Und warum streben wir nach Perfektion und einer besseren Ordnung der Dinge, wenn wir durch unsere eigenen Erfahrungen und durch Studien frühester geschichtlicher Epochen unausweichlich zu dem Schluß kommen, daß die Erde schon immer ein Kampfplatz für skrupellose Existenzkämpfe gewesen ist, in die niemals irgendeine übernatürliche Macht eingegriffen hat, um den Gläubigen in ihrem Kampf gegen die Ungläubigen zum Sieg zu verhelfen, oder auch nur, um sie zu beschützen?

Die Frage ist so alt wie die Menschheit selbst, und bis zum heutigen Tag konnte kein Religionsexperte und kein erleuchteter Weiser eine überzeugende Antwort darauf geben. Wäre diese Frage zu irgendeinem Zeitpunkt in der Geschichte der Menschheit definitiv beantwortet worden, dann gäbe es die Teilung zwischen Gläubigen und Nicht-Gläubigen längst nicht mehr.

Es ist zu spät, alle religiösen Phänomene dem Willen Gottes zuzuschreiben, so wie es Prediger häufig versuchen. Der Kampf um das Heil, den fast alle Religionen ihren Anhängern aufzwingen, verlangt, daß der Sucher auf die Freuden der Erde verzichtet, um dafür die Freuden des Himmels zu gewinnen. Aber welches die Segnungen des Himmels sind und wie genau die Existenz des Menschen nach seinem Übergang in die andere Welt ist, das sind Rätsel, die niemand auf befriedigende Weise gelöst hat.

Auch die klügsten Schriftsteller, die sich mit diesem Thema befaßt haben, sind sich hierin nicht einig. Wenn wir das Ganze vom christlichen Standpunkt aus sehen, dann besitzt die Seele, wie Paulus sagt, in der anderen Welt einen »himmlischen« und einen »geistigen« Körper, der vom »natürlichen« und »irdischen« Körper auf der Erde unterschieden ist.«Fleisch und Blut können das Königreich Gottes nicht erben«, sagt er. Der heilige Augustinus erklärt jedoch, daß »in der Auferstehung die Substanz unseres Körpers, mag sie auch noch so zerfallen sein, wieder zu einer vollkommenen Einheit wird.«

Darüber hinaus erläutert er seine Feststellung mit folgenden Worten: »Wir brauchen nicht zu befürchten, daß die Allmacht des Schöpfers nicht ausreichen könnte, alle Teile des Körpers, die von Tieren oder vom Feuer verschlungen wurden oder die sich im Wasser aufgelöst haben oder verdampft und zu Luft geworden sind, wieder zusammenzufügen.«

Auch unter modernen Schriftstellern gibt es in dieser Hinsicht ganz verschiedene Meinungen. Nach Dr. S. D. McConnel bildet die Seele sozusagen ein Gehirn innerhalb eines Gehirns, einen Körper innerhalb eines Körpers, etwas wie den »Astralleib«, der nach dem Tode fortbestehen kann. Bishop Manning hat da eine klarere Vorstellung, wenn er sagt: »Wenn ich dort eingehe, dann werde ich ich selbst sein. Diese Persönlichkeit, diese Stimmungen und Geschmacksrichtungen und dieser Charakter, den ich hier entwickle – das werde ich dort auch sein. Ich werde im anderen Leben mit meinen Lieben zusammen sein. Ich werde sehen und gesehen werden. Ich werde sprechen, und man wird mit mir sprechen.«

Diese wenigen Zitate sind nur ein kleines Beispiel dafür, daß über den Zustand des Menschen nach dem Tode und die Beschaffenheit der jenseitigen Welt bei den Gläubigen immer noch widersprüchliche Meinungen bestehen. Wo liegt dann die Wahrheit? Die Meinungen über das Leben nach dem Tode und über die Seele sind fast so verschieden wie die Sekten und Glaubensrichtungen in Indien. Es gibt viele Sekten, die nach dem Tode eines Menschen monatliche oder jährliche Zeremonien vorschreiben und bei denen der Priester, der die Zeremonie durchführt, Nahrung, Getränke, Kleidung und Schmuck bekommt, weil die Trauernden glauben, diese Gegenstände würden die fortgegangenen Seelen in der anderen Welt erreichen.

Auch im Islam gibt es über die Gestaltung des Jenseits unterschiedliche Ansichten. Nach der Meinung einiger Autoritäten kommt die rechtschaffene Seele zu Gott und lebt in seiner seligen Nähe, während sie nach Meinung einiger anderer Experten zunächst die Belohnung ihrer verdienstvollen Taten in einem köstlichen Paradies genießt.

Beschränken wir uns darauf festzustellen, daß es fast

so viele Ansichten über Gott, die Seele und das Jenseits gibt, wie es Glaubensrichtungen und Sekten gibt auf dieser Welt. Es gibt ebenfalls vielfältige Unterschiede in den Evangelien der verschiedenen Glaubensrichtungen, und häufig widersprechen die Lehren und Gebote der einen Glaubensrichtung ganz deutlich denen einer anderen, obwohl beide behaupten, aus derselben göttlichen Quelle zu stammen. Könnte es möglich sein, daß der Schöpfer dieses großen Universums so launisch und schwankend ist, daß er zu einem dies, zu einem anderen etwas anderes und zu einem dritten wiederum etwas Neues sagt und daß er dadurch die Menschen verleitet, über die grundlegenden Tatsachen von Leben und Tod miteinander zu streiten und zu kämpfen?

Wir können auch die Tatsache nicht ignorieren, daß jede große Religion in verschiedene Sekten und unterschiedliche Schulen gespalten ist und daß jede dieser Schulen ihre eigenen Ideen und Konzepte hat, die sich wiederum voneinander unterscheiden, aber zugleich alle auf die Autorität der Schriften gründen, die in verschiedener Weise interpretiert werden können, um die Ansichten des jeweiligen Sektengründers zu stützen. Es gab jedoch eine Zeit, in der kein Denker, so groß er auch gewesen sein mag, die Tollkühnheit besaß, das, was in den Schriften über die Schöpfung und die Entstehung des Weltalls gesagt war, in Frage zu stellen. Dieser Buchstabenglaube beschränkte sich nicht auf eine Glaubensrichtung, sondern er galt für alle Religionen. Rufen wir uns nur einmal die Zeit ins Bewußtsein, als Galilei, weißhaarig und vom Alter gebeugt, von den Würdenträgern der Kirche dazu gezwungen wurde, seine großartigen astronomischen Entdeckungen zu widerrufen!

Wir sehen uns einem riesigem Problem gegenüber, wenn wir versuchen, die unendlich vielen verschiedenen Fäden der Religion, etwa von der Zeit Moses bis in die heutige Zeit, wieder zusammenzuknüpfen. Es gibt eine unendliche Fülle von Literatur, die angeblich zum

Teil von Gott stammt, und es gibt so viele verschiedene Ansichten, daß es unmöglich erscheint, den eigentlichen Faden aus dem Gewirr herauszufinden, das durch Drehen und Wenden den Anschein erweckt, als sei es ein unentwirrbares Knäuel.

Offen gesagt ist das intellektuelle Format des durchschnittlichen Mannes und der durchschnittlichen Frau im Vergleich mit den Menschen vor ein paar Jahrhunderten so sehr gewachsen, daß die Glaubensrichtungen und Dogmen, die den Menschen früher als anziehend erschienen, bei den Menschen von heute auf taube Ohren stoßen.

Der Irrtum der Wissenschaft

Bei den Wissenschaftlern gibt es, trotz der intellektuellen Anstrengungen der letzten Jahrhunderte, die in einem enormen Wissenszuwachs gipfelten, keinen Grund zur Selbstzufriedenheit. Es gibt immer noch große Lücken, vor allem bei dem Wissen über Geist und Verstand, die, wenn sie nicht, wenigstens soweit es bis jetzt möglich ist, gefüllt werden, möglicherweise bewirken, daß alles, was im Laufe von Jahrhunderten in mühevoller Arbeit erreicht worden ist, innerhalb eines einzigen Tages wieder zunichte gemacht wird.

Wenn wir einmal die Lücken in unserem Wissen über das physische Universum beiseite lassen – die Fragestellungen, die uns die Astronomie stellt, die Frage, welches die Natur von Raum und Zeit, die eigentliche Beschaffenheit der Nebelflecken oder das Wesen der Materie ist –, dann können wir ohne Übertreibung sagen, daß das, was wir über den Geist und sein Instrumentarium, das Gehirn und das Nervensystem, mit Sicherheit wissen, noch immer in den Kinderschuhen steckt. Das Fehlverhältnis in unserem Wissen über die zwei Welten, in denen wir leben, die äußere und die innere Welt, ist ein Hinweis auf die abnorme Situation, die sehr ernste Auswirkungen auf unsere Gedanken und Handlungen und damit auf das ganze Leben und die Umwelt, die wir für uns selbst schaffen, haben kann.

Wenn wir nicht erkannt haben, daß die Lebensfreude und das Glück unseres Gemüts aus der inneren Quelle unseres Seins und nicht aus unserem materiellen Besitz entspringen, dann fehlt uns immer noch das Verständnis für unsere eigentliche Natur. Die Vögel in der Luft und die Tiere in den Wäldern leben voller Freude und Zufriedenheit in der Umgebung, die die Natur für sie geschaffen hat. Auf Grund seines weiter entwickelten Nervensystems, seines Gehirns und wegen seines empfindlicheren, ungeschützten Körpers braucht der Mensch zwar einiges, was sein Leben erleichtert, aber über die Erfüllung seiner Grundbedürfnisse hinaus ist er für sein inneres Glück nicht sehr von äußerem Besitz abhängig.

Überprüfen wir diese Fragen ein wenig genauer: Könnte irgend jemand leugnen, daß viele tausend Jahre lang eine große Mehrheit der Menschen in Zeiten schlimmer Traurigkeit und Verzweiflung Trost und Erleichterung, Inspiration und Führung in den Schriften berühmter Frauen und Männer gefunden haben? Wenn wir das Leben der Gründer der großen Glaubensrichtungen oder der Propheten in der Bibel betrachten und die Lebensgeschichten von Sokrates und Konfuzius oder anderen lesen, dann sieht es ganz klar so aus, daß Luxus und Überfluß für das Wohlbefinden des inneren Menschen nicht notwendig sind. Wir können sogar sagen, daß wir mehr in Harmonie mit den bisher unbekannten moralischen und geistigen Gesetzen sind, die unsere moralische und geistige Entwicklung lenken, wenn wir nicht in Luxus und Überfluß leben.

Wenn wir es in Anbetracht aller unserer wunderbaren Fortschritte und Leistungen im Bereich der Technologie und in den Künsten und Wissenschaften und angesichts des bisher niemals erträumten Luxus und der Annehmlichkeiten des Lebens nicht geschafft haben, aus unserer Mitte auch nur einige wenige Männer und Frauen dieses Formats – und zwar im intellektuellen, moralischen und geistigen Bereich – hervorzubringen, wie dies in der Vergangenheit der Fall war, dann muß irgend etwas mit unseren eigenen Vorstellungen vom menschlichen Leben nicht in Ordnung sein. Unsere Vorstellungen von den notwendigen Maßnahmen, Bedingungen und Umständen, die für eine wirkliche und harmonische Entwicklung unabdingbar sind, müssen falsch sein. Wie kann sich irgendeine Planung als fruchtbar erweisen, wenn wir nicht aus den Erfahrungen der Vergangenheit unsere Schlüsse ziehen und genau die Lücke in unserem Wissen aufzuspüren versuchen, die uns äußerlich fortwährend reicher werden läßt, ohne daß auch nur ein bißchen davon auf unser Inneres abfärben würde?

Gegen Ende des 19. Jahrhunderts machte Professor Tyndall eine nach seiner eigenen Meinung bemerkenswerte Aussage, als er sagte, er könnte die Möglichkeiten des Lebens in der Materie sehen. Vor ihm haben bereits mutige Männer wie Cabanis, Buchner, Hobbes, Priestley, Comte, Mill, Herbert Spencer, Heckel, Karl Marx und nach ihnen Freud, Santayana, John Dewey, Bertrand Russel und andere mit der ganzen Kraft ihres genialen Denkvermögens direkt oder indirekt dem Leben und dem Bewußtsein eine unabhängige Existenz abgesprochen. Bis zum heutigen Tage ist der Einfluß ihrer Gedanken wirksam – mit dem Ergebnis, daß nur einige wenige renommierte Wissenschaftler dazu neigen, sich offen mit Gesellschaften oder Gruppen zu verbinden, die an dem Geheimnisvollen, dem Übersinnlichen und dem Übernatürlichen Interesse haben.

Niemand kann die Größe dieser brillanten Männer leugnen, aber zugleich kann auch kein Mensch abstreiten, daß einige der grundlegenden Vorstellungen über den Geist und die Materie, auf denen sie ihre Denkgebäude errichteten, jetzt Jahrzehnt um Jahrzehnt von neuen Gedankenwellen unterspült werden und daß der Tag durchaus nicht mehr fern ist, an dem sie, vollständig unterhöhlt, schließlich in sich zusammenfallen und nur als die seltsamen Relikte einer weniger gut informierten Vergangenheit übrigbleiben werden.

Welches sind die Auswirkungen dieser Überbetonung des Körperlichen, der unbeschränkten materiellen Annehmlichkeiten und des Besitzes und der Macht? Was bewirkt die Ablehnung der spirituellen Seite des Menschen und der Tatsache, daß es ein unabhängiges Bewußtsein oder eine allmächtige, intelligente universelle Schöpferkraft gibt? Sind die Menschen edler, glücklicher oder friedlicher geworden? Oder erkennen wir nicht vielmehr die düsteren Zeichen eines fast unmittelbar bevorstehenden Zusammenbruchs? Welche innere Qual drängt Millionen junger Männer und Frauen dazu, Trost in Drogen und Alkohol zu suchen und dabei fast vollständig die Verhaltensweisen, die von der älteren Generation niemals in Frage gestellt wurden, aufzugeben? Warum wenden sich viele andere Menschen geheimen und mystischen Übungen zu und warum blühen Spiritualismus, Astrologie, Askese und so weiter. – all dies in dem Versuch, das eigene Selbst zu überschreiten und Antworten auf Fragen zu finden, die kein noch so umfangreiches irdisches Wissen beantworten kann?

In keiner Geschichtsperiode, nicht einmal im tiefsten Mittelalter, gab es derartige Greueltaten, solch schreckliche Massaker und blutigen Kriege und Revolutionen wie in diesem Jahrhundert. Gibt es irgendein Land, das sich gerade nicht auf den Krieg vorbereitet? Oder gibt es irgendeines, das nicht gelegentlich von inneren Unruhen zerrissen oder aber von einem Aufruhr erschüttert wird? Mißachtung moralischer Werte, Mangel an Disziplin, Gewalt, sexuelle Vergehen und ähnliches steigen drastisch an – so, wie es sich in den meisten der heutigen Medien widerspiegelt. Diese Medien trugen dazu bei, die Mauern niederzureißen, die vom Glauben errichtet worden waren, um den Menschen davon abzuhalten, seine animalischen Triebe auszuleben. Diese Mauern bestanden aus altehrwürdigen Konventionen, höheren Verhaltensregeln, Ideen von Ritterlichkeit und bestimmten Idealvorstellungen über Familienleben, Zuneigung und Liebe. Erhabene Charaktereigenschaften, die den Menschen vom Tier unterscheiden, zerbröckeln unter dem Gelächter und der Verachtung der Nihilisten und des Antichrist. Die letzten Tage der Römer, die das üppigste Leben genossen, das die Welt jemals gesehen hat, können als eine Warnung vor dem Schicksal dienen, das den Menschen unserer Zeit blühen könnte.

Die Zeichen der Dekadenz waren der Zusammenbruch der Familie, die immer weiter anwachsende Sucht nach Vergnügen, Geldverschwendung, immer stärker anwachsende Armeen und die Möglichkeit dauernder militärischer Angriffe, der Zerfall moralischer Werte, der Niedergang der Religion, politische Instabilität und ein zügelloses sexuelles Leben.

Wenn wir die Entwicklung in diesem Licht betrachten, wer könnte dann daran zweifeln, daß sich unsere moderne Gesellschaft mit großer Geschwindigkeit auf denselben Endzustand zubewegt? Keine einzige siegreiche Nation hat jemals den Beginn des Degenerationsprozesses erkannt, die Tatsache, daß sie im Niedergang begriffen war und sich sehr schnell den Abhang hinunterbewegte, bis sie eines Tages im Sumpf am Fuße dieses Abhanges landete. Auf der anderen Seite machten die Führer jener Staaten ihre Feinde für ihre wachsenden Probleme verantwortlich – und waren sich dabei überhaupt nicht bewußt, daß der wirkliche Feind der eigene, sich sehr schnell verschlechternde Zustand ihres Denkens, ihrer Haltung und ihres Geistes war. Die Denker, Regierenden, geistigen Führer und Gelehrten von heute erkennen nur sehr selten, daß sie, wenn sie sich immer nur dem Geschmack und der Wahl der Massen anpassen, den Verfall nicht aufhalten können. Degenerative Tendenzen in der Kunst, in der Literatur, der Philosophie, den gesellschaftlichen Sitten, dem Nationalcharakter, im Bereich der moralischen Werte und sogar in der Religion werden von denen, die diesem Degenerationsprozeß anheimfallen, nicht mehr bemerkt.

Während die Verkünder religiöser Gedanken sich weiterhin sowohl von der Kanzel als auch über die Medien über die Segnungen des Glaubens auslassen, wächst die Gruppe der Ungläubigen oder neue Kulte und Glaubensrichtungen kommen hinzu. Chaos und Konfusion breiten sich täglich weiter aus. Zur selben Zeit bemerken die Politiker, die flammende Reden über den Frieden halten, daß die Gewalt und der Terrorismus zunehmen; und die Moralisten, die den Pfad der Tugend loben, beobachten voller Verzweiflung die immer höher anwachsende Woge der Unmoral – und sind zugleich doch machtlos, sie aufzuhalten.

Was hat sich in der Welt falsch entwickelt? Warum sind wir nicht in der Lage, mit der immer weiter anwachsenden Unzufriedenheit und Verdrossenheit, die sich in alle Richtungen hin ausbreitet, fertig zu werden? Die Kommunisten werden ebenso überflutet wie der Rest der Welt. Warum sind die Versprechen, die die Wissenschaft und die Technologie uns machen, eher Grund zu Sorge und Furcht als zu Überschwang und Freude?

Weisen nicht alle Vorzeichen darauf hin, daß früher oder später ein globaler Großbrand unvermeidlich ist? Unter welchen Bedingungen werden Menschen leben, wenn nur ein angeschlagener und gebrochener Rest von ihnen unter den Ruinen der modernen Zivilisation übrigbleibt, um die Aufgaben der Geschichte zu erfüllen?

Wenn wir einmal den Einfluß der modernen Technik außer acht lassen, der für sich allein genommen nicht so schädlich sein kann, dann gab es doch all die anderen Faktoren wie die Verstädterung, die Unterdrückung unbewußter Bedürfnisse, Ketzerei und unbegrenzte

Freiheit des Gedankens und der Handlung auch in der Vergangenheit, ohne daß dadurch solche explosiven Situationen, wie wir sie in der heutigen Zeit beobachten, hervorgerufen worden wären. Soziale, moralische und politische Übel wuchsen nur dann ins Unermeßliche, wenn eine Nation durch falsche Lebensführung und Denkweise dem Untergang zum Opfer fiel. Dann kam es zu einem düsteren Prozeß inneren Verfalls, der schließlich zu einer Schwächung der Vitalität und zum Tode führt. Das ist das, was uns der Himmel zuteilt, wenn wir die Gesetze der Evolution brechen. Dies ist der Richterspruch der Geschichte.

Die größte Tragödie unserer Zeit ist, daß die Denker, die glaubten, die Wissenschaft hätte für die meisten Rätsel eine Lösung gefunden, ihre Ansichten über die unterschiedlichsten Aspekte des menschlichen Lebens äußerten – über die Hoffnungen und Bestrebungen des Menschen, über seinen Verstand und seinen Geist, den eigentlichen Sinn seiner Existenz, über die diesseitige und die jenseitige Welt – und daß diese Ansichten in vielerlei Hinsicht ebenso unzutreffend sind, wie es die Vorstellungen unserer frühen Vorfahren über die physische Welt waren. Die kompromißlose Haltung der Wissenschaft gegenüber der Religion beruht zum Teil auf der dogmatischen Einstellung der Wächter des Glaubens selbst, die darauf bestanden, daß die Lehren der betreffenden religiösen Richtungen buchstabengetreu zu befolgen seien; zum Teil beruht sie auch auf dem übertriebenen Glauben an eine göttliche Intervention, der für alle Religionen mehr oder weniger charakteristisch ist.

Eine nachdenklichere Beurteilung hätte die Tatsache nicht außer acht gelassen, daß es keinen Einzelfaktor, nicht einmal die Politik, gibt, der auf das Leben der Menschen, von den ältesten Zeiten bis zum heutigen Tage einen so tiefen Einfluß ausgeübt hat wie die Religion. Kein anderer Umstand hat so entscheidend zur Entwicklung der Zivilisation beigetragen wie dieser.

Auch eine nur beiläufige Überprüfung der wesentlichen Faktoren macht deutlich, daß bestimmte Vorschriften zur Lebensführung und über geistige und körperliche Übungen in allen Religionen als Leitern dienen können, durch die der suchende Mensch zu Gott aufsteigen oder zu Bewußtseinszuständen gelangen kann, in denen eine Verschmelzung mit der Gottheit möglich wird. Der gezielte Einsatz religiöser Übungen zum Erreichen hoher Ziele ist mindestens so alt wie die Geschichte.

Ein rationaler Ansatz, um die Wahrheit der religiösen Aussagen zu überprüfen und die Forderungen einer bestimmten Religion zu akzeptieren oder zurückzuweisen, wäre es, diese Praktiken und Übungen zu überprüfen und dann auf Grund der erreichten Resultate zu einem Urteil zu gelangen. Aber bis heute ist dies niemals von irgendeiner Gruppe von Wissenschaftlern, die vielleicht ihr ganzes Leben diesen Forschungsarbeiten widmen konnten – etwa so, wie unzählige Gruppen und Gesellschaften es im Hinblick auf die noch immer unerklärbaren Rätsel der physischen Welt tun – in Angriff genommen worden.

Es gab keine Überprüfung der Möglichkeiten, die von der Religion selbst angeboten wurden. Die Lehren der geistig Erleuchteten der Vergangenheit sind ohne genaue Überprüfung einfach zurückgewiesen worden. Es ist zu einer Mode geworden, die Phänomene des Geistes in Begriffen von Atomen und Molekülen zu erklären, aus denen die Gehirnsubstanz besteht. Jedes Wort, das ein Wissenschaftler schreibt, gilt als Evangelium. Aber jedes Wort aus heiligen Schriften wird mißtrauisch unter die Lupe genommen. Das Glücksrad, das dem Glauben einmal einen solchen Aufstieg ermöglicht hat, daß er die einzige Entscheidungsinstanz darüber wurde, was der Mensch glauben und nicht glauben sollte – und zwar ohne Rücksicht darauf, was ihm seine sinnliche Wahrnehmung vermittelte, und ohne das Urteil seines eigenen Verstandes – hat sich in eine vollkommen andere Richtung gedreht und nun den

Verstand zur obersten Entscheidungsinstanz erklärt, der seine Position leider in ähnlicher Weise mißbraucht.

Wie die Zeit zeigen wird, ist dies einer der schlimmsten Fehler gewesen, die der Mensch jemals gemacht hat, denn unter dem lockeren und manchmal phantastischen Mantel des Glaubens liegt das größte Geheimnis der Existenz verborgen; ein Geheimnis, das das Schicksal der Menschheit in derselben Weise beherrscht wie die Anziehungskraft der Sonne die Umdrehung der Erde. Man wird sehen, daß die gesamte religiöse Literatur der Welt ein Ausdruck dieses mächtigen geistigen Gesetzes ist.

Das Wesen dieses Gesetzes und seine Auswirkungen und Möglichkeiten, die von den Propheten und Weisen intuitiv erfaßt wurden, werden immer wieder in den Offenbarungsschriften besprochen, allerdings ausgeschmückt mit übernatürlichen Berichten und Episoden, die die Nicht-Eingeweihten daran hindern, den harten Kern zu erreichen. Um Unklarheit zu vermeiden, möchte ich gleich ganz deutlich sagen, daß es sich um ein biologisches Gesetz handelt, das man in einem Laboratorium überprüfen kann wie das Fließen des Blutes.

Evolution ist die Antwort

Die eigentliche Antwort auf unsere Fragen finden wir in der Tatsache, daß sich das menschliche Gehirn immer noch in einem Zustand der Entwicklung befindet und daß einige ganz besonders begabte Individuen, wie etwa medial veranlagte oder außerordentlich sensible Menschen, Mystiker und Seher, Wunderkinder und Genies, einen höheren Bewußtseinszustand erreicht haben, der dem Mann und der Frau der Zukunft ganz natürlich zu eigen sein wird.

Die Erscheinungen, die bei diesen ungewöhnlichen Individuen zu beobachten sind, treten häufig sehr sprunghaft auf, für sie selbst unkontrollierbar und unvorhersehbar, weil es immer noch eine Kluft gibt zwischen dem gegenwärtigen Zustand des Gehirns und dem vollkommenen Zustand, den es eines Tages erreichen muß. Dann wird das, was wir heute übernatürliche oder paranormale Begabungen nennen, zu den normalen Fähigkeit des Durchschnittsmenschen gehören. Bis zu diesem Zeitpunkt können wir bei der großen Mehrheit derer, die mit jenen Talenten als ihren natürlichen Anlagen geboren worden sind, vernünftigerweise nur unvollkommene, launenhafte oder fehlerhafte Manifestationen jener Talente erwarten – wie etwa bei medial veranlagten Menschen und sogar bei einigen Mystikern aufgrund eines Zusammenspiels von Umständen und Erbfaktoren, die beim gegenwärtigen Zustand der Gesellschaft unzulänglich bleiben müssen.

Fragen der Religion und übernatürlicher Ausdrucksformen des Geistes sind zugleich Fragen der Evolution. Die Erklärung für die erstaunliche Zähigkeit, mit der die Menschheit an den Lehren der Propheten und Weisen festgehalten hat – und zwar selbst dann, wenn dies Blutvergießen und Leiden verursachte –, liegt darin, daß die Lehren in der einen oder der anderen Form und in einem größeren oder geringeren Maße wertvolle Vorschriften zur Lebensführung und zur Organisation der Gesellschaft enthalten, die notwendig sind, um den Weg der Evolution, auf dem wir Menschen uns immer noch befinden, weiter zu gehen.

Obwohl der Wissenschaft eine ganze Reihe der komplizierten Vorgänge in unserem Körper inzwischen bekannt sind, ist dieser Körper doch immer noch rätselhaft, vor allem, was den Bereich der Gedanken anbetrifft. So tief ist das Geheimnis und so wenig sind die Gelehrten darauf vorbereitet, daß kaum jemand bereit wäre, die erstaunliche Wahrheit zu glauben, daß die Fortschritte der Entwicklung an einem sehr subtilen Prozeß in jedem einzelnen Individuum abzulesen sind, bei dem eine flüchtige biochemische Substanz entsteht, die sehr leicht in hochpotente psychische Energie verwandelt werden kann. In jedem lebendigen Wesen wird ständig nervliche und psychische Energie erzeugt. Allerdings ist die Art und Weise, in der das geschieht, der Wissenschaft bisher unbekannt. Ich behaupte hier, daß der Evolutionsprozeß zur Produktion von noch hochpotenteren biochemischen Substanzen führen wird, die als Antriebsstoff für die psychische Energie in ihren verschiedenen Ausformungen dienen, und daß diese Prozesse noch weiter beschleunigt werden können.

In einer winzig kleinen Dosis kann Lysergensäurediethylamid, gewöhnlich unter dem Namen LSD bekannt, eine Revolution im Bewußtsein hervorrufen und, in seltenen Fällen, sogar zum Wahnsinn führen. Schon eine geringe Dosis hat eine Wirkungskraft, die fast unglaublich erscheint. Es wäre lächerlich zu bestreiten, daß das am weitesten entwickelte chemische Laboratorium auf der Erde, der menschliche Körper, nicht unter dem Einfluß der evolutionären Prozesse, die permanent darin stattfinden, auf ganz einfache Weise eine Substanz dieser Art erzeugen könnte. Wissenschaftler können nicht dem, was durch LSD im Körper geschieht, nachspüren, aber sie können LSD an seinen Wirkungen erkennen.

Ebenso kann man sich leicht vorstellen, daß auch der Körper eine Substanz hervorbringen kann, die so fein ist, daß die Wissenschaftler sie ebenfalls nicht nachweisen können und die doch zugleich so wirksam ist, um in Form von Strahlung das Bewußtsein zu so hohen Erkenntnisstufen zu führen, so daß ganz andere Ebenen der Existenz und andere Seinsmöglichkeiten in den Bereich der Wahrnehmung gelangen. Ganz besonders wichtig ist es, daß die Existenz dieser biochemischen Substanz und ihre Umwandlung in Strahlung, entweder als eine natürliche Reaktion oder unter dem Einfluß bestimmter äußerer Einwirkungen und Übungen, nicht nur geglaubt zu werden braucht, sondern daß sie unter strengsten Laboratoriumsbedingungen beobachtet und nachgewiesen werden kann. Die Beobachtung kann immer wiederholt werden, bis die dahinterliegende Gesetzmäßigkeit schließlich erkennbar wird.

Ich betone diesen Punkt mit großem Nachdruck, da ich das, was ich beschreibe, mehr als dreißig Jahre lang an mir selbst beobachtet habe. Darüber hinaus wird die Erfahrung nicht nur in einigen wenigen, sondern in Hunderten und Aberhunderten authentischer Dokumente bestätigt, die bis auf vorgeschichtliche Zeiten in Indien, Tibet, China, Japan und im Nahen Osten zurückgehen. Das dokumentarische Beweismaterial ist so überwältigend, daß kein vernünftiger Mensch daran zweifeln kann.

Die Revolution des modernen Denkens, die dadurch hätte hervorgerufen werden können, steht noch aus, weil viele dieser wertvollen Dokumente in der Sprache, die als *sandhya bhasha* bekannt ist, einer Geheimsprache, geschrieben worden sind, die nur wenigen verständlich ist. Nun stellt sich die Frage: Wie können die Phänomene einer beschleunigten Evolution – oder der Kundalini – schlüssig demonstriert werden, um den Anforderungen wissenschaftlicher Forschung Genüge zu tun?

Meine eigene Erfahrung hat deutlich gemacht, daß das Phänomen Kundalini, obwohl es von einer höheren Intelligenz gelenkt wird, die unsichtbar bleibt, aber zweifelsfrei hinter allen Vorgängen wirksam ist, seinem Wesen nach ein vollkommen biologischer Vorgang ist. Wahrscheinlich gibt es keine andere Erscheinung, nicht einmal die unglaublichsten übernatürlichen Handlungen von Mystikern und medialen Personen, die so eindeutig auf die Existenz einer alles durchdringenden, allwissenden Intelligenz hinter den unendlich vielfältigen Phänomenen des Lebens hinweist wie die Wirkungen einer gerade eben erweckten Kundalini.

Genau hier wird der Mensch sich zum ersten Mal der erstaunlichen Tatsache bewußt, daß diese unvorstellbare kosmische Intelligenz in jeder Zelle des Universums wirksam ist. Unsere gesamte Persönlichkeit, Ego, Geist,

Intellekt und alles andere, ist nichts anderes als eine winzig kleine Blase, die in diesem grenzenlosen Meer aufgetaucht ist. Aber anzunehmen, daß nur ein winzig kleiner Teil dieses Ozeans des Bewußtseins jemals ausgelöscht werden oder irgendwie zu existieren aufhören könnte, wäre noch unsinniger, als sich vorzustellen, daß die Sonne eines Tages schwarz würde.

Mit der Erweckung der Kundalini beginnt im gesamten Nervensystem eine erstaunliche Aktivität – und zwar vom Scheitelbereich bis zur Sohle. Der Körper verwandelt sich jetzt in ein winziges Laboratorium und arbeitet Tag und Nacht mit sehr hoher Geschwindigkeit. Die chinesischen Schriften beschreiben dieses Phänomen als die »Zirkulation des Lichts« und die indischen Handbücher als die »Erhebung der Shakti« oder der Lebensenergie. Nerven in allen Teilen des Körpers, die das normale Bewußtsein niemals spürt, werden jetzt von einer unsichtbaren Macht zu einer neuen Form von Aktivität gezwungen, die für die Person entweder sofort oder erst allmählich erkennbar wird. Durch ihre unzähligen feinen Verästelungen hindurch beginnen sie, eine nektarähnliche Substanz aus dem sie umgebenden Gewebe herauszusaugen. Diese Substanz manifestiert sich in zwei verschiedenen Formen, einmal als Strahlung, zum anderen als ein sehr feiner Extrakt, und strömt schließlich in das Rückenmark ein.

Ein Teil dieses Extrakts fließt in die Geschlechtsorgane, die jetzt eine ganz ungewöhnliche Aktivität entfalten, so, als wollten sie mit der Aktivität des gesamten Nervensystems Schritt halten. Die Strahlung, die als eine leuchtende Wolke im Kopf wahrgenommen wird, strömt ins Gehirn ein und durchtränkt zugleich die Nerven, stimuliert sämtliche lebenswichtigen Organe, vor allem die Verdauungsorgane, um ihre Funktionen der neuen Lebensform des gesamten Körpers anzupassen. Die Erweckung der Kundalini bedeutet in anderen Worten nichts anderes als das Phänomen der Wiedergeburt, auf das, offen oder zwischen den Zeilen, in den religiösen Schriften der Menschheit angespielt wird. Jetzt ist eine machtvollere und direktere Verbindung zwischen dem einzelnen und dem universalen Bewußtsein hergestellt.

Auf dieses Phänomen der Transformation oder der Wiedergeburt spielt Christus in gleichnishafter Sprache in seinem Gespräch mit Nikodemus an, wenn er sagt: »Wahrlich, wahrlich, ich sage euch, wenn der Mensch nicht aus Wasser und aus dem Geist heraus geboren wird, dann kann er nicht in das Königreich Gottes eingehen. Das, was aus Fleisch geboren ist, ist Fleisch, und was aus Geist geboren ist, ist Geist. Wundert Euch nicht, daß ich Euch gesagt habe, daß Ihr noch einmal geboren werden müßt.«

Die gesteigerte Aktivität der Sexualorgane ist sowohl bei Männern als auch bei Frauen deutlich wahrnehmbar. Das dauernde Einfließen der Geschlechtsflüssigkeit in das Rückenmark, in die lebenswichtigen Organe und in das Gehirn und auch die veränderte Aktivität des Verdauungssystems und manchmal sogar des Herzens, kann sehr leicht mit Hilfe der Informationen, die in alten Schriften zu diesem Thema enthalten sind, festgestellt werden.

Aussagen der Art, daß bei der Erweckung der Kundalini der Samen durch die Saugwirkung eintrocknet oder dünn wird, daß der Penis kleiner wird oder der Mensch seine sexuellen Bedürfnisse verliert, wie sie die alten Schriften enthalten, sind für die, die sich mit der Sache befassen, sehr wichtige Informationen. Ein bedeutendes Werk aus dem alten China, *Das Geheimnis der goldenen Blume*, enthält eindeutige Hinweise zu diesem Vorgang, die jedem, der ein wenig über diesen Themenbereich weiß, unweigerlich auffallen müssen. Dennoch befaßt sich C. G. Jung in seinem Kommentar zu diesem Buch trotz der Eindeutigkeit der Aussagen ausschließlich mit seinen eigenen Theorien über das Unbewußte und sieht darin nur eine Bestätigung seiner eigenen Ideen – und nichts weiter. Dasselbe geschah auf einem Seminar, auf dem er über die Kundalini sprach und über das es im Züricher C.-G.-Jung-Institut eine schriftliche Zusammenfassung gibt. Aus den Ansichten, die auf diesem Seminar von den Gelehrten geäußert wurden, wird deutlich, daß niemand auch nur das geringste Wissen über die wirkliche Bedeutung des ehrwürdigen Dokuments, über das sie damals sprachen, besaß.

Der Gang der Evolution

Wenn es möglich ist, daß einige Männer und Frauen übernatürliche Fähigkeiten entwickeln, dann muß dies auch anderen möglich sein, vorausgesetzt, daß alle Menschen die gleichen biologischen Voraussetzungen mitbringen. Es ist unmöglich, daß Gott oder die Natur die, die diese Eigenschaften besitzen, vorziehen würde und daß sie ihren Geist mit ganz ungewöhnlichen Fähigkeiten ausstatten können, die dann ein Zeichen für eine ganz besondere Begünstigung wären. Es wäre vernünftiger, hier nach einem biologischen Grund zu forschen und durch Experiment und Studium zu entdecken, wo das Geheimnis liegt. Niemand kann die Tatsache leugnen, daß das menschliche Bewußtsein selbst mit Hilfe eines biologischen Organs ausgedrückt wird und daß es, abgesehen von diesem Organ, niemals in irgendeiner Form sinnlich wahrnehmbar ist.

Bis zu dem Zeitpunkt, zu dem es gelingt, die Beschaffenheit und die charakteristischen Eigenschaften des Prana oder der Lebensenergie, die als Brennstoff für die Gedanken dient, zu ermitteln, werden Wissenschaftler weiterhin ratlos dem Phänomen des Geistes und des Bewußtseins gegenüberstehen – genauso, wie die Alten das Phänomen des Nordlichts, des Blitzes, des Donners etc. vollkommen unerklärlich fanden, bis das Rätsel durch die Entdeckung der Elektrizität gelöst werden konnte. Der Weg, um diese flüchtige Substanz, die wunderbarer ist als irgendeine andere Substanz der physikalischen Welt, zu erforschen, liegt darin, dem Phänomen der Kundalini nachzugehen. Mit den gegenwärtig vorhandenen Methoden der Beobachtung wäre es nicht schwierig, den Pfad solange weiterzuverfolgen, bis man schlüssige Daten über diesen Forschungsbereich gefunden hätte. Jedoch steckt dieses ganze Gebiet – das menschliche Bewußtsein – so voller Wunder und Rätsel, daß es bis zum Ende aller Zeiten Geheimnisse und Überraschungen geben wird.

Positive Beweise über die inneren Veränderungen können durch die gegeben werden, die schon heute zu diesen erfolgreich Eingeweihten gehören. Die im Bewußtsein eintretende Veränderung kann jedoch von niemandem nachvollzogen werden, der die Erfahrung nicht selbst gemacht hat. In der jüngeren Geschichte machten Tennyson, Wadsworth, Proust, Bucke und andere Erfahrungen, die in gewisser Weise denen der Mystiker ähnelten, ohne daß sie sich jedoch jener strengen Disziplin unterworfen hätten, die man gewöhnlich mit geistiger Entfaltung in Zusammenhang bringt. Wenn die Forschung in diesem Bereich einmal in Gang gekommen ist, dann wird man entdecken, daß auch in der Vergangenheit diese »unverdiente Gnade« sehr typisch für die mystische Erfahrung ist, als ob die, die sie erfahren haben, schon von Geburt an dafür prädestiniert gewesen wären und als ob es dafür nur eines winzigen Anstoßes bedurft hätte.

Die außerordentlich unterschiedlichen Berichte über religiöse Erfahrungen sind auf die Unterschiedlichkeiten auf der geistigen Ebene, im Bereich der Ideen und der kulturellen Entwicklung zurückzuführen. Für eine gründliche Erforschung des Phänomens ist es notwendig, daß eine Gruppe von Gelehrten und Wissenschaftlern, zu denen sowohl Skeptiker als auch von dem Phänomen Überzeugte gehören, eine bestimmte Zeit lang bestimmte Übungen macht – und zwar mit vollem Einsatz, so, wie wenn ein Wissenschaftler ein bestimmtes Forschungsziel im Auge hat – und mit der entsprechenden Rücksicht auf die notwendigen ethischen Voraussetzungen. Dann könnten sie die Resultate auswerten. Ein einziger Fall der Erweckung wäre ausreichend, um seine biologische Natur und um die verschiedenen Veränderungen und Entwicklungen, die dadurch eintreten, festzustellen.

Wie ich schon erwähnt habe, werden die Stoffwechselvorgänge des Körpers dabei außerordentlich beschleunigt. Im Gehirn finden ein Neuaufbau und eine Neustrukturierung statt, die in gewisser Weise den Vorgängen ähneln, die in einem Embryo in der Gebärmutter geschehen; sie dauern solange, bis das Bewußtsein sich vollkommen verändert hat und eine überlegene Form des Geistes geboren worden ist. Was mit Hilfe der erweckten Kundalinikraft möglich ist – wenn die Transformation einmal empirisch nachgewiesen ist – und welche Art von biologischen Faktoren die Wissenschaft dann herausfinden wird, kann man heute unmöglich sagen.

Wenn sie erst einmal verwandelt sind, dann müssen der Mann oder die Frau zu hochrangig begabten Menschen werden, die mit einer ungewöhnlichen Ausdrucksfähigkeit, in Prosa und in Versform, ausgestattet sind. Oder aber sie müssen außerordentliche künstlerische Talente besitzen. Einige der alten Propheten und Seher sind dafür ein Beispiel. Die Gaben der Vorausschau, der Heilkraft, übersinnliche Kräfte und andere wunderbare Fähigkeiten können sich zusammen mit der Genialität entwickeln. Ein Intellektueller mit einer gesunden Konstitution und edlen Charaktereigenschaften entwickelt sich vielleicht zu einem Menschen mit so einzigartigen Gaben und Talenten, daß er oder sie in den Augen der Menschen wie ein Idol erscheint, mit einer Faszinations- und Anziehungskraft, wie sie nur wirklich charismatische Menschen besitzen. In diesem Fall kann die Verwandlung ein ganz klares Zeugnis von den Wirkungen geben, die durch Kundalini hervorgerufen werden.

Der evolutionäre Weg beschleunigt und intensiviert sich ab einem bestimmten Reifezustand so sehr, daß der evolutionäre Zyklus im Laufe eines individuellen Lebens vollendet werden kann und der Mensch noch während seiner Lebenszeit zur nächsthöheren Bewußtseinsstufe, die die göttliche Vorsehung für ihn bestimmt hat, aufsteigt. Eine wissenschaftliche Überprüfung ist nicht schwierig, wenn wir wissen, in welchen Bereichen sie stattfinden muß. Die biologischen Reaktionen im Körper sind unverkennbar. Das fortwährende Absaugen der Samenflüssigkeit und ihr Übergehen in den Rückenmarkskanal und in die Nervenverbindungen der lebenswichtigen Organe und des Gehirns können nicht unbemerkt bleiben.

Der Heiligenschein oder die Aureole, die sich über den Köpfen und Gestalten von Heiligen und von erleuchteten Weisen zeigen, sind das Symbol für die innere Erleuchtung, die während der Verwandlung des Bewußtseins stattfindet. Es findet eine merkliche Veränderung in den Verdauungs- und Ausscheidungsfunktionen des Körpers statt. Auf subjektiver ebenso wie auf objektiver Ebene läßt sich dieses Phänomen, ebenso wie jede andere Funktion des menschlichen Körpers, deutlich nachweisen.

Warum sollte man dieser Art Forschung so viel Bedeutung beimessen, wenn das letztendliche Ziel der Erweckung der Kundalini nur eine Bewußtseinsveränderung ist, die, wie die Vergangenheit gezeigt hat, nur in einer außerordentlich begrenzten Zahl von Fällen wirksam werden kann? Warum sollte das Phänomen dann für alle Menschen wichtig oder interessant sein? Weil im Laufe der Geschichte gewaltige Revolutionen im menschlichen Leben und in den Gedanken der Menschen auch nur von einer Handvoll geistiger Genies bewirkt wurden. Diese Tatsache allein sollte uns davon überzeugen können, daß in unseren Zeiten die Erforschung der Kundalini unbedingt notwendig ist. Aber es gibt noch andere, gleichermaßen wichtige Faktoren, die Kundalini tatsächlich zum Herrn über das menschliche Schicksal zu machen – und damit zugleich zu der bei weitem machtvollsten Antriebskraft im Leben der Menschen. Kein rein intellektueller Ansatz kann den Schleier durchdringen oder das Geheimnis der Schöpfung lösen, denn der Schleier ist eine Schöpfung des Intellekts selbst. Nur durch das Überschreiten des Selbst kann Licht in die Dunkelheit eindringen und das Problem einer Lösung näherkommen.

Das augenblicklich stattfindende schnelle Anwachsen von Sekten und Glaubensrichtungen, denen die orthodoxen Wächter der verschiedenen Religionen machtlos gegenüberstehen und die sie nicht einmal erklären können, entspringt eigentlich dem steigenden Druck auf das Gehirn. Dieser Druck wird durch unsere religiöse Sehnsucht erzeugt, und er ist unweigerlich die Frucht von Zivilisation und Müßiggang. Nur eine erweckte Kundalini kann diesen Druck mildern. Die, die ihr Heil in irgendwelchen okkulten Praktiken suchen, in Drogen, im Gebet und im Gottesdienst oder in irgendeiner anderen Form von spirituellem Streben, und die sehr eifrig nach Führern und Heilsbringern suchen, folgen häufig, ohne es zu wissen, einem unbewußten Drang, die Kundalinikraft zu erwecken. Es ist ein Drang, der fast ebenso stark ist wie der einer gesunden jungen Frau nach einem Kind.

Sogar in den kommunistischen Ländern wird in den nächsten Jahrzehnten der steigende Druck der unaufhaltsamen evolutionären Prozesse Ketten durchbrechen, die von einer politischen Ideologie geschmiedet wurden, die den gesunden Ausdruck der religiösen Impulse unterbindet.

Wenn dieser Durchbruch verweigert wird, dann wird dadurch vielleicht dieselbe Gewalt hervorgerufen, die bereits vorher eingesetzt wurde, um die Religion zu unterdrücken. Die geschichtliche Entwicklung wird einen negativen Verlauf nehmen, wenn das Gesetz nicht erkannt wird.

Da die Kundalini die Quelle der religiösen Sehnsucht im Menschen ist, bedeutet dies, daß eine Lebensweise oder eine Lebensführung oder ein System oder eine Gesellschaft, die der legitimen Ausübung dieser Religion einen Riegel vorschieben, niemals dem Frieden und dem Glück dienen können. Vielmehr muß eine solche Unterdrückung der religiösen Sehnsucht zu psychischen und zu physischen Störungen sowohl beim einzelnen als auch in der Gruppe führen. Der religiöse Impuls, ganz anders als der Geschlechtstrieb, ist nicht statisch, sondern dynamisch. Mit anderen Worten wird er nicht durch dieselbe Art von Nahrung immer aufs neue befriedigt werden können, sondern er verlangt nach einer immer wieder veränderten Art von Nahrung, entsprechend dem Stand der Evolution und der Intelligenz. Wenn diese Nahrung verweigert wird, dann sucht er sich blind einen Ersatz, um den Hunger, der in ihm nagt, zu stillen. Die Vielfalt der verschiedenen Glaubensrichtungen ist daher nicht verwunderlich. Diese Tendenz wird sich auch noch weiterhin ausbreiten, und zwar solange, bis die richtige Art Nahrung gefunden worden ist.

Aufgrund unseres unzulänglichen Wissens über das Nervensystem kann es als mögliche Folge einer plötzlichen Erweckung der Kundalini zu geistiger Verwirrung oder sogar zu einer Psychose kommen. Praktiken, die daraufhin abzielen, die Kundalini zu erwecken, bewirken bisweilen, daß der zentrale Kanal und der damit verbundene Bereich im Gehirn unvermittelt zu einem Zeitpunkt aufgebrochen werden, wenn das Gesamtsystem noch nicht auf diese Entwicklung eingestellt ist. In solchen Fällen müssen die Eingeweihten schreckliche Qualen erleiden, die nur einige wenige überleben. Ein sehr schneller Übergang zu höheren Bewußtseinsebenen birgt, wenn sich der Geist und der Körper nicht vorher darauf eingestellt haben, ein Risiko in sich.

Wie ich in den Anfangszeilen dieses Kapitels ausgeführt habe, waren primitive Religionen nichts anderes als ein Bündel von Aberglauben; es gab darin abstoßende Formen von Gottesverehrung, wilde Rituale und Mythen. Da der evolutionäre Impuls Teil des psychosomatischen Organismus des Menschen ist, ist es nur natürlich, daß die Form, wie dieser Impuls ausgedrückt wird, mit dem psychischen Entwicklungsstand des Menschen übereinstimmt. Wir können nicht erwarten, daß die Religionen des Barbaren und des Wilden so verfeinert sind wie die religiösen Ausdrucksformen der zivilisierten Nationen.

Zugleich jedoch sollten wir nicht meinen, daß die religiösen Begriffe und Ideen, die vor Tausenden von Jahren galten, für die weiter entwickelte Intelligenz von Menschen immer noch attraktiv sind. Widerstand gegen die überlebten Ideen und Formen der Gottesverehrung ist deshalb nur das natürliche Ergebnis der psychisch-geistigen Evolution des Menschengeschlechts. Daß heute plötzlich zahllose neue Kultformen und Glaubensrichtungen auftauchen, ist erst die erste Welle: ein Hinweis auf das eifrige Suchen der Massen nach befriedigenderer geistiger Nahrung als der, die von den älteren Glaubensrichtungen angeboten wird.

Als Konsequenz unserer Ausführungen müssen wir nun die folgende Frage stellen: Wenn Kundalini die Kraft ist, die hinter genialen und hoch entwickelten künstlerischen Talenten steht, dann muß sie zugleich auch der Faktor sein, der für die schädlichen Entwicklungen der Geschichte verantwortlich ist. Dies ist etwas, was unsere Wissenschaftler erkennen müssen. Dieselbe biologische Vorrichtung im Körper, durch die der Mensch befähigt wird, sich in den gottähnlichen Zustand der Retter der Menschheit und der Weisen mit übernormalen Talenten und Begabungen zu erheben, kann ihn ebenso auch in ein Monstrum verwandeln. Die hochtalentierten militärischen Führer, Diktatoren und Demagogen, die die Menschheit in Blut ertränkten, hatten eben dieselbe Kundalinikraft in sich wie die erleuchteten Weisen.

Kein noch so großer Reichtum und Wohlstand kann die Menschheit vor den Raubzügen und Plünderungen bewahren, die von begabten, aber unmoralischen Menschen begangen werden. Diese Menschen, bei denen die Kundalini in ihrer negativen Form wirksam geworden ist, verfolgen ihre eigenen, ehrgeizigen Ziele. Da sie auf die Massen eine unwiderstehliche Macht ausüben und da ihre Organisationsfähigkeit und ihr militärisches Talent von niemand anderem übertroffen wird, kann nur eine einzige derartige Persönlichkeit die gesamte Menschheit ins Verderben führen. Der einzige Lichtblick, der durch die dunklen Wolken, die uns augenblicklich bedrohen, hindurchscheint, ist die Hoffnung, daß die Wissenschaft nach gründlichen Forschungen die ewigen Gesetze erkennt. Wir können es uns nicht länger leisten, mit dem Feuer zu spielen, und wir können es nicht zulassen, daß unsere Unkenntnis jenes schrecklichen Gesetzes weiterhin dahin führt, daß fortwährend Menschen mit negativen Charakterzügen die Oberhand gewinnen, Menschen, die unser Überleben unmöglich machen können.

Eine falsche Lebensführung, unharmonische soziale und politische Bedingungen, unbekömmliches Essen und Trinken, Maßlosigkeit und Launenhaftigkeit und auch übertriebene Sorgen, Angst und Furcht, unbegrenzter Ehrgeiz und unbegrenztes Sehnen nach Lust, außerdem Gier, Selbstsucht, Neid, Eifersucht und Haß, die auf unseren Körper einen negativen Einfluß ausüben, behindern das Entstehen der wertvollen Energie für die hochpotente Strahlung, die allen ungewöhnlichen oder übernatürlichen Produkten des menschlichen Geistes zugrunde liegt.

Da eine gesunde Nahrung fehlt, findet die psychische Energie ihren Ausdruck in verkrüppelter, verzerrter oder kranker Form – genauso wie ein Mangel an lebenswichtigen Nahrungsmitteln die Gesundheit eines

Säuglings schädigt. Daher die Offenbarungen: um die Menschen zu führen. Jeder Prophet und Seher, der auf unserer Erde lebte, hat bewußt oder unbewußt die Aufmerksamkeit der Menschen auf dieses Gesetz gelenkt.

Die Zeichen und Symptome der Degeneration, die wir jetzt beobachten und die auch die Endphasen aller vorangegangenen Zivilisationen und großen Reiche der Vergangenheit begleiteten, deuten unverkennbar auf eine Verschlechterung der körperlichen und geistigen Fähigkeiten der Völker oder Nationen hin. Ein Mißverhältnis, eine Verformung oder Verzerrung in der geistigen Ausstrahlung ist der Grund für das Emporkommen nicht nur von besonders sadistischen Menschen, die immer wieder in der Geschichte der Menschheit schreckliches Blutvergießen bewirkt haben, sondern auch von vielen Formen von Neurosen und Geisteskrankheiten. Professor Zaehner hat in seinem Buch *Mystizismus: Heilig und Profan* einen sehr wichtigen Punkt berührt, als er das Beispiel von John Custance zitierte, eines nachweislich manisch-depressiven Menschen, der in seinen manischen Perioden mystische Erfahrungen machte. (Aldous) Huxley hat in seinem Buch *Himmel und Hölle* über den Fall von Renée berichtet, einer schizophrenen Frau, die selbst einen autobiographischen Bericht über ihre Wahnsinnszustände verfaßt hat. Sie nennt die Welt des Schizophrenen »das Land des Aufleuchtens«, in dem das gleißende Licht entsetzlich qualvoll ist – eine intensive elektrische Strahlung ohne irgendeinen Schatten, überall und ohne die Möglichkeit der Abschwächung.

Die anwachsende Flut seelischer Verwirrungen, die ein Fluch unserer modernen Zeit sind, ist zugleich eine natürliche Warnung, daß der evolutionäre Prozeß eine falsche Richtung eingeschlagen hat. Ich behaupte hier, daß ein einziges Gesetz an der Basis aller unerklärbaren geistigen Phänomene steht. Nur eine bemerkenswerte Reihe von Veränderungen, die von der psychischen Energie verursacht werden, die uns als Antriebskraft für unsere Gedanken dient, ist für all die verschiedenen komplexen Phänomene verantwortlich, die der Wissenschaft zum jetzigen Zeitpunkt noch unlösbare Rätsel aufgeben. Das häufigere Vorkommen von Geisteskrankheit bei genial begabten Männern und Frauen und ihre Exzentrizität geben uns wichtige Hinweise. Die Kundalini zu erforschen hieße in der Tat, all den zur Zeit noch dunklen geistigen Phänomenen nachzuspüren.

Die göttlichen Möglichkeiten des Menschen

Es ist wahrscheinlich, daß meine Behauptungen in der Welt der Wissenschaft auf Skepsis und Zweifel stoßen. Dies wird jedoch nur in einer Übergangsphase der Fall sein, da fast jede wichtige Entdeckung im Bereich des Wissens die Welt unvorbereitet traf. Aber wenn die richtige Stunde kommt, dann werden diese Entdeckungen, wie wenig glaubhaft sie zunächst auch erschienen sein mögen, sehr bald das am meisten diskutierte Thema des Tages sein. Nach meiner Ansicht gibt es nichts Wichtigeres, was jener schrecklichen atomaren Drohung entgegenzusetzen wäre, als das Wissen um die Kundalini.

Wenn man einmal die Möglichkeit einer geistigen Wiedergeburt durch die Erweckung dieser machtvollen Kraft betrachtet, dann wird für die, die reinen Geistes, intelligent und kühn sind, das Kundalini-Yoga zu einer sehr erhabenen Erfahrung werden. Die Endprodukte der Kundalini müssen die normalen Grenzen des Geistes überschreiten. Wenn dies nicht der Fall ist, dann sind die visionären Erfahrungen entweder eine Täuschung oder ein Mythos. Sogar die, die nur sporadisch und nur ein paarmal in ihrem Leben des Unsäglichen gewahr werden, sind gewöhnlich geniale oder mit außerordentlicher Intelligenz begabte Menschen. Die,

die sich in einem Zustand ewiger Ekstase befinden, müssen im Grunde genommen sehr ungewöhnliche intellektuelle Talente und übernatürliche Fähigkeiten besitzen – und ihr Nervensystem arbeitet nach einem veränderten Rhythmus. In diesem Fall arbeitet das erweiterte Bewußtsein sogar im Schlaf, und aus diesem Grund nennt sich ein solcher Schlaf auch *yoga nidra* oder der Schlaf des Yoga.

Das wunderbare Kraftreservoir der Kundalini, das unverwechselbare Symbol des Göttlichen im Menschen, eröffnet neue Horizonte von solcher Erhabenheit, von solcher Freude und von solchem Glanz, daß sogar eine bescheidene Beschreibung unglaubwürdig erscheinen würde, wenn nicht einige meiner Schüler meine Behauptungen bestätigten, um die Gelehrten von der goldenen Zukunft zu überzeugen, die für die Menschheit vorgesehen ist.

Der Geist des Menschen ist so beschaffen, daß es keinen Luxus und keinen Schatz auf der Erde gibt, der seine brennende Sehnsucht nach einer Erklärung für seine eigene Existenz stillen würde. Das ganze schwere Gewicht des unerklärlichen Geheimnisses, alle Fragen, die vom Intellekt gestellt werden, all das Leiden, das das Fortschreiten der Evolution so qualvoll macht, alle Schmerzen, die wir wegen der Ungerechtigkeit und des Elends in dieser Welt empfinden, all die Enttäuschung, an der wir wegen unserer unrealisierbaren Träume und zerbrochenen Hoffnungen leiden.

All die Traurigkeit über die ewigen Abschiede von denen, die uns nahestehen und uns lieb sind, und alle Furcht vor Krankheit, Dekadenz und Tod verschwinden wie Nebel nach dem Aufgehen der Sonne, wenn das innerste Selbst erkannt wird, jenseits der Gedanken, jenseits der Zweifel, jenseits von Schmerz und Sterblichkeit. Diese Erkenntnis erleuchtet die Dunkelheit des Geistes wie ein Lichtblitz die Dunkelheit der Nacht und läßt den Menschen, der nur einen winzigen Schimmer des unbeschreiblichen Glanzes und der Pracht der geistigen Welt geschaut hat, verwandelt zurück. Möge dieses erhabene Wissen allen Menschen zugänglich werden. Möge in die Seelen aller Menschen Erleuchtung und Frieden einziehen.

Kapitel 3

Über die höheren Stufen des Bewußtseins hinaus

Am 6. Oktober 1973 stand auf der zweiten Seite der New York Times dieser ungewöhnliche Artikel. Er war ungewöhnlich deshalb, weil es vielleicht das erste Mal war, daß das Thema »höhere Ebenen des Bewußtseins« jemals in einem solchen Blatt zur Diskussion gestellt wurde. »Über die höheren Bewußtseinszustände hinaus« – dies war die Schlagzeile, die die Times ausgewählt hatte. In dem Artikel war ein Auszug aus einem Buch wiedergegeben, in dem Fragen und Antworten von Gopi Krishna zu dem Thema *Höheres Bewußtsein: Der evolutionäre Schub der Kundalini* wiedergegeben wurden. Es wurde im darauffolgenden Jahr von Julian Press, New York, veröffentlicht.

Trotz des gesamten atomaren Arsenals und der Verpestung von Luft, Wasser und Erde wäre es falsch zu behaupten, daß die Wissenschaft destruktiv geworden sei. Es ist vielmehr der verbogene menschliche Geist, der für die gegenwärtige unsichere Situation auf der Erde verantwortlich ist.

Wissen kann sich sowohl konstruktiv als auch destruktiv auswirken. Der menschliche Geist ist es, der dies letztendlich bestimmt. Deshalb ist die Offenbarung immer ein notwendiges Instrument für den geistigen Fortschritt der Menschheit gewesen. Der Intellekt, der nicht in der Lage ist, ein paar Jahrhunderte oder auch nur ein paar Jahrzehnte vorauszuschauen, kann die evolutionären Bedürfnisse der Menschheit nicht festlegen. Ihm können jederzeit schwere Fehler unterlaufen.

Das menschliche Leben ist so komplex und der Verlauf der Evolution ist so verwirrend, daß nur eine übergreifende kosmische Intelligenz sie ihrem eigentlichen Ziel zuführen kann. Kann eine ganze Milchstraße von hochentwickelten Geistern auf jedem Wissensgebiet vielleicht genau vorhersagen, wie der Zustand der Menschen nach nur einem weiteren Vierteljahrhundert sein wird? Oder zumindest, welche Veränderungen sich in dem gegenwärtigen Auffassungen von Wissenschaft, Politik und Religion ereignen werden?

Wenn nicht, bedeutet dies nicht schlicht und einfach, daß die Menschheit auf ein unbestimmtes Ziel zusteuert und daß sie der Gnade von Mächten ausgeliefert ist, über die sie keine Kontrolle hat?

Es war der Irrtum der Wissenschaft, daß sie vollkommen die spirituelle Seite der Menschen vernachlässigt hat und daß sie alle ihre Aufmerksamkeit den körperlichen und organischen Bereichen zuwandte. Das Ergebnis ist, daß die Menschheit in Gefahr ist, vollkommen ausgelöscht zu werden, daß sie durch vergiftetes Wasser und durch die Verschmutzung von Luft und Erde stirbt und daß sie schließlich kollektivem Wahnsinn und geistiger Verwirrung anheimfallen könnte.

Politisch ähnelt der Zustand der Welt einem Kessel siedender Aggression, Gewalt, Machtgier und Haß. Auf der geistigen und moralischen Ebene sehen wir überall Verwirrung. Es gibt so viele Ideen, Konzepte, Systeme und Doktrinen, wie es Schüler oder Lehrer gibt, um diese Ideen zu propagieren.

Es ist daher nicht überraschend, daß es die Wissenschaft versäumt hat, jene Einheitlichkeit und Klarheit der Gedanken zu schaffen, die für den harmonischen Fortschritt der Menschheit im sozialen, politischen und spirituellen Bereich von so wesentlicher Bedeutung sind.

Die Wissenschaft leidet heute unter derselben geistigen Krankheit, von der der Glaube zum Zeitpunkt seines größten Einflusses ebenfalls befallen war, nämlich Dogmatismus, Eitelkeit und Arroganz. Es ist erstaunlich, in welchem Maße sogar Wissenschaftler durch ihre Eitelkeit und Geltungssucht vom richtigen Wege abgebracht werden können. Sie sind sich darüber im klaren, daß das, was wir über den sichtbaren Kosmos wissen, nichts anderes ist als ein Tropfen im möglichen Ozean des Wissens. Nicht ein einziges Jahr vergeht, in dem diese Wissenschaftler nicht gezwungen wären, ihre Meinungen zu bestimmten Themen zu ändern.

Aber bei all dieser Ungewißheit legen die meisten von ihnen eine dogmatische Haltung gegenüber dem Geist und dem Bewußtsein an den Tag. Vor allem, weil die Wissenschaft in ihrer Forschung einseitig vorging – da sie die spirituelle Seite des Menschen ignorierte –, schaffte sie es nicht, jene gesunde Transformation auf der moralischen und geistigen Seite zu erreichen, die sie auf der physischen Seite erreicht hat.

Die Vernachlässigung der materiellen Seite hat den Niedergang der einst hochgeachteten Glaubensrichtungen der Menschheit bewirkt. In gleicher Weise kann es jetzt geschehen, daß die Vernachlässigung der spirituellen Seite die positiven Errungenschaften der Wissenschaft wieder unterminiert.

Auf jeden Fall war es der Intellekt, der es nicht geschafft hat, die Position korrekt einzuschätzen und der insoweit im Irrtum war, als er nur eine Seite des Menschen überbetonte und die gleichermaßen wichtige andere Seite vernachlässigte.

Deshalb ist es nicht die Wissenschaft an sich, sondern die anmaßende Eitelkeit und Kurzsichtigkeit von Experten und Gelehrten – oder, in anderen Worten, ein mangelhafter und beschränkter Intellekt –, der für die Destruktivität der modernen Technologie verantwortlich ist.

Der erste Schritt, um eine harmonischen Entwicklung der Menschen herbeizuführen und um moderne irrationale Glaubensrichtungen im geistigen Bereich zu eliminieren, wäre es, sich auf eine wissenschaftliche Erforschung des Bewußtseins einzulassen.

Es gibt sowohl im Osten als auch im Westen sehr viel Literatur, die die Methoden beschreibt, mit denen die höheren Bewußtseinsstufen erreicht werden, und die aufzeigt, wie diese höheren Stufen beschaffen sind. Eine dokumentarische Erforschung dieser Bücher, begleitet von systematisch aufgebauten Versuchen, kann, dessen bin ich sicher, zu einem Verständnis der biologischen Beziehung zwischen erweiterten Bewußtseinszuständen und dem Gehirn führen.

Wenn dies erreicht ist, wäre der nächste Schritt, die dieser Beziehung zugrunde liegenden Gesetze zu entdecken. Dann wäre ausreichend Material vorhanden, um Gelehrte und Wissenschaftler in die Lage zu versetzen, unmerklich im Gehirn und im Bewußtsein eintretende Veränderungen zu verstehen.

Nicht nur durch Versuche mit Methoden, die zu höheren Bewußtseinsstufen führen, sondern auch durch die Beobachtung der psychischen Kräfte, die für das Genie, für mediale Fähigkeiten und für Geisteskrankheiten verantwortlich sind, können diese evolutionären Prozesse verstanden werden.

Die alles umfassende Natur der sexuellen Energie ist bisher von den Psychologen noch nicht richtig verstanden worden. In der Tat ist der Begriff reproduktive oder sexuelle Energie nicht richtig: Reproduktion ist nur einer der Aspekte der Lebensenergie, deren anderer Schauplatz das Gehirn ist. Die Gehirnaktivität ist so langsam und so subtil, daß sie fast nicht wahrnehmbar ist. Aber diese Aktivität ist der Ursprung von Genialität, von unheimlichen psychischen Kräften und auch von Wahnsinn.

Wenn dieses Faktum einmal empirisch beweisbar ist, dann kommen wir zu einem Wendepunkt in unseren jetzigen Vorstellungen über den Geist und das Bewußtsein – sogar über die Materie und über das Universum als Ganzes.

Die erste positive Folge dieser Veränderung werden die Anfänge einer neuen Wissenschaft sein, die sich mit subtilen intelligenten Energien im Kosmos beschäftigt. Wenn dies geschieht, wird die gewaltige physische Welt, die jetzt den ganzen geistigen Horizont der Wissenschaft beherrscht, auf den ihr zukommenden Platz verwiesen werden. Diese physische Welt ist nämlich nur die sichtbare Spitze einer unendlichen Schöpfung, von der der unbegrenzte größere Teil unter die Oberfläche des Ozeans von Zeit und Raum versunken und für immer aus dem Gesichtsfeld des Menschen verschwunden ist.

Nur in höheren Bewußtseinszuständen kann ein Bruchteil der unter der Oberfläche liegenden Anteile erblickt werden. Durch diesen Anblick wird ein Zustand von Erstaunen und Entzücken hervorgerufen, der unbeschreiblich ist. Nur wenn der sich entwickelnde menschliche Organismus und der Kosmos in der richtigen Perspektive gesehen werden, können angemessene Formen des Lebens und des Verhaltens, die für eine solche Transformation günstig sind, von der Wissenschaft erdacht werden.

Wie angestrengt wir es auch versuchen: ohne eine klare Vorstellung von dem Ziel, das vor uns liegt, können wir durch keinen intellektuellen Kraftakt das richtige Lebensmuster, das für die Menschen auf dem Wege der Evolution von so entscheidender Bedeutung ist, festlegen: Die Welt als Einheit, Abschaffung des Krieges, Abrüstung und Auflösung der Armeen. Eine Umwelt, die mit der Natur im Einklang steht. Ein natürlicheres und einfacheres Leben. Das Niederreißen der Schranken zwischen den einzelnen Menschen, die wirkliche Aneignung von altruistischen und humanitären Prinzipien, moralische Erziehung, soziale Gleichheit und eine universelle Bruderschaft. Dies sind einige der grundlegenden Faktoren, die zu einem harmonischen Fortschritt der Menschheit beitragen.

Dies wird vielen Menschen vielleicht idealistisch oder sogar phantastisch erscheinen; aber der Schlußfolgerung können wir nicht ausweichen. Beim augenblicklichen Zustand unserer intellektuellen Entwicklung sind die Alternativen, denen sich die Menschheit gegenübersieht, entweder eine selbstverursachte völlige Auslöschung mit entsetzlichem Leiden für zahllose Menschen oder das Wissen über die Gesetze des wachsenden Bewußtseins und das Befolgen dieser Gesetze.

Kapitel 4

Ist Meditation immer positiv?

Zu Beginn der 70er Jahre trugen sich Millionen von Amerikanern mit dem Gedanken, regelmäßig meditative Übungen zu machen, und viele Tausende hatten bereits mit solchen Übungen begonnen. Für einige hatte die Meditation sehr wohltuende Wirkungen, für andere allerdings nicht. Gopi Krishna hat versucht, den Grund für diese unterschiedlichen Wirkungen herauszuarbeiten – und zwar in einem Buch, das 1975 von E.P. Dutton in New York unter dem Titel *The Awakening of Kundalini* (Die Erweckung der Kundalini) veröffentlicht wurde. Dieses Kapitel ist ein Auszug aus dem Buch.

Es gibt viele Intellektuelle, die der Meinung sind, daß der Zustand der Erleuchtung, nach dem so viele Tausende von Menschen streben, nichts anderes sei als die inneren mentalen Zustände, die an das Unbewußte angrenzen. Sie behaupten, daß diese Zustände auch in der Hypnose oder in einem durch Biofeedback hervorgerufenen Alpha- oder Thetazustand erzeugt werden können. »Ein Yogi kann es lernen, im Laufe einiger Jahre seine Gehirnwellen zu kontrollieren«, sagen Karlins und Andrews in ihrem Buch *Biofeedback*, und sie fügen hinzu, daß auch »der Durchschnittsmensch es innerhalb weniger Stunden lernen kann, seine Gehirnwellen zu kontrollieren.« Sie zitieren Dr. Johann Stoyva, der gesagt hat, daß wir es durch Informations-Feedbacktechniken möglicherweise im Laufe von »Monaten oder sogar Wochen« lernen könnten, uns in den »Zustand des leeren Geistes« zu versetzen, der für Zen und Yoga so typisch ist.

Stoyvas eigene Erfahrung mit dem Alphazustand war, so sagen sie, »wie ein fließender, grauschwarzer Film von leuchtender Qualität«. Und, an anderer Stelle: »Da die Technologie zum Messen und Trainieren von Gehirnwellen sich immer mehr verfeinert, werden auch ungeübte Meditierende die Gelegenheit haben, die physiologischen Zustände von Zen und Yoga zu wiederholen.« Diese Auffassung ist jedoch falsch.

Die Schwere des Irrtums liegt nicht darin, daß die Art und Qualität der mystischen Ekstase und das Phänomen der Erleuchtung, das damit zusammenhängt, verkannt werden, sondern darin, daß ein Faktor, der für das menschliche Wohlbefinden und für die menschliche Sicherheit so außerordentlich wichtig ist, einfach übersehen wird. Dies ist der Faktor der Evolution oder, in anderen Worten, der zwangsläufigen Veränderung im menschlichen Bewußtsein, die von einer gleichermaßen zwangsläufigen, jedoch bisher noch unmerklichen Veränderung im menschlichen Gehirn begleitet wird.

Wir haben untrügliche Hinweise auf diese Transformation, wenn wir die Relikte alter Kulturen, die drei bis fünftausend Jahre alt sind, mit der heutigen Kultur vergleichen. Aber insgesamt sind die Biologen nicht bereit einzuräumen, daß sich das menschliche Gehirn immer noch in einem Zustand organischer Evolution befindet, weil sie keine deutlichen Hinweise auf einen solchen Vorgang erkennen. Sicher gibt es im Gehirn keine erkennbaren Zeichen, die diese Transformation beweisen könnten. Aber sind wir denn in der Lage, die ganze Geheimschrift des Schädels zu entziffern, und ist er für uns nicht fast noch ein vollständiges Rätsel?

Bis vor kurzem konnten wir noch nicht einmal irgendwelche sichtbaren organischen Anzeichen solcher extremen Krankheitszustände wie etwa dem Wahnsinn finden, und sogar hervorragende Psychologen meinten, diese Zustände seien allein psychisch bedingt. Sogar heute liegt der biologische Ursprung des Wahnsinns noch vollkommen im dunkeln. Welches sind eigentlich die Beweise, aufgrund derer die Gelehrten ihr Urteil abgeben, wenn die Beschaffenheit der Lebensenergie und die Mikrobiologie des Gehirns noch immer ein Buch mit sieben Siegeln sind?

Die allererste Erfahrung des Glückszustandes macht demjenigen, der ihn empfindet, deutlich, daß die Beschaffenheit des Bewußtseins bei den verschiedenen Menschen sehr unterschiedlich ist.

Der Unterschied zwischen einem Dummkopf und einem Intellektuellen liegt im Bewußtsein dieser beiden Personen, dessen Tiefe und dessen Inhalte unterschiedlich sind. Jeder Punkt der Bewußtheit, der Ausdruck der Existenz eines Menschen ist, hat sein eigenes Spektrum, seine eigene Helligkeit, seine eigene Tiefe und seine eigene Dimension, und in diesen Bereichen unterscheiden sich die verschiedenen Bewußtseinsarten voneinander. Das Bewußtsein des aufgeklärten Menschen ist praktisch erleuchtet, und er oder sie lebt – sowohl im Wachzustand als auch im Traum – in einer strahlenden Welt des Lichts.

Bewußtsein ist *die* beherrschende Realität des Universums. Das Spektrum, in dem sich das Bewußtsein manifestiert, ist unendlich groß. Ebenso wie es subhumane Bewußtseinszustände gibt, gibt es auch transhumane Zustände. Das mystische Bewußtsein oder die aufgeklärte Bewußtheit stehen an der untersten Grenze des transhumanen Bereichs. Es gab im Laufe der Geschichte Persönlichkeiten, die entweder gelegentlich oder immer, von Geburt an, diese Art von Bewußtsein hatten. Wenn wir uns von der niedrigsten zur höchsten Ebene des menschlichen Geistes erheben, dann sehen wir, wie dieser Zustand der Erleuchtung langsam wächst, sowohl im bewußten wie im unbewußten Bereich. Jedes Individuum ist in die hermetisch abgeschlossene Schale seines eigenen Geistes eingehüllt und hat, vollkommen getrennt von einem anderen Individuum, nicht einmal einen flüchtigen Einblick in das, was im Bewußtsein eines anderen Menschen vor sich geht. Diese Art von Isolation bewirkt, daß jeder Mensch meint, ein anderer Mensch hätte dasselbe Bewußtsein wie er selbst, nur mit ein wenig mehr oder weniger Intelligenz, Empfindsamkeit und so weiter. Dies ist eine Täuschung. Es gibt einen Unterschied in der Struktur oder im Spektrum jedes individuellen Bewußtseins, der durch die Unterschiede im biologischen Mechanismus, durch den es sich ausdrückt, verursacht wird.

Die eigentliche Struktur des erleuchteten Bewußtseins ist deshalb ganz getrennt und verschieden von anderen Strukturen. Es ist nicht nur mit einem visuellen Hochgenuß verbunden – Licht, Farbe –, mit ausgedehnter Bewußtheit; vielmehr muß die gesamte Bewußtseinsstruktur eine Wandlung durchlaufen.

Im Verlauf einer echten mystischen Erfahrung taucht eine höhere Dimension des Bewußtseins auf, die für einen bestimmten Zeitraum die normalen Grenzen des Individuums teilweise oder insgesamt überschreitet. Es scheint dann so, als rücke eine neue Welt, eine neue Ordnung der Existenz oder ein übermenschliches Wesen ins Bewußtsein. Es kommt zu einer deutlich verfeinerten Wahrnehmung von Licht, von Farben, Schönheit, Güte und Harmonie, die der gesamten Erfahrung eine überweltliche Qualität verleihen.

Sehen wir nicht diese deutlichere Wahrnehmung von Licht, Farbe, Schönheit, Harmonie, Idealen, moralischen Werten und schöpferischer Freude bei den großen genialen Geistern der Menscheit, den großen Malern, Bildhauern, Musikern, Schriftstellern, Philosophen, Dichtern, Mystikern und Reformern? Ein transzendentales Bewußtsein, das mit all diesen Attributen versehen ist, ist nur noch ein weiterer Schritt nach vorne und muß auch sehr deutlich so verstanden werden, wenn wir eine Vorstellung von der Richtung, in die sich die Evolution des Bewußtseins unter unseren Augen vollzieht, erhalten wollen.

Wenn es denn je möglich sein sollte, derart geniale Menschen durch geführte Meditation herauszubilden, oder auch durch Biofeedbackübungen, Drogen, Hypnose oder Entspannungsübungen, dann muß in den kommenden Jahren durch solche Übungen auch eine große Zahl von Menschen wie Christus, Buddha oder Plato in Erscheinung treten. Wenn hingegen diese Techniken ein solches Ergebnis nicht hervorrufen können, dann allerdings bleibt der Sinn solcher Erfahrungen vollkommen im dunkeln.

Biofeedback und mystische Erfahrung

Die Technik des Biofeedback zielt darauf ab, bestimmte Phasen des Bewußtseins kennenzulernen. Biofeedback ist dadurch entstanden, daß einige Wissenschaftler, die mit dem Bewußtsein experimentierten, den Eindruck hatten, Alpha- und Thetazustände seien die Quelle mystischer Erfahrung und schöpferischen Talents. Biofeedback soll auch Geisteskrankheiten und sogar körperliche Gebrechen heilen können und dabei helfen, den Geist besser zu beherrschen. Über ein Signal, das entweder durch Licht oder durch Geräusche übermittelt werden kann, kann Biofeedback unterschiedliche Bewußtseinszustände kontrollieren, nämlich (1) eine aktive Wachheit, (2) Zustände von Befriedigtsein, Passivität, Entspannung oder geistiger Leere; (3) Zustände von Halbschlaf, die dem eigentlichen Schlaf vorangehen und (4) Tiefschlaf. Diese Zustände werden als Beta-, Alpha-, Theta und Deltazustand bezeichnet. Alpha- und Thetawellen sind langsamer und werden mit nach innen gerichteter Aufmerksamkeit, mit Problemlösung, Kreativität etc. in Verbindung gebracht.

Um den Irrtum, der dieser Annahme zu Grunde liegt, deutlich herauszuarbeiten, ist es zuerst einmal notwendig, zwischen den Alpha- und Thetazuständen und dem Zustand der konzentrierten Aufmerksamkeit, der mystischer Ekstase vorangeht, zu unterscheiden. Nach der

Lehre der Yoga Sutras des Pantanjali und auch nach allen anderen altehrwürdigen Handbüchern über Yoga, muß der Geist durch zwei Stadien der Konzentration hindurchgehen, nämlich die Zustände des *Dharana* und des *Dhyana.* Gemeint ist damit ein Zustand voraus- und vorübergehender Konzentration und eine mehr stabilisierte, dauerhafte Form. Nur dann kann *samadhi* oder eine mystische Trance erreicht werden. In allen Abhandlungen über Yoga gibt es detaillierte Anweisungen, wie dieser Zustand ununterbrochen konzentrierter Aufmerksamkeit erreicht werden kann. Das Ziel, das erreicht werden soll, ist, daß der beobachtende Geist und das zu beobachtende Objekt eins werden. Dies kann nur auf zweierlei Weise geschehen: Entweder löst sich das Objekt ins Bewußtsein hinein auf, so daß sich der Beobachter sehr intensiv nur noch seiner selbst bewußt ist, oder aber er verliert seine eigene Identität und wird eins mit dem Objekt, auf das sein Geist gerichtet ist.

Die strengen Formen von *pranayama, mudras* und *bhandas,* die für das Hatha-Yoga typisch sind, zielen alle darauf ab, die Wirkung der Konzentration auf das Gehirn zu verstärken, damit die Erweckung der Kundalini beschleunigt wird. Durch schrittweises praktisches Üben wird der Geist trainiert, in Zustände tiefer Trance zu versinken, die beim *samadhi* eine Tiefe erreichen, die den Meditierenden seine Umgebung vollkommen vergessen und ihn zugleich zu einem sehr klaren Bewußtsein seiner Innenwelt gelangen lassen.

Das Ziel dieser Übungen ist, nur ein einziges Objekt oder eine einzige Gedankenkette im Bewußtsein festzuhalten – und zugleich jedes andere Objekt oder jede andere Assoziationskette draußen zu halten. Damit die Konzentration auf ein einziges Objekt gelingt, ist es notwendig, daß man diesen Zustand mit Bewußtsein und Willen anstrebt. Und der, der diesen Zustand anstrebt und übt, muß sich immer in einem Zustand der Wachheit festhalten, um seinen Geist daran zu hindern, in passive oder schläfrige Zustände oder in andere Gedankenflüsse oder Wunschvorstellungen abzudriften. Es gibt riesige Unterschiede zwischen passiven, nach innen gerichteten mentalen Zuständen, in denen man es zuläßt, daß die Ideen hier- und dorthin treiben, wie etwa in dem Zustand, der dem Schlaf vorangeht, und dem hellwachen, aufmerksamen, auf eine bestimmte Sache konzentrierten Zustand, der für alle Arten von Konzentration erforderlich ist.

Dies wird in der Bhagavad Gita an verschiedenen Stellen sehr deutlich gesagt. So heißt es beispielsweise im 25. Vers des sechsten Kapitels: »Laßt ihn ganz allmählich durch seinen Verstand, der durch Festigkeit kontrolliert wird, zur Ruhe kommen. Nachdem ihr den Geist dazu gebracht habt, im Selbst zu verweilen, laßt ihn nicht an irgend etwas denken. ... Wann immer der schwankende und unruhige Geist euch wie ein wildes Pferd durchgehen will, legt ihm die Zügel an und laßt euer Selbst über ihn Kontrolle ausüben.«

Dieser Punkt wird von Krishna in seiner Antwort auf die Frage von Arjuna noch weiter erhellt. Arjuna nämlich führt aus, daß der Geist außerordentlich ruhelos ist und ebenso schwer unter Kontrolle zu halten sei wie der Wind. »Ohne Zeifel, oh mein mächtiger Bewaffneter«, sagt Krishna (VI:35), »ist der Geist schwierig zu zügeln und ruhelos, aber er mag vielleicht durch dauernde Übung und durch Gleichmut zu zügeln sein.«

Die Pflege der Konzentrationsfähigkeit des Geistes als eine Vorstufe zum Erlangen des Bewußtseins Gottes wird auch in den Upanishaden wiederholt betont. »Während er den Bogen spannt«, heißt es in der Mundaka-Upanishad (II: 2,3), »sollte der Mensch einen Pfeil einlegen, der von Meditation geschärft ist. Das Anspannen der Sehne, den Geist auf Brahman gerichtet, trifft, oh Gutaussehender, genau in jenes Ziel, das das Unveränderliche ist.«

Es gibt noch viele andere Zitate, die uns zeigen können, daß die Praxis der Meditation, die für alle verschiedenen Formen von Yoga unabdingbar ist, in ihrer Beschaffenheit aktiv sein und daß der Geist vollkommen wach bleiben muß und dabei nur auf einen einzigen Gedanken oder ein einziges Bild gerichtet sein darf. Diese Übung muß solange weitergeführt werden, bis der Geist sich an die Konzentration auf nur ein einziges Bild oder eine einzige Idee gewöhnt hat. Dieser Zustand der vollkommen konzentrierten Aufmerksamkeit und des vollkommenen Aufgehens in einer bestimmten Sache ist in einem hochintelligenten und talentierten Geist besser entwickelt, und er ist die herausragende Eigenart von jeder Art von Genius. Auf der anderern Seite fehlt den leeren, schwachsinnigen und geisteskranken Geistern die Kraft, ihre Aufmerksamkeit intelligent und stetig auf irgendeine Vorstellung zu richten. Seltsamerweise bestätigen einige Lehrer des Yoga und anderer Meditationstechniken durch ihr eigenes Eingeständnis und durch ihr eigenes Beispiel solche Fehlhaltungen der Schüler noch.

Die, die behaupten, bestimmte Arten von *asanas* oder eine bestimmte Kontrolle der Atmung, des Herzschlags und bestimmter Stoffwechselvorgänge seien Yoga – oder, in anderen Worten, der höchste Gipfel dieser seit vielen Jahren geübten Praxis – geraten in dieselbe Falle, in der augenblicklich auch viele Wissenschaftler gefangen sind.

Andere schreiben, die negativen Formen der Konzentration, die von den alten Meistern verboten worden sind und die es dem Geist erlauben, in der Meditation bestimmten Gedankenketten nachzuhängen oder unaufhörlich hier- und dorthin zu wandern, führten schließlich zu den passiven, schläfrigen oder ruhigen Zuständen, die im Biofeedback durch das Alphasignal angezeigt werden. Sie sagen, daß die visionären Erfahrungen oder kreativen Blitze, die in diesem Zustand – so, wie manchmal auch im Traum – bisweilen erfahren werden, das Zeichen für eine echte mystische Erfahrung seien.

Durch die Ankündigungen professioneller Yogalehrer in die Irre geführt, setzen einige Wissenschaftler den transzendentalen Zustand der mystischen Erfahrung mit den eigenhändig herbeigeführten, beruhigten, tagträumerischen, leeren oder passiven Geisteszuständen gleich. Bei dieser Beurteilung bemerken sie nicht, daß es bei allen Beschreibungen der mystischen Ekstase bestimmte herausragende und unverwechselbare Symptome gibt, die für die Alpha- und Thetazustände nicht zutreffen.

Diese sind: die lebhafte Wahrnehmung von Licht sowohl innen als auch außen; ein Gefühl von Entzücken, das sich in der gesamten äußeren Erscheinung des Menschen widerspiegelt; oftmals auch Tränen, die durch die majestätische und erhabene Erfahrung ausgelöst werden; ein Gefühl von Intimität oder Nähe zu einer allumfassenden Gegenwart oder einem himmlischen Wesen; Kontakt mit einer unerschöpflichen Wissensquelle; eine Gänsehaut; ein Gefühl von unendlicher Verwunderung und Erstaunen über die alles andere übertreffende Vision und eine intellektuelle Erleuchtung mit *jnana*, das ist ewige Weisheit.

Solange, wie die Phase der Ekstase andauert, ist die Bewußtheit außerordentlich intensiviert und erweitert. Der Mensch wird sich seiner selbst sehr viel klarer bewußt, als es jemals zuvor der Fall war, und die Wirkung dieser Erfahrung ist häufig so stark, daß oft sogar ein einziger Ausflug in diesen unbeschreiblichen Bereich unauslöschlich im Gedächtnis verankert bleibt und so fortan während des ganzen restlichen Lebens als eine Orientierungsmarke dient. Die wirkliche mystische Erfahrung versetzt dem Ego einen vernichtenden Schlag und schmilzt die Wände ein, die den Menschen von seinen Mitmenschen trennen.

Im Gegensatz dazu wird durch die narzistischen und falschen Formen des Yoga das Ego sogar noch mehr aufgebläht, und der einzelne wird dadurch noch stärker von der strahlenden Einheit und Harmonie des Ganzen isoliert. Deshalb sind auch die wirklich Erleuchteten voller Demut und ohne Selbstgefälligkeit; sie sind sogar kindlich in ihrem Verhalten und an weltlicher Größe und Ruhm nicht interessiert.

Unaufgeklärte professionelle Lehrer sind häufig ausschließlich auf sich selbst bezogen, dominant und prahlerisch; sie suchen nach Gefolgsleuten und wollen von der Menge bewundert werden. In dem atemlosen Augenblick einer inneren Erleuchtung, der durch eine erfolgreiche Yogaübung herbeigerufen wurde, kann sich die gesamte Persönlichkeit eines Menschen für ein ganzes Leben lang radikal verändern. »Der, der innerlich glücklich ist, der von tiefer innerer Freude erfüllt und innerlich erleuchtet ist«, sagt die Bhagavad Gita (4:24) »der Yogi, der sich in das Ewige verwandelt, wird in den ewigen Frieden eingehen.«

Wenn ich diese Dinge hier erwähne, dann möchte ich auf keinen Fall den therapeutischen Wert von Biofeedbackübungen, von Hypnose oder von jenen Übungen der Geisteskultur, die passive, leere oder fließende Geisteszustände für ihre Meditationsübungen vorschreiben, bezweifeln. Ich möchte auch gar keine Fragen über die Möglichkeiten, ruhige und entspannte Geisteszustände hervorzurufen, aufwerfen. Ich bezweifle auch nicht, daß durch solche Übungen visionäre oder übersinnliche Zustände mit wilden Bildern und Farben herbeigeführt werden können – genauso, wie sie von den Wissenschaftlern, die sich diesen Forschungen widmen, beschrieben werden. Aber diese verrückten und exotischen Bilder, Farben, Formen oder Bilderfolgen, die sich ohne andere Symptome einstellen, sind alles andere, nur keine mystischen Erfahrungen.

Dieselben Erfahrungen machen Menschen manchmal auch in ihren Träumen oder wenn sie Drogen nehmen. Sie sind weder identisch mit dem eigentlichen Glückszustand noch bedeuten sie den Kontakt mit dem kosmischen Bewußtsein. Wenn wir dies einmal ganz deutlich verstanden haben, dann und nur dann können wir auf eine wirklich gezielte Erforschung der bisher nur wenig verstandenen mystischen Ekstase und anderer Phänomene hoffen.

Mystisches Bewußtsein im Gegensatz zu von Drogen herbeigeführten Zuständen

Andere, die den menschlichen Geist erforschen, setzen die mystische Ekstase mit LSD-Erfahrungen und mit Hypnosezuständen gleich. Sie betonen, der LSD-Rausch sei der mystischen Erfahrung sehr ähnlich, oder sie könnten durch die entsprechenden Suggestionen ihre hypnotisierten Anhänger in den Zustand mystischer Trance versetzen. Wenn wir es zulassen, daß diese irreführenden Ideen sich ausbreiten, dann werden sie wahrscheinlich die Religion ihrer göttlichen Eigenschaften entkleiden und den religiösen Zustand auf das Gebabbel einiger Menschen reduzieren, die sich mit Hilfe von Drogen, Autohypnose oder Eingebungen aus dem Unterbewußtsein in den entspannten oder halbwachen Zustand versetzen können, der zwischen dem Wachsein und dem tiefen Schlaf liegt.

Ein kühner Autor, R. Gordon Wasson, hat das Soma der Veden – das Getränk der Götter, das ihnen Unsterblichkeit gab und Ekstase und höchste Formen der Inspiration hervorrief – mit dem Pilz *Amanita muscaria*, dem Fliegenschwammpilz, gleichgesetzt. Diesen leuchtend roten Pilz mit den weißen Tupfen findet man in Wäldern wie in den Märchen und Sagen überall im Norden des eurasischen Kontinents. Der Saft, der daraus gepreßt wird, so glaubt der Autor, wurde von den Sehern der Veden in großer Menge als ein Rauschmittel eingesetzt: Es sei dieser Saft, der in verschiedenen Hymnen als Quelle der Inspiration der Dichter der Veden genannt werde.

»Die überraschendste Identifizierung des Soma gelang Sir Aural Stein, dem Forscher und Gelehrten: ›Rhabarber«, schreibt Wasson (*The Wondrous Mushroom*, New York 1980). »Nach Steins eigener Aussage gab es jedoch in der Geschichte keinen Inder, der je ein fermentiertes Rhabarbergetränk zubereitet hätte, obwohl natürlich der Saft, zusammen mit Zucker oder Honig, zur Fermentierung ideal geeignet ist. Stein muß entweder seinen Rig-Veda oder aber seinen Sinn für Humor vergessen haben.« Wasson stellt weiterhin fest, daß im Jahre 1921 ein Inder dargelegt hatte, daß Soma letztlich nichts anderes sei als *bhang*, das indische Wort für Marijuana, *Cannabis sativa* oder auch Haschisch. Auf Grund einer plötzlichen Eingebung ersetzt er jetzt beides durch »Pilz-Fermentierung«.

Inwieweit man Wassons eigener Meinung Glauben schenken darf, wird deutlich werden, wenn wir darauf hinweisen, daß Soma auch der Name des Mondes ist, den man mit dem Glanz im Kopf, der durch die Kundalini hervorgerufen wird, in Verbindung bringt. In jeder Darstellung des Gottes Shiva taucht die Strahlung des Mondes unweigerlich auf einer Seite seines Kopfes auf. Die vedischen Hymnen, wenn man sie in klarer Kenntnis der Kundalini liest, zeigen, daß das Getränk der Unsterblichkeit zugleich das Ambrosia ist, das in den Tantren und in den Büchern über Yoga, seien sie nun indisch, tibetanisch oder chinesisch, erwähnt wird.

Diese nektar-ähnliche Flüssigkeit fließt als eine strahlende, lebendige Energie in den Kopf und zirkuliert dann bei der Aktivierung der Kundalini durch den Körper. Die Hymnen der Veden erwähnen die begleitenden Zeichen von Donner, Licht und Geräuschen und die Symbolik des Bullen, des Himmels und des Nektars; sie erwähnen auch die Zustände von Ekstase und Inspiration, die das Emporsteigen des Göttlichen in das Gehirn begleiten.

Sicherlich haben auch die Priester zur Anregung ein fermentiertes Getränk zu sich genommen; ebenso wie wir heute Alkohol trinken. Aber kein Priester oder göttlich inspirierter oder sonstiger Kirchenmann unserer

Zeit hat jemals behauptet, daß dadurch Unsterblichkeit und göttliche Visionen verliehen würden. Dieser Mangel an Wissen über das Phänomen der Kundalini und die Tatsache, daß sie den religiösen und praktischen Konzepten des Altertums zugrunde lag, war verantwortlich dafür, daß bei den Gelehrten, in ihrer Interpretation der alten Texte, so viel Verwirrung entstand. Es gibt einen ähnlichen Symbolismus in den Tantras, wo das Wort »Wein« in doppelter Bedeutung verwendet wird. Es ist das übliche Getränk, das häufig im Tantra-Gottesdienst benutzt wird, und auch das Getränk göttlicher Berauschung, das von einer erweckten Kundalini ins Gehirn schießt, um dann das intensive Gefühl von Seligkeit und Entzücken hervorzurufen, das für den ekstatischen Zustand so charakteristisch ist.

Es scheint, daß Wasson selbst vergessen hat, die korrekte Folgerung aus dem Rig-Veda (X: 85:3) zu ziehen, die besagt: »Jemand denkt, er trinke Soma, weil eine Pflanze ausgepreßt wird. Das Soma, das die Brahmanen kennen – das trinkt niemand.« Brahmanen sind die Kenner des Brahma oder des kosmischen Bewußtseins. Das Wort »Soma« hat ebenfalls eine esoterische Bedeutung. Es bezieht sich auf jenes vitalisierende innere »Getränk«, das die unbegrenzte Macht besitzt, jenes Entzücken hervorzurufen, das die Natur als Impuls in Richtung auf Evolution hin bereitgestellt hat, so, wie es in der Natur auch die Liebe gibt, die das Mittel zur gleichermaßen wichtigen Vermehrung des Menschengeschlechts ist.

Auch in der Dichtung der Sufis taucht dieses Wortspiel mit den Wörtern »Traube« und »Wein« auf. Die Taoisten nennen es das »Elixir«, die indischen Alchemisten *parada* oder »Quecksilber.« Mircea Eliade ist ein ganz ähnlicher Irrtum hinsichtlich des »Nektars« unterlaufen, von dem man sagt, er rinne vom Gaumen den Hals hinunter. Eliade meinte, dies sei einfach Speichel, wobei er gleichzeitig andeuten will, daß die alten Meister, die doch so ein genaues Wissen der menschlichen Anatomie besaßen, doch nicht scharfsinnig genug gewesen seien, um hier zwischen dem Speichel und einer anregenden Substanz unterscheiden zu können.

Und ein ähnlicher Irrtum ist C. G. Jung in seiner *Psychologie des Unbewußten* unterlaufen. Dort interpretiert er eine Hymne der Veden, die von einem Feuer spricht, das durch das Reiben zweier Stöckchen aneinander entsteht. Er meint, dies sei eine Anspielung auf den Beischlaf gewesen, während doch die Begriffe, die hier benutzt werden, ganz deutlich auf ein Feuer hinweisen, das von der Kundalini hervorgerufen wird. Wir können hier feststellen, daß unzureichendes Wissen über die esoterischen Aspekte alter Religionen dazu führen kann, daß sogar ein hochintelligenter Mensch, der nicht in das Geheimnis eingeweiht ist, dazu verführt wird, völlig irrige Schlußfolgerungen zu ziehen.

Wenn die gegenwärtigen wissenschaftlichen Trends sich weiterhin fortsetzen, dann ist der Tag nicht fern, an dem der Status der Religion in den Ländern, in denen die Religion noch eine Rolle spielt, möglicherweise nicht besser ist als heute in den kommunistischen Ländern. Die Bibel, die Upanishaden, die Bhagavad Gita, der Koran, die Reden Buddhas und die inspirierten Aussagen anderer Heiliger und Mystiker werden in ihrem Wert und in ihrer Bedeutung herabgesetzt, und all die hohen Ideale werden ihres Wertes und ihrer Erhabenheit beraubt.

Die einfache Tatsache, daß die wesentlichen Religionen fast überall auf der Welt jahrtausendelang im Leben der Menschen ein dominanter Faktor gewesen sind, bewirkt, daß Gelehrte innehalten und vermuten, daß es dafür irgendeinen unerklärlichen Grund gibt.

Wieso haben so viele Menschen den Einfluß der Religion über solche langen Zeiträume hinweg akzeptiert und tun dies in unserem rationalen Zeitalter immer noch, trotz der Apathie und sogar des Widerwillens, den verschiedene Vertreter der Wissenschaft ihr entgegenbringen?

Wir müssen, wegen der enorm wichtigen Fragen, die damit zusammenhängen, diesen Punkt ganz deutlich herausarbeiten. Die verschiedenen Systeme des Yoga wurden entworfen, um die evolutionären Veränderungen, die sich im Körper entwickeln, zu beschleunigen, und um das Gehirn zu einer übersinnlichen Ebene der Erkenntnis zu führen. Dies ist das natürliche Ziel aller gesunden religiösen Übungen. Religion ist die instinktive Antwort des Oberflächenbewußtseins auf die Forderungen des evolutionären Impulses, der in den tiefsten Winkeln der menschlichen Psyche wirksam ist.

Welcher Fortschritt auch immer bisher in den verschiedenen Wissensgebieten erreicht worden sein mag: Er kam durch rigorose geistige Anstrengungen, durch Nachdenken und Konzentration auf den eigenen Geist zustande. Eine permanente geistige Anstrengung zahlloser Menschen, freiwillig, in vollem Bewußtsein und Tag für Tag, hat die Menschheit zu dem gemacht, was sie heute ist. Gibt es einen einzigen begabten Menschen, der ohne eine heldenmütige Anstrengung zu einer besonderen Position gelangt wäre?

Das Ziel der Meditation

Ein Geist, der sich vollkommen auf ein einziges Objekt konzentriert, ist wie ein Vogel mit gestutzten Flügeln, der seinen Kopf nicht heben kann. In diesem Zustand kann er nur das sehen, was sich unmittelbar vor seinen Augen abspielt. Es gibt für ihn keine Möglichkeit, immer höher kreisend in die Unendlichkeit aufzusteigen. Ein Zustand der Abstraktion, der Verallgemeinerung wie der, in dem sich ein Mathematiker befindet, der ein Problem löst, oder ein Maler, der ein Porträt malt, ist eigentlich das, was angestrebt werden sollte. Ein Pfeilschnitzer, der so sehr in seiner Arbeit aufgeht, daß er den König nicht vorbeikommen sieht, ist ein klassisches Beispiel, das in den alten Schriften erwähnt wird.

Es ist das Ziel der Konzentration, ein schlummerndes Reservoir psychischer Energie zu stimulieren, mit der sich das Gehirn ernährt. Sich bloß geistig zu konzentrieren, hat noch nichts mit Erleuchtung zu tun. Erst wenn sich jener Energiefluß ins Gehirn ergießt, kann der Geist sich vom Körper trennen und voller Erstaunen und Ehrfurcht in die ozeanische Freiheit übergehen. Das Spüren von Licht oder Feuer oder innerer Erleuchtung ist ein sehr deutliches Zeichen für das Fließen dieser psychischen Energie. Im Hintergrund arbeitet weiterhin der Intellekt. Wie sonst könnte dieser Zustand eingeschätzt und beschrieben werden? Wenn eine intensive Konzentration oder eine gezielte Aufmerksamkeit des Geistes eine unabdingbare Voraussetzung wären, dann wären beispielsweise andere Formen des Yoga – wie etwa das Yoga der selbstlosen Handlung oder der Hingabe und des intellektuellen Unterscheidungsvermögens (die »Weisheit« des Plato«) – beim Herbeiführen des mystischen Zustandes vollkommen ineffektiv.

Wie können wir also die Erfahrungen von Menschen erklären, bei denen die Erleuchtung nur gelegentlich aufblitzt? Es gibt viele talentierte Männer und Frauen, die, ohne einer regulären geistigen Disziplin oder Yogaübung zu folgen, diese spezielle Erfahrung gemacht haben – und zwar so, daß ihr ganzes weiteres Leben davon geprägt wurde. Diese Erfahrung hat sie so tief beeindruckt, daß dadurch alle anderen herausragenden Ereignisse ihres Lebens in den Schatten gestellt wurden. Dazu gehören auch ungewöhnliche Wissenschaftler und Gelehrte, deren Wahrnehmungsschärfe und genaue Beobachtung außerhalb jeden Zweifels stehen – Menschen wie Pascal, Tennyson, Wordsworth, Emerson, Charlotte Bronte, Walt Whitman, Richard M. Bucke, George Eliot, D. H. Lawrence, Nietzsche und viele andere. In ihrer Beschreibung des ungewöhnlichen Zustandes gibt es einige Aspekte, die jedem, der diese Erfahrung selbst gemacht hat, die Authentizität ihrer Schilderung beweisen. Einige Sätze, die ich jetzt zitieren werde, sollen zeigen, was ich meine.

»Ich war in einem Zustand ruhiger, fast passiver stiller Freude; ich dachte nicht eigentlich nach, sondern spürte Ideen, Bilder und Gefühle, sozusagen aus sich selbst heraus, durch meinen Geist ziehen«, sagt Bucke. »Mit einem Mal, ohne irgendeine Art von Vorwarnung, sah ich mich selbst in eine flammenfarbige Wolke eingehüllt. Einen Augenblick lang dachte ich an Feuer … Direkt danach hatte ich das Gefühl von überschwenglicher Freude, von immenser Fröhlichkeit, das begleitet wurde von einer intellektuellen Erleuchtung, die unmöglich zu beschreiben ist. … Ich sah, daß das Universum nicht aus toter Materie besteht, sondern daß es, im Gegenteil, von lebendiger Gegenwart ist …«

Die Erfahrung Arthur Koestlers ist etwas anders, aber sie bezieht sich auf dieselbe plötzliche Transformation des Bewußtseins: »… Dieser Gemeinplatz hatte eine unerwartet starke Wirkung. Ich sah Einsteins welterschütternde Formel, Energie gleich Masse multipliziert mit dem Quadrat der Lichtgeschwindigkeit, die in einer Art vergeistigtem Nebel über den Gletschern hing, und dies Bild brachte ein Gefühl unendlicher Ruhe und Frieden mit sich. … Dem Gefühl, vor Entrüstung zu ersticken, folgte die entspannte Ruhe und die sich selbst auflösende Stille eines ozeanischen Gefühls.«

Nietzsches Version ist wiederum anders, aber bei näherem Hinsehen zeigt sich, daß seine Erfahrung dieselbe Bedeutung hat und daß sie auf dieselbe Erweiterung des Bewußtseins hindeutet. »Hat irgend jemand jemals beobachtet, wie Musik den Geist dazu bringt, sich zu emanzipieren, wie sie den Gedanken Flügel verleiht? … Der graue Himmel der Abstraktion scheint von Lichtblitzen belebt; das Licht ist stark genug, um alle Einzelheiten zu erhellen, um dem Menschen die Kraft zu geben, seine Probleme zu meistern; und man überschaut die Welt, als stünde man auf einer Bergspitze … Und unerwartete Antworten fallen mir in den Schoß, ein kleiner Hagelsturm von Eis und Weisheit, von gelösten Problemen. Wo bin ich?«

Dieses erweiterte Bewußtsein wird nicht nur von einem Gefühl von Glück, von Ruhe und Frieden begleitet, von einem ozeanischen Gefühl oder Bewußtsein einer unendlichen Gegenwart. Sehr häufig taucht es zusammen mit Lösungen von Problemen und Antworten auf Rätseln auf. Es ist von jeher Bestandteil der Geschichte und wird bis zum Ende der Zeiten immer wieder auftauchen, mit neuen Meisterwerken in der Musik, in Dichtung und Kunst, mit neuen Entdeckungen in der Wissenschaft und neuen Horizonten philosophischen Denkens. Es ist ein Fehler, die mystische Erfahrung von den schöpferischen Impulsen des Geistes zu trennen. Das Bewußtsein wächst in sich immer vergrößernden konzentrischen Kreisen, und so ergießt sich in den Schoß der Menschheit alles, was in der Literatur, in der Kunst und in der Wissenschaft wertvoll ist. Jeder hochstehende Intellekt und jeder mit Kreativität begabte Genius lebt in einem Grenzbereich der Mystik. Deren Vision und Erfahrung können sich zu jedem möglichen Zeitpunkt einstellen.

Ein wirkliches *samadhi* oder eine transzendentale Erfahrung erscheint so, als würde man in ein Wunderland hineinwandern, in dem das Bewußtsein selbst und nicht die sinnlich erfaßbare Welt zum faszinierenden Objekt der Betrachtung werden. Wenn dann der Geist und der Intellekt dieses atemberaubende Schauspiel beobachten, das alles, was man je auf der Erde oder auch in seinen Träumen erlebt hatte, in den Schatten stellt, dann werden sie wie unbeweglich, sind gefesselt von den Eindrücken.

Denken Sie an die Worte von Tennyson, wenn er sagt: »Ich fühlte, daß meine Seele sehr stark an Macht gewann und daß mein Geist einen großen Kreis von Gedanken umfaßte ...«

Beim Betrachten der Dinge, die um ihn herum sind, sieht der Erleuchtete jetzt etwas Neues, das er nie zuvor gesehen hat. Er nimmt die Unterschiede der Formen wahr, die zeitliche Dauer und die Entfernungen – und zwar so deutlich wie vorher und vielleicht sogar noch klarer. Aber zur selben Zeit sieht er all diese Dinge im Bewußtsein aufgereiht wie die Perlen eines Halsbandes auf dem Faden, der durch sie hindurchläuft. Bewußtsein wird für den Mystiker jetzt zur allerwichtigsten Realität: im Wachzustand, im Traum und in den Zuständen der Trance. Darum sind sich in Indien alle Experten der höheren Bewußtseinszustände einig, daß *turiya* – der transzendentale Zustand – alle anderen Bewußtseinszustände überstrahlt.

Das aufgeklärte Bewußtsein, das in jedem Objekt das Göttliche erkennt und in jedem Winkel und jeder Ecke des Universums, verliert deshalb nicht das Gefühl für die Form, sondern nimmt alles so deutlich wahr wie vorher. Im Gegenteil: der Geist erhält eine weitere Fähigkeit hinzugefügt, die ihn befähigt, etwas wahrzunehmen, was er nie zuvor gesehen hat – die pulsierende Welt des Lebens, nicht mit Worten zu beschreibende Ströme von Bewußtsein, das nach allen Seiten hin sich ausbreitet wie die klaren Wasser eines Sees, in dem die zahllosen Wassertiere und Pflanzen, die unter seiner Oberfläche leben, ohne irgendeine Verzerrung ihrer äußeren Form ganz deutlich wahrzunehmen sind. Das Gefühl von Ehrfurcht und Verwunderung, von unbegrenzter Freude und die innere Gewißheit von Unsterblichkeit sind die Folgen dieser atemberaubenden Transformation, derer man in sich gewahr wird. Wo immer das erleuchtete Bewußtsein hinblickt, sieht es eine Projektion seiner selbst, vervielfältigt in den Formen der zahllosen Objekte, die darin enthalten sind.

Und dies ist nicht alles. Wenn sich das Bewußtsein von der Außenwelt abwendet und in sich selber ruht, dann läßt es schon bald den Anker des Körpers zu Wasser und nimmt, sich in glänzende Wellen eigenschaftslosen Bewußtseins ausdehnend, die Proportionen eines grenzenlosen Ozeans an, in dem das geschmolzene Ego gerade noch so viel Individualität behält, um sich selbst mit dem verblüffenden Universum des Seins, das keinen Anfang und kein Ende hat, eins zu fühlen. Es ist nur ein sehr oberflächliches Wissen mystischer Erfahrung, das den Menschen zu dem Glauben bringt, oberflächliche Methoden wie Drogen, Hypnose, geführte Meditation, Mantras oder passive, schlafähnliche Zustände könnten zur Erleuchtung führen. Mystische Erfahrung, selbst wenn sie nur sporadisch ist, bedeutet einen Sprung in eine weitaus größere Dimension des Bewußtseins, und sie ist das evolutionäre Ziel der Menschheit.

Im ewigen mystischen Bewußtsein bleiben die Position des Subjekts und des Objekts dieselben, nur mit einem Unterschied: Nun beherrscht das subjektive Bewußtsein die Szene. Die Verschiedenartigkeit der Formenwelt, was immer ihre physikalische Grundlage sein mag, hängt, vom Standpunkt geistiger Entwicklungsprozesse aus gesehen, vor allem von den Möglichkeiten unseres Bewußtseins ab: Auch dieses kann vielfaltige Formen annehmen, mit denen es die physikalischen Erscheinungen interpretiert, Erscheinungen, über die wir nichts wissen, es sei denn, unser Geist enthüllt sie uns.

Bei dieser Subjekt-Objekt-Beschaffenheit der Welt ist, ebenso wie bei dem beobachtenden Bewußtsein, alles, was wir sehen, denken oder uns vorstellen können, in einem fortwährenden Zustand der Veränderung, während doch der Spiegel, der jedes Bild und jeden Gedanken reflektiert, immer derselbe ist. Dieselbe Subjekt-Objekt-Beziehung zwischen Welt und Beobachter bleibt selbst bei Erleuchteten, wobei dann allerdings eine Veränderung auftaucht: Die Rolle des Bewußtseins als der einen Realität hinter der Welt der Erscheinungen von Name und Form ist nun deutlich sichtbar geworden.

Das Panorama, das sich bis zum letzten Winkel des Horizonts und in die Leere des Himmels hinein erstreckt, neben all den unzähligen Gegenständen, die sich dort befinden, scheint gefüllt zu sein mit etwas,

was ihm innewohnt, mit einer strahlenden, unbeschreiblichen Gegenwart, ruhig, heiter und beseligt, gleichmütig selbst gegenüber den gewaltsamsten Ereignissen und dem größten Aufruhr. Es ist wie der tiefe Grund eines Ozeans: Selbst im wildesten Sturm, der das Oberflächenwasser zu heftig aufgewühlten Wellen hochpeitscht, bleibt er ruhig.

Für den Erleuchteten existieren deshalb die Welt des Göttlichen und die Welt der Formen Seite an Seite, ohne daß dadurch die geringste Verwirrung entstünde. Die Veränderung in der Tiefe des beobachtenden Bewußtseins eröffnet eine subtile neue Welt, einen lebenden, pulsierenden Bereich von unaussprechlicher Schönheit, von Harmonie, Glück und Frieden.

»Durch jede dieser Übungen«, sagt Plato im »Staat«, »wird ein bestimmtes Organ der Seele, das durch Beobachtungen anderer Art blind gemacht und verschüttet worden ist, gereinigt und wiederbelebt, ein Organ, das zu erhalten und zu retten mehr wert ist als zehntausend Augen zu besitzen, da die Wahrheit nur durch dieses Organ wahrgenommen werden kann.«

Dies ist das göttliche Auge, das das Eine in dem Vielen und die Einheit in der Vielfalt erkennen kann. Dies ist die göttliche Flamme, die überall brennt und das Universum der Sonnen und der Planeten erhellt. Dieses transzendentale Organ der wirklich Erleuchteten zerschneidet die Unwissenheit – *avidya* – des normalen Geistes und führt einen neuen Aspekt in das Bewußtsein des Beobachters ein. Die Welt der Erscheinungen ist dann nicht länger nur ein gigantischer Mischmasch sich drehender und mit einander kollidierender Kräfte, sondern die geplante Schöpfung einer kosmischen Intelligenz, die jedes Atom des gewaltigen Schöpfers beherrscht.

Kapitel 5

Eine paradoxe Episode im Leben Gandhis

Gopi Krishna besuchte den Westen zum letzten Mal im Jahre 1982, als er an einer Konferenz in Davos teilnahm, die in der Schweiz von der *International Transpersonal Association* veranstaltet wurde. Der Vortrag, den er dort hielt, bestand aus zwei Teilen, wobei sich der erste mit den Notwendigkeiten beschäftigte, die sich für das menschliche Gehirn durch die Evolution ergeben, und der zweite Mahatma Gandhi zum Thema hatte und die häufig beschriebene Episode zwischen ihm und seiner neunzehnjährigen Großnichte Manu. Da ihm auf der Konferenz die Zeit fehlte, konnte er den zweiten Teil nicht mehr vortragen; er hatte den Vortrag aber vervielfältigt und an die Teilnehmer verteilt. Dieses Kapitel ist also der zweite Teil der Rede von Davos.

Ein Aspekt der Kundalini, mit dessen Hilfe wir das gesamte Phänomen vor allem im Kreise der Gelehrten einmal klar beleuchten können, betrifft eine der bemerkenswertesten Persönlichkeiten unserer Zeit, Mahatma Gandhi, dem Indien seine Unabhängigkeit verdankt. Er zeigt, wie die Kundalini als göttliches Instrument bei der Gestaltung des menschlichen Schicksals wirksam wird und wie einzigartige Menschen, die von der Kundalini geformt worden sind, zu Instrumenten bei der Erhebung der Massen werden können, um das Schicksal von großen Reichen und der vielen Menschen unter ihrer Herrschaft zu verändern.

Es gab im Leben dieses ungewöhnlichen Mannes eine Episode, für die bis jetzt keine befriedigende Erklärung gefunden worden ist. Die Autoren des Buches

Freedom at Midnight (dt.: *Gandhi. Um Mitternacht die Freiheit*, München 1988), auf dem der Gandhi-Film beruht, beschreiben diese Episode als ein Drama, mit dem er sogar einige seiner ältesten Freunde schockierte, das Millionen von Indern zutiefst entsetzte und die Historiker, die versuchten, die verwickelten Fakten von Gandhis komplexem Charakter zu begreifen, völlig verblüffte.

Im Zentrum dieses Dramas steht ein neunzehnjähriges Mädchen, Gandhis Großnichte, Manu. Das Mädchen, das schon als Kind seine Eltern verloren hatte, war von Gandhi und seiner Frau wie ihr eigenes Enkelkind erzogen worden. Als seine Frau starb, versprach Gandhi, sich um das Mädchen wie eine Mutter zu kümmern. Eines Tages, als sie neunzehn Jahre alt war, gestand ihm Manu sehr schüchtern, daß sie niemals sexuelle Gefühle, die für ein Mädchen ihres Alters normal wären, gehabt hätte. Gandhi selbst hatte den Eid geschworen, ein Brahmachari zu werden, das heißt, sich in sexueller Enthaltsamkeit zu üben, und hatte seine Frau von dieser Entscheidung im Jahre 1906 unterrichtet. Nachdem er den Schwur abgelegt hatte, tat Gandhi alles, was in seinen Möglichkeiten stand, um auch die geringsten Anzeichen von erotischem Bedürfnis in sich selbst abzutöten. Jahrelang hatte er mit verschiedenen Diäten experimentiert, um sich dann schließlich für eine zu entscheiden, die seinen Geschlechtstrieb am wenigsten förderte.

Da er sich so strenger Selbstdisziplin unterwarf, meinte er schließlich, daß er auch die letzten Überreste sexuellen Verlangens in sich selbst getötet hätte. Aber sein Selbstvertrauen wurde dreißig Jahre später schwer erschüttert, als er eines Nachts bemerkte, daß er eine Erektion hatte. Der Gedanke, daß er nicht in der Lage gewesen war, das Ziel, für das er so lange gekämpft hatte, zu erreichen, deprimierte ihn sehr. Der perfekte Brahmachari war in den Augen Gandhis ein Mann, der selbst an der Seite der Venus in all ihrer nackten Schönheit liegen konnte, ohne in irgendeiner Weise körperlich oder geistig davon berührt zu werden. Er glaubte ganz fest daran, daß die Sublimation seiner sexuellen Energien ihm die moralische und geistige Kraft verleihen würde, seine Aufgabe im Leben zu erfüllen.

Nachdem er das Geständnis von Manu gehört hatte, entschloß sich Gandhi, sich selbst und das junge Mädchen auf die Probe zu stellen. So erklärte er ihr, er beabsichtige, mit ihr das Lager zu teilen und an ihrer Seite zu schlafen, als seien sie Mutter und Tochter, ohne irgendwelche erotischen Gefühle. Manu war einverstanden, und der Plan wurde ausgeführt. Aber schon bald wurden Gerüchte und skandalöse Geschichten verbreitet. In dem Maße, wie sein Vertrauen in die eigene Selbstbeherrschung wuchs, erweiterte Gandhi seine körperlichen Kontakte mit Frauen. Er pflegte sie, wenn sie krank waren, und erlaubte es ihnen, auch ihn zu pflegen. Sein nackter Körper wurde täglich von jungen Mädchen massiert, und er gab in diesem Zustand Interviews oder besprach sich mit seinen Parteiführern.

Als sich die Nachrichten über das, was sich zutrug, über die Grenzen des Ashrams hinaus verbreiteten, da fühlten sich die Parteiführer, die sich zugleich in Indien mit sehr schwierigen politischen Verhältnissen konfrontiert sahen, außerordentlich schockiert. Gandhi trat den Gerüchten während eines abendlichen Gebetstreffens entgegen. Seine Worte beruhigten die ihm unmittelbar nahestehenden Personen, aber weiterhin wurden schmutzige Gerüchte verbreitet. Gesandte kamen aus Delhi, um gegen Gandhis seltsames Verhalten zu protestieren, aber Gandhi weigerte sich einfach, etwas zu ändern. Schließlich gelang es aber Manu selbst, möglicherweise auf den Wink eines der Abgesandten hin, Gandhi zu überreden, von seinem Vorhaben in Zukunft abzusehen, während sie ihm zugleich versicherte, daß sie sich in jeder anderen Hinsicht genauso wie zuvor verhalten würde.

Diese rätselhaften Ereignisse in Gandhis Leben konnten bis jetzt nicht befriedigend geklärt werden. Bei einem Mann von so großer Gewissenhaftigkeit wie ihm, der nicht nur einmal, sondern mehrmals sein Leben für seine Prinzipien einsetzte und sogar im Angesicht des Todes nicht schwach wurde, wäre es unfair anzunehmen, er hätte es auf Lustgewinn abgesehen und seine Ziele absichtlich unter dem Vorwand, daß er sich Manu gegenüber wie eine Mutter verhalten wollte, verschleiert. Es ist in der Tat ein Rätsel, warum Gandhi selbst so sehr darauf gedrungen hat, daß sie in seinem Bett schlafen sollte, damit er sich zusammen mit ihr den Übungen des Brahmacharya hingeben könnte, denn es muß ihm bewußt gewesen sein, daß diese Art von Verhalten leicht mißverstanden werden und daß dadurch ein Skandal ausgelöst werden könnte, der seinem Ruf und seiner Aufgabe ernstlich schaden würde. Wir können uns nicht vorstellen, daß ein so listiger politischer Führer wie Gandhi so naiv sein konnte, sich nicht der Konsequenzen bewußt gewesen zu sein, die aus seinem seltsamen Verhalten hätten erwachsen können.

Diese paradoxe Seite im Leben Gandhis ist im Lichte der Kundalini leicht erklärbar. Aufgrund von günstigen Erbvoraussetzungen, wegen seiner Ideen und vielleicht sogar wegen seiner Übungen wird sich die Kraft der Kundalini in ihm geregt haben, sogar noch bevor er die sexuellen Beziehungen zu seiner Frau einstellte – das heißt, die Energie muß schon vor diesem Zeitpunkt begonnen haben, in sein Gehirn zu fließen. Er muß also, in anderen Worten, zu *urdhva-retas* geworden sein, was im Sanskrit einen Menschen bezeichnet, bei dem die geschlechtliche Energie nach oben strömt.

In den ersten Phasen der Erweckung ist der Bedarf an Energie so groß, daß das sexuelle Bedürfnis einschläft und das männliche Organ kleiner wird. Dies wird ganz deutlich von Arthur Avalon in seinem Buch *Die Schlangenkraft* ausgeführt. Gandhi muß das ebenfalls gespürt haben. Dies wird sehr deutlich aus seinen Bemerkungen, daß die »sexuellen Organe eines wahren

Brahmachari ihr Aussehen ändern. Sie bleiben bloße Symbole seiner Geschlechtszugehörigkeit, und seine sexuellen Sekrete sind zu einer vitalen Kraft sublimiert, die sein ganzes Wesen durchdringt.«

Die erste Phase der Erweckung kann über Monate oder sogar Jahre hinweg andauern, abhängig von der Konstitution, von Erbfaktoren, vom Lebensstil und dem Verhalten des entsprechenden Menschen. Die Erweckung der Kraft bedeutet eine neue Aktivität im Gehirn, die zu einer Ausdehnung des Bewußtseins und letztlich zu einer mystischen Vision führt. Die Öffnung des Gehirnzentrums tritt nicht sofort ein, denn das wäre äußerst schädlich und könnte in sofortigem Wahnsinn oder Tod enden. Unter günstigen Bedingungen weitet sich diese Öffnung Schritt für Schritt, wobei jeder kleinen Ausdehnung eine Phase der Anpassung folgt, bis die höchste dem jeweiligen Menschen mögliche Stufe erreicht ist. Nach jeder Anpassungsphase, wenn nicht mehr eine solche Menge der sexuellen Sekrete gebraucht wird, wird die teilweise oder insgesamt verlorene Männlichkeit wiederhergestellt.

Die evolutionären Antriebskräfte versuchen, den Körper an die sich ausdehnende neue Aktivität des Gehirns anzupassen, so daß die Flamme des erweiterten Bewußtseins weiterhin hell leuchtet, zusammen mit der kombinierten Aktivität der Organe und Gewebe, so wie es beim normalen Bewußtsein der Fall ist. Für diesen vitalen Zweck wird jeder einzelne Tropfen der Geschlechtsflüssigkeit aufgesogen und als Antriebskraft für die bevorstehenden Veränderungen genutzt. Aus diesem Grunde ist, obwohl das männliche Glied von außen gesehen kleiner zu werden scheint, zugleich eine erhöhte Aktivität der Fortpflanzungsorgane zu beobachten, die zum innerlichen Verbrauch so viele Absonderungen wie möglich produzieren.

Zu gewissen Zeiten wird nun der Bedarf an Fortpflanzungssekret so groß, daß der betreffende Mensch eine andauernde Stimulation braucht, um die Versorgung mit reproduktiven Säften zu erhöhen. Diese Stimulation kann er sich durch ein erotisch anziehendes Objekt verschaffen.

Die Tantras und andere Werke über Kundalini sagen ganz deutlich, daß es bei den Übungen zur Erweckung von Shakti notwendig sei, einen attraktiven weiblichen Partner zu haben. Der wirkliche Grund dahinter liegt in dem Bedürfnis des Gehirns, sich für die Manifestation eines erweiterten Bewußtseins zu konditionieren. Wenn dieses Bedürfnis aufgrund irgendeines Fehlers der Geschlechtsorgane nicht erfüllt wird oder wenn die wertvolle Flüssigkeit im Vergnügen verschwendet wird, dann können die Ergebnisse wahrhaft katastrophal sein.

Gandhi, der Führer der Unabhängigkeitsbewegung auf einem Subkontinent mit damals mehr als vierhundert Millionen Menschen, der immer hundert Probleme zugleich mit sich herumtrug, brauchte eine ungeheuer große psychische Energie, um sich selbst in einem Zustand von Ruhe und Ausgeglichenheit zu halten. Die Erweiterung seines Bewußtseins, die bereits begonnen hatte, erschwerte das Problem noch zusätzlich. Nur ein Mann mit eiserner Entschlossenheit konnte angesichts der Krise, die ihn von allen Seiten bedrohte, gelassen bleiben. Der Abzug von Flüssigkeit aus seinen Geschlechtsteilen zur besseren Unterstützung der Arbeit seines Gehirns muß phantastisch gewesen sein. Es ist daher kein Wunder, daß dieser große Sohn Indiens ein Stimulans brauchte, damit die Nahrung, die sein Gehirn benötigte, ununterbrochen zur Verfügung stand.

Wahrscheinlich hatte Gandhi keine Ahnung von dem Prozeß der Transformation, der sich in ihm vollzog. Dazu bedurfte es einer lebenslangen Erfahrung mit einer machtvoll aktiven Kundalini. Die Anpassungen müssen in diesem Fall eine sehr viel längere Zeit beansprucht haben, und zwar aufgrund der schweren Prüfungen, die er ertragen mußte, aufgrund des außerordentlich kargen Lebens, das er führte, der vielen Aufgaben, die er zu erfüllen hatte und aufgrund seines Fastens.

Dreißig Jahre später bekam er schwere Depressionen, als er feststellte, daß er immer noch sexuell erregbar war, denn er war sich der zyklischen Wirkung der Kundalini nicht bewußt.

Gandhi kannte die wirklichen Gründe, die hinter seiner Einstellung zu Manu standen, nicht. Er war den organischen Bedürfnissen seines Gehirns unterworfen, ohne daß ihm selbst bewußt gewesen wäre, warum er so sehr darauf drang, sich zu Manu wie eine Mutter zu verhalten. Verglichen mit der riesenhaften Aufgabe, die auf seinen Schultern lastete, sind die kleinen Geschichten über seine Zuneigung zu Manu und seine Freude an der täglichen Massage ohne jede Bedeutung. Die Natur erreicht ihre großen Aufgaben auf ihren eigenen Wegen, und nur kurzsichtige Sterbliche fragen sich, wie dies möglich war. Aber ohne dieses unbewußt motivierte Verhalten, das er selbst nicht verstehen konnte, wäre es vielleicht dieser großen Seele nicht möglich gewesen, die Herkulesaufgabe, die ihr auferlegt war, zu vollbringen.

Die Erfahrungen mit Kundalini werden der Welt in vielen künftigen Jahrhunderten atemberaubend erscheinen. Jedes große historische Ereignis, jede große Revolution und jeder Krieg, der sich in der jüngsten Zeit ereignet hat, entstand durch das Ferment im Gehirn der entsprechenden Führerfiguren, das die Kundalini produziert hatte. Wenn diese Kraft ihre Aktivität beginnt, dann kennt sie jede Facette der Persönlichkeit, in der sie aktiv wird. Der strenge, unbeugsame, prinzipientreue Gandhi mußte in einer ihm entsprechenden Weise angegangen werden. Damit sein angestrengtes Gehirn fortwährend mit dem Nährstoff versorgt wurde, den er für seine geistige Gesundheit brauchte, bedurfte er notwendig der Stimulation. Wie hätte diese bewußt herbeigeführt werden können bei seiner klaren geistigen Einstellung und entgegen den Prinzipien, die er sein ganzes Leben lang hochgehalten hatte? Aus diesem Grund kam sein Unbewußtes ins Spiel, so wie es im Leben vieler Menschen der Fall ist, so daß unbewußt Handlungen eingeleitet wurden, die wir uns bei vollem Bewußtsein verbieten würden.

Es gibt im Leben von Gandhi einige Besonderheiten, die unweigerlich auf die Schlußfolgerungen, die ich gezogen habe, hinweisen. Er wurde mit dreizehn Jahren verheiratet und genoß das eheliche Leben mit Hingabe und überschwenglicher Freude. Es scheint, daß seine erotischen Bedürfnisse sehr deutlich ausgeprägt waren. Dies wird an einer seltsamen Episode deutlich: Eines Tages, als er seinem bereits im Sterben liegenden Vater die Beine massierte, wurde Gandhi von einem plötzlichen sexuellen Bedürfnis überwältigt, von dem er sich so gedrängt fühlte, daß er in sein Zimmer schlich und seine schlafende Frau weckte. Ein paar Minuten später, als die beiden sich ihrer Lust hingaben, brachte ein Diener die Nachricht, daß sein Vater gestorben war. Diese Begebenheit beschämte Gandhi zutiefst und war vielleicht einer der Gründe für seinen Schwur zur Enthaltsamkeit im Alter von siebenunddreißig Jahren.

Dieses Gelöbnis bezog sich nicht allein auf die Unterdrückung erotischer Wünsche. Für Gandhi bedeutete es in diesem Alter, all seine Sinne zu kontrollieren, seine Gefühle zurückzuhalten, seine Nahrungsaufnahme und seine Sprache zu mäßigen, Wut, Gewalt und Haß zu bändigen, einfach und karg zu leben und einen Zustand der Wunschlosigkeit zu erlangen, der dem Ideal des selbstbeherrschten Weisen, wie er in der Bhagavad Gita beschrieben wird, sehr nahe kam. Der bedeutendste Aspekt dieser Transformation ist das Alter, in dem sie sich einstellte. Wie ich bereits in meinen Büchern angedeutet habe, ist der übliche Zeitpunkt für die spontane Aktivierung dieser Kraft ungefähr das Alter von fünfunddreißig Jahren, mit ein paar Jahren Abweichung zur einen und zur anderen Seite. Die Wünsche und Impulse, die hochkommen, sind genau die, die sich in Gandhi regten.

Dazu gehört ein intensiveres religiöses Suchen oder

ein starker Drang, sich von der Welt abzuwenden und sich einer spirituellen, erhabenen Sache zu widmen. Richten Sie Ihr Augenmerk nur einmal auf die in vieler Hinsicht identischen Regungen bei den Menschen, die sich sehr intensiv geistigen Übungen widmen. Es gibt noch andere Züge, die Gandhi zu dieser Zeit an den Tag legte und die keinen Zweifel daran lassen, daß die Energie begonnen hatte, in ihm wirksam zu werden. Als einige der erwähnten Ereignisse eintraten, mußte der jetzt Siebenunddreißigjährige mit Schwierigkeiten fertig werden, die ein noch reichlicheres Fließen des psychischen Treibstoffes verlangten und die so sein älter werdendes Gehirn davor bewahrten, durch die Anstrengungen zu ermüden. Wenn sich Kundalini bis in den letzten Winkel des Kopfes ausbreitet, dann wird das Gehirn von einem immerwährend fließenden Strom reproduktiver Energie getränkt, durch den der Druck auf die Geschlechtsorgane sehr stark vermindert oder auch gänzlich beseitigt wird. Anstatt Spannungen zu verursachen, die einer Entladung bedürfen, wird nun eine Quelle kreativer Freude im Kopf geöffnet, durch die das, was der Mensch vorher als Gipfel an Lust und Glück ansah, in den Schatten gestellt wird.

Es ist unsere eigene verzerrte und aus der Schwäche heraus geborene Ansicht, die uns denken läßt, daß die sexuelle Energie ein allzu weltliches Mittel sei, als daß es bei der Verschmelzung mit Gott eine Rolle spielen könnte. Die Brüste einer Mutter sind für den Mann oder Liebhaber ein bezauberndes Objekt erotischen Vergnügens, zu gleicher Zeit aber bieten sie eine lebenswichtige Nahrung für das Kind. Niemand würde jemals behaupten, daß die Milch, die es aus der Brust seiner Mutter trinkt, unrein wäre. Die Natur kümmert sich in ihrem großen Lebensplan nicht um die unwichtigen Vorstellungen des Menschen. Dieselbe göttliche Kraft, durch die ein Menschenkind entsteht, bringt diesen Menschen in einem bestimmten Zeitpunkt seines Lebens dazu, einen anderen Menschen körperlich zu begehren und erfüllt ihn, wenn die Zeit reif ist, mit dem Drang, sich seiner selbst bewußt zu werden, so, wie er ihn zu einem bestimmten Zeitpunkt mit erotischem Verlangen erfüllt hatte – um ihn letztlich zur Vision des Göttlichen hinzuführen.

Ich habe den Fall von Mahatma Gandhi hier geschildert, weil er ein Beispiel für die aktive Wirksamkeit der Kundalini ist.

Mein Ziel war es, zunächst zu zeigen, welchen großen Einfluß diese Kraft auf das Leben eines einzelnen Menschen ausübt und dadurch wiederum auf das Leben der Massen. Zweitens wollte ich eine der vielfältigen Wirkungsweisen dieser göttlichen Kraft erhellen, um jenen, bei denen sie bereits wirksam ist oder bei denen sie in der Zukunft wirksam wird, zu helfen, ihr Leben in Ordnung zu bringen. Drittens war es meine Absicht, diesen großen Menschen von dem Schatten zu befreien, der durch die Episode seines Lebens, die ich beschrieben habe, auf ihn geworfen wurde.

Die Vereinigung von Mann und Frau auf irdischer Ebene, sei es zur Vermehrung oder um der Freude willen, ist menschlich. Aber dieselbe Art von Vereinigung auf einer überirdischen Ebene, um der Seele zu helfen, ihre Herrlichkeit und ihre Freiheit zurückzugewinnen, ist göttlich.

Irgendwann würde ich dieses Thema gern noch ausführlicher behandeln. Ich möchte dabei Beispiele aus den Lebensläufen anderer hervorragender Männer und Frauen geben, bei denen es deutlich geworden ist, daß diese Kraft von einem frühen Zeitpunkt ihres Lebens an in ihnen gewirkt hat. Dazu gehören sicherlich Freud und Jung, die so vielfältig zu der Wissenschaft des Geistes beigetragen haben, die aber zu gleicher Zeit keine Ahnung hatten, welch rätselhafte Kraft in ihnen wirksam war, der sie ihre wunderbare Ausdruckskraft, ihr umfangreiches Wissen und ihre tiefen Einsichten verdankten. Hätten sie es gewußt, dann wäre vieles von dem, was sie geschrieben haben, ungesagt geblieben.

Dies ist ein Aspekt des verwirrenden Spiels der Kundalini. Sie ist die undurchschaubare *maya shakti*, der Regisseur dieses Zauberspiels des Lebens, sowohl ein Traum als auch eine Realität.

Kapitel 6

Wie beschleunigen wir die Entwicklung des Gehirns?

Gopi Krishna glaubte, daß der Nachweis und die Bestätigung der Kundalini-Wirkung auf den Stoffwechsel und die veränderten Bewußtseinszustände, die daraus resultieren, nicht lange auf sich warten lassen würden, aber er empfand es als sehr dringend, die Forschungsarbeiten hierzu einzuleiten. Er zögerte zwar znächst, sein neues Heim in Dehra Dun, wo er mit dem Schreiben eines neuen Buches beginnen wollte, zu verlassen; dennoch akzeptierte er schließlich die Einladung der *International Transpersonal Association* zu ihrer Konferenz in Davos im Jahre 1983. Der Titel seiner Rede bezeichnet genau das, was er mitzuteilen beabsichtigte, denn, wie er den Zuhörern sagte, war er der Meinung, daß »die Welt schläft, während sich in jedem menschlichen Gehirn eine Krise aufbaut.« Von Davos fuhr er nach Kanada zu einem kurzen Besuch bei Freunden und dann nach New York, wo er im November eine Reihe von Amerikanern traf, die gerne seine Voraussagen für das »New Age« kennenlernen wollten.

Dic Erweckung der Kraft der Kundalini kann auf viele Arten geschehen – zukünftige Forschungen werden sich mit diesen Wegen und Möglichkeiten befassen. An dieser Stelle möchte ich nur zwei erwähnen. Der eine Weg ist das langsame, unmerkliche Erwecken, das durch Meditation und andere gemäßigte Übungen, die besonders unter dem Namen Raja-Yoga bekannt sind, bewirkt wird. Derjenige, der sich diesen Übungen hingibt, ist sich gewöhnlich der Veränderungen, die dadurch im Bereich von Gehirn und Rückenmark stattfinden, nicht bewußt, bis im günstigen Falle eine Erweiterung des Bewußtseins, begleitet von unbeschreiblichen Glücksgefühlen und glückseligen Visionen, den Mann oder die Frau spüren lassen, daß eine innere Wandlung stattgefunden hat. Häufig werden diese Glücklichen dann die Veränderung darauf zurückführen, daß vorher nicht genutzte Kräfte jetzt aktiviert worden sind, oder sie werden sich auf einen Akt göttlicher Gnade berufen, oder, wie es viele Psychologen tun, auf positive Kräfte aus dem Unterbewußtsein.

Was man im allgemeinen nicht weiß, ja nicht einmal vermutet, ist, daß der Ausdruck »Erweckung der Kundalini« in der Sprache der Wissenschaft eine beschleunigte Entwicklung des Gehirns und die Aktivierung eines darin schlummernden Bereiches bedeutet, der *brahmarendra* genannt wird. Die Erweckung mit Hilfe der kraftvollen Methoden des Hatha-Yoga kann sehr explosiv und abrupt sein. In diesem Falle entwickeln die Nerven im Bereich von Gehirn- und Rückenmark sprungartig neue, verwirrende Aktivitäten und führen so in der geistigen Welt des betreffenden Menschen erst einmal ein Chaos herbei.

Lichtstrahlen beginnen, innerhalb seines Körpers aufzublitzen, und sein ganzes inneres Wesen wird zu einer bewegten Lichtquelle mit glänzenden silbernen oder goldenen Fäden, die die Wege der Nerven durch den Körper markieren. Ein maßgebliches Werk auf diesem Gebiet, das *Panchastavi,* beschreibt das Schauspiel, das dann im Inneren des Körpers stattfindet, mit folgenden Worten:

> An einer Stelle zwischen dem vierblättrigen und dem sechsblättrigen Lotus (*muladhara* und *swadishthana*) im Schambereich (das heißt, zwischen dem After und dem Geschlechtsorgan), dreimal spiralförmig ineinandergewunden, strahlend mit einer unermeßlichen Strahlkraft wie die Kraft der Sonne, des Feuers oder des Blitzes, durchstößt Du, O Kundalini, zuerst

den sechsblättrigen Lotus, dann den zehnblättrigen *(manipura)*, dann den zwölfblättrigen *(anahata)*, dann den sechzehnblättrigen *(visuddha)* und dann den zweiblättrigen *(ajna)* auf Deinem Wege zu *brahmarendra*, O Parvati, Tochter der Himalajas, der zu folgen wir geloben.

Die faszinierenden Diagramme in Büchern über Hatha-Yoga, die Chakras, Lotusse und Götterfiguren wiedergeben, sind keine Erfindungen oder Produkte des Unterbewußtseins. Sie sind vielmehr eine Darstellung der Lichteffekte, die in dem Augenblick, wo die Kraft zu wirken beginnt, innerlich wahrnehmbar sind. Leuchtende Ströme schießen hier- und dorthin durch den ganzen Körper oder sie steigen hoch ins Gehirn hinein, bewirken so eine Erweiterung der Persönlichkeit und erfüllen sie zugleich mit einem Strahlen, das bei allen, die dies beobachten, ein tiefes Gefühl von Ehrfurcht hervorruft. Aus dem Grunde ist in den taoistischen Büchern das Erwachen als ein Kreisen des Lichts beschrieben.

Bis jetzt sind die Geheimnisse der Kundalini niemals offen dargelegt worden. Was ich hier aufdecke, ist kein Wissen, das ich mir durch Lernen oder durch Nachdenken erworben hätte, sondern die Frucht täglicher Erfahrungen über viele Jahre hinweg. Es gibt, verstreut in den Tantras, Shakti Shastras und in den Büchern über Hatha-Yoga sehr wertvolle Hinweise, aber persönliche Erfahrungen sind nötig, um diese Hinweise zu verstehen. Die Tatsache, daß das Erwachen von einem inneren Leuchten, vor allem im Kopf, begleitet wird, und daß Töne in Gehör und Ohren hinzukommen, wird in diesen Abhandlungen wiederholt erwähnt.

Bei der Beschreibung der Fähigkeiten, die dann erworben werden, verwenden die alten Texte nicht nur die allgemeinen Begriffe »großes Talent« oder »Genie«, sondern es wird vielmehr deutlich gesagt, daß der, dem die Göttin ihre Segnungen erweist, ein großer Dichter wird oder auch ein großer Logiker, ein großer Mathematiker, ein großer Weiser oder auch ein eloquenter Redner. In ähnlicher Weise wird unweigerlich immer erwähnt, daß wunderbare Kräfte oder psychische Fähigkeiten, genannt *siddhis*, ans Licht gehoben werden. Man kann also leicht daraus folgern, daß in den Fällen, wo sich außergewöhnliche Talente oder psychische Kräfte als natürliche Gabe manifestieren, Kundalini in einem geringeren oder auch größeren Maße im Spiel gewesen ist.

In der allgemeinen Überlieferung wird das Praktizieren von Hatha-Yoga als gefährlich angesehen, denn bei einem Mißlingen können Wahnsinn oder auch Tod die Folge sein. In den Texten werden die, die diese Form von Yoga ausüben, ausdrücklich vor deren Gefahren gewarnt. Es gibt eine Randgruppe, bekannt als *avahoots* in Indien oder als *mastanas* in Persien, bei denen außerordentliche hellseherische Fähigkeiten und eine sehr große sprachliche Ausdrucksfähigkeit mit Formen von Schizophrenie oder auch mit einer manisch-depressiven Psychose Hand in Hand gehen. Diese Gruppen werden häufig ganz außerordentlich verehrt und umworben. Wohin auch immer diese Menschen gehen, folgen ihnen Scharen von Anhängern in dem tiefverwurzelten aber irrigen Glauben, daß sie daraus einen Vorteil ziehen könnten.

Mitglieder dieser Gruppen treten gelegentlich als geistige Lehrer auf, die anderen den Weg zum Seelenheil zeigen, während sie selbst sich ihrer eigenen Verirrung gar nicht bewußt sind. Paradoxerweise schenken ihnen gelegentlich sogar Gelehrte, getragen von einem momentanen Enthusiasmus, Gehör und Glauben. Die Praktiken von Hatha-Yoga können fehlschlagen und eine bösartige Wirkung auf den Geist ausüben, und es kann ebenso auch geschehen, daß Kundalini-Kräfte selbst eine schädliche Wirkung ausüben und daß durch sie bestimmte Formen von geistiger Verwirrung hervorgerufen werden können. Dieser Punkt ist für die Heilung von Geisteskrankheiten sehr wichtig.

Yogaübungen, welcher Art auch immer sie sein mögen, und die Aktivierung von Kundalini-Kräften führen im letzten Stadium zu *samadhi*, zu mystischen Erfahrungen. *Samadhi* kann es ebenfalls in zweierlei Ausformungen geben: zum einen als Auswirkung einer Selbsthypnose durch Anhalten des Atems oder ein Entleeren des Geistes, dadurch, daß man sich zwingt, das Denken einzustellen. Diese Form des *samadhi* hat keine persönlichkeitsverändernde Wirkung und öffnet gleichermaßen keine neuen Wahrnehmungsmöglichkeiten im Gehirn. Lediglich bestimmte visionäre Erfahrungen, euphorische Gefühle oder andere durch Suggestion hervorgerufene Zustände können dadurch aktiviert werden.

Die andere Form von *samadhi* ist Ausdruck einer revolutionären Veränderung im Gehirn selbst. Sie bewirkt die Bildung eines leuchtenden Schutzschildes, einer Art Umhüllung, bekannt als Licht- oder Sonnenkörper. Dieser Bewußtseinszustand kann sich entweder in kurzen Intervallen einstellen, oder aber er wird beim Eingeweihten zu einem Dauerzustand. Diese innere Umwandlung, in die auch die subtilen Bereiche des Gehirns mit einbezogen werden, ist ohne die Aktivität der psychosomatischen Mechanismen der Kundalini nicht möglich.

Es gab im Laufe der Geschichte nur wenige Fälle, in denen eine wirkliche spirituelle Erleuchtung stattfand; so etwa bei Mystikern wie Kabir, Rama Krishna, Rumi oder Meister Eckhard. Es ist manchmal amüsant, die großen Anhängerscharen von selbsternannten Erleuchteten zu sehen, die sich als geistige Lehrer ausgeben. Häufig haben sie tausende oder sogar hunderttausende Anhänger überall in der Welt. Nicht wenige dieser Anhänger sind gelehrte und intelligente Männer und Frauen auf der Suche nach Führung auf ihrem geistigen Weg.

Ich würde gerne wissen, ob es irgendein Kriterium oder einen Maßstab gibt, der es erlaubt, einen wahrhaft Erleuchteten zu unterscheiden von jemandem, der als außerordentlich intelligenter und gewandter Mensch lediglich von sich behauptet, sich im Zustand der Erleuchtung zu befinden. Und: Wenn es ein solches Kriterium gibt, wie kam es dazu, daß es aufgestellt wurde, und wieviele Menschen sind sich darüber im klaren? Andererseits: Wenn es kein Kriterium gibt, wie kann man annehmen, daß alles, was über Yoga oder Kundalini heute geschrieben wird, korrekt sei?

Wenn es in der Tat keinen Maßstab gibt und wenn ebenso eine gründliche Studie über *samadhi* oder mystische Trance fehlt, so bedeutet das, daß die Welt hinsichtlich eines Phänomens, das in den vergangenen fünftausend Jahren wiederholt zu beobachten war und auf dem alle gegenwärtigen Religionen basieren, immer noch im dunkeln tappt.

Kundalini, die evolutionäre Energie im Menschen, ist heute ebenso wirksam wie sie es in der Vergangenheit war, um geistig Erleuchtete hervorzubringen: Weissager, Propheten, Weise, Hellseher, Philosophen, Dichter, Musiker, Maler, Wissenschaftler und andere führende Geister der Menschheit. Aber es ist für die Welt wichtig zu wissen, daß die Wirkungsweise dieser göttlichen Kraft in einem beträchtlichen Maße von der Umgebung beeinflußt wird, von den Charakterzügen, der allgemeinen Geisteshaltung und den Lebensformen der Völker oder Individuen, in denen sie aktiv wird und aus deren Mitte heraus sie hervorragende Persönlichkeiten erschafft. Meistens sind diese Umstände günstig, aber gelegentlich sind sie auch nicht förderlich.

Worte reichen kaum aus, um die schwindelerregende Großartigkeit des traditionellen Konzepts von Kundalini, wie sie in den Tantras und Shakti Shastras dargestellt wird, auszudrücken. Ein anderer Name für Kundalini ist Prana Shakti, die Schöpferin des Universums. Als ein Beispiel für die Hochachtung, die der Kundalini als Prana Shakti oder als kosmische Lebensenergie gezollt wird, führe ich die folgenden beiden Verse aus dem *Panchastavi* an, die genau verdeutlichen, was ich meine:

> Du bist das Leuchten im Mond, das Strahlen in der Sonne, die Intelligenz im Menschen, die Kraft im Wind, der Geschmack im Wasser und die Hitze im Feuer. Ohne Dich, oh Göttin, wäre das gesamte Universum seines eigentlichen Elements beraubt.
>
> Die Planeten, die am Himmel wandern, die Atmosphäre, aus der Wasser entspringt, die *shesh-nag* (eine mystische Schlange), die die Erde stützt, die Luft, die strömt, und das Feuer, das hell mit züngelnden Flammen scheint, alle diese Elemente, oh Mutter, existieren nur nach Deinem Ratschluß.

Ein rein intellektuelles Erfassen von Kundalini, das allein auf gelehrten Studien oder auf den persönlichen Vorstellungen basiert, ohne daß wirkliche eigene Erfahrung hinzukommt, ist nicht möglich. Dies wird deutlich in dem Kommentar zum allerersten Vers von Sat-Cakra-Nirupuna, auf dem Arthur Avalons *The Serpent Power* (Dic Schlangenmacht) aufbaut. Das *Panchastavi* singt:

> Oh Göttin, Du bist die Shakti (Kraft) Shivas (des Schöpfers), die auf dessen Stirn der Mond ist, Du bist Sein Körper, die Sinne, der Geist, der Intellekt, die Tatkraft und der, der alles bewirkt. Du bist die Sehnsucht, die Herrschaft und auch die Verblendung. Du bist Sein Zufluchtsort und auch der Schleier, der die Realität verbirgt. Was könnte es geben, das nicht aus Dir entstanden wäre?

Eine andere berühmte Arbeit über Kundalini, Saundarya Lahari, die dem Philosophen Shankara zugeschrieben wird, spricht in derselben ehrfurchtsvollen Weise von seiner allmächtigen Kraft. Kundalini ist das Gayatri in den Veden, das höchste Mantra, das jeder zweimal geborene Hindu bei seinem morgendlichen Waschungsritual rezitieren muß. Die Silbe *om* ist das Symbol für dieselbe Kraft. Als *prana shakti* ist Kundalini der Architekt allen Lebens im Universum. Sie ist unser Denken, unsere Sprache, unsere Vorstellungskraft, unsere Kreativität, die Energie, die uns zum Leben hinführt, die uns in unserer Kindheit leitet, die uns als Heranwachsende mit dem Feuer der Liebe erfüllt, die uns Ehrgeiz und die Sehnsucht nach Abenteuer in unserer Jugend einflößt und die dann langsam die Kraft, die sie dem Menschen bis zu seinem letzten Atemzug zuführt, wieder zurückzieht – bis zu dem Augenblick, wo ein Sterblicher aufhört, Akteur im Lebensdrama zu sein …

Kundalini wird bis zum Ende aller Zeiten ein Rätsel bleiben. Sogar dann, wenn einige Geheimnisse dieser Kraft und die Methoden, sie zu erwecken, Bestandteil des menschlichen Wissens geworden sind, wird dieses wunderbare Element der Schöpfung weiterhin für unseren Intellekt unbegreifbar bleiben.

Ich möchte gern deutlich machen, daß das Phänomen der Kundalini in seinem subjektiven Aspekt nicht mit Methoden, die der Wissenschaft bis zu diesem Zeitpunkt bekannt sind, erforscht werden kann. Die einzige Möglichkeit für Wegbereiter in dieser Richtung wäre, das Experiment an sich selbst durchzuführen. Die Natur hat hier eine Barriere errichtet, die es dem nur mit materiellen Zielen beschäftigten Geist nicht erlaubt, die nur den Erleuchteten zugänglichen heiligen Gefilde zu betreten. Aber es gibt Körpersymptome, mit deren Hilfe wir das Phänomen sogleich erkennen können.

Eines dieser Symptome ist die sehr stark gesteigerte Aktivität der Geschlechtsorgane sowohl beim Mann als auch bei der Frau. Bei Männern kann diese Aktivität sehr leicht gemessen werden, jedoch ist dies bei Frauen, allein schon wegen der Form ihrer Geschlechtsorgane, nicht so leicht. Aus den Erlebnissen jedoch, über die mir einige Frauen, die diese Erweckung hatten, berichtet haben, wird deutlich, daß ihre Erfahrungen subjektiv und objektiv sehr ähnlich sind.

Zivilisation und Kundalini ergänzen einander, wobei ein Phänomen das andere begleitet. Nach vielen Jahren der Beobachtung bin ich zu dem Schluß gekommen, daß Kundalini, in der Sprache der Wissenschaft, Ausdruck der evolutionären Kraft im Menschen ist. Zivilisation ist nicht möglich, wenn diese Kraft nicht in dem Ausmaß aktiviert wird, daß Menschen schöpferisch tätig werden und sich den Bedingungen anpassen können, die eine zivilisierte Lebensweise mit sich bringt. Es ist ein großer Irrtum anzunehmen, daß die Menschheit auch nur ein paar Zentimeter über das Denken und Verhalten der Affen oder der Untermenschen hätte hinauswachsen können, wenn nicht durch irgendeinen natürlichen Prozeß eine Weiterentwicklung des Gehirns eingetreten wäre.

Das Gehirn des Menschen der Vorgeschichte aus, sagen wir, einer Zeit vor 20 000 Jahren, der nur eine begrenzte Zahl von Wörtern wußte und fast wie ein Tier lebte – ohne eine Vorstellung vom Meer des Wissens, das sich seither eröffnet hat – kann nicht dasselbe gewesen sein wie das Gehirn des Menschen von heute. Wenn wir dieser Meinung sind, dann würde hieraus folgen, daß der Geist unabhängig vom Gehirn wirken kann. Dies würde wiederum bedeuten, daß ein Teil unseres Denkens ohne Beteiligung der Hirnsubstanz, ohne eine entsprechende Aktivität der Neuronen abläuft. Die Annahme dieses Konzepts wäre das Todesurteil für die darwinistische oder neodarwinistische Theorie über die Evolution und den Ursprung des Lebens.

Evolutionswissenschaftler, die die Hypothese Darwins unterstützen, befinden sich angesichts der Tatsache dieser erstaunlichen Funktionsverbesserungen des menschlichen Gehirns in einem Dilemma. Es haben sich so massive Veränderungen ergeben, daß niemand sie leugnen kann. Der Grund, warum ich diesen Aspekt unseres Fortschrittes betone, ist, daß die machtvolle psychische Kraft, die für diese Evolution verantwortlich ist, ihre eigenen Gesetze hat und daß es notwendig ist, diese Gesetze zu erkennen und ihnen zu folgen, wenn die Menschheit in Frieden überleben will.

Das Phänomen, mit dem ich mich jetzt beschäftigen möchte, ist, so weit ich weiß, bis jetzt niemals zum Gegenstand einer Untersuchung oder einer Diskussion gemacht worden. Die Art und Weise, wie ich selbst dieses Phänomen behandle, wird Kritikern möglicherweise verblüffend oder sogar unrealistisch erscheinen, aber wir müssen uns immer bewußt sein, daß diese Idee hier zum ersten Mal vorgetragen wird und daß es notwendig ist, in Ruhe darüber nachzudenken oder sie weiter zu untersuchen, bevor sie ins Feuer geworfen wird. Die Wahrheit aber muß gesagt werden.

Nur die Zeit und die Experimente, die in Zukunft gemacht werden, können erweisen, inwieweit ich recht hatte und welche innere Wandlung mich befähigt hat, dieses Gesetz zu entdecken.

Wir alle wissen, daß es in der Vergangenheit die verschiedensten Zivilisationen und Kulturen gegeben hat und daß diese Zivilisationen, nach einer langen oder kurzen Periode des Aufstiegs und der Blüte zerfielen und dann für immer verschwanden. Dies geschah in Ägypten, wo die wunderbaren Pyramiden und Tempel gebaut wurden, und in der Zivilisation des Industals, die so weit fortgeschritten war, daß die Bewohner sogar planmäßig angelegte Städte gebaut hatten. Die Frauen trugen herrliche, handwerklich gefertigte Schmuckstücke und nutzten kosmetische Mittel, um ihren Zauber zu erhöhen, und es gab Spielzeug für die Kinder. Dasselbe geschah in der Kultur der Chinesen, die die Große Mauer, wunderbare Paläste und für ihre Kaiser Friedhöfe unter der Erde bauten, mit Tonsoldaten, Pferden und Streitwagen, alles lebensgroß, um die begrabenen Körper zu beschützen.

Die Indo-Arier übertrafen alle anderen Kulturen in der Tiefe ihres metaphysischen Denkens und trugen sehr stark zur Erweiterung des Wissens in den Bereichen von Wissenschaft und Kunst bei. Dann gab es die griechische Kultur mit ihren großen philosophischen Systemen, ihren wunderbaren Kunstwerken und ihrer Architektur. Danach kamen die Römer, die über den Großteil Europas und andere Teile der ihnen bekannten Welt herrschten, wo sie Straßen, Brücken und andere Einrichtungen für das zivilisierte Leben schufen. Darauf folgte eine Blütezeit in Arabien, die sich in nahe und weiter entfernte Länder ausbreitete.

Heute haben wir die europäische Kultur, aufbauend auf ihren griechischen und römischen Vorgängern, aber diesen beiden Kulturen doch weit voraus durch Veränderungen, die durch die Entdeckungen der Wissenschaft und die Wunder der Technologie entstanden sind. Die Frage ist, ob diese letzte und am weitesten fortgeschrittene Zivilisation mit all ihren hochentwickelten Kenntnissen von Wissenschaft und Künsten überleben wird – wenn auch nicht für immer, so doch zumindest für die nächsten tausend Jahre – oder ob sie, genau wie ihre Vorgängerinnen, verschwinden wird und nur hier und dort einige Relikte hinter sich läßt, die von ihrer einstmaligen Größe Zeugnis geben.

Diese Zivilisation braucht nicht, wie die alten Griechen und Römer, irgendwelche äußeren Angriffe zu fürchten, außer vielleicht von einem anderen Planeten, und sie ist zu weit verbreitet und zu stark, als daß sie sich vor Barbaren und Vandalen als möglichen Feinden fürchten müßte. Aber seltsamerweise hat sie sich gerade wegen ihres Überflusses an Ressourcen und Intellekt ihre feindlichen Monstren selbst geschaffen – die Atomrakete und die Atombombe.

Die Frage lautet: Warum sind die alten Zivilisationen untergegangen und verschwunden? Warum mußten ganze Nationen, Dynastien und Familien untergehen, als sie sich auf der Höhe von Reichtum, Macht und

Herrschaft befanden? Warum sollte sich der Prozeß nicht, Generation für Generation, fortsetzen, mit den Ressourcen und dem Wissen, das wir inzwischen erworben haben? Warum sollte die heutige Welt mit all ihrem Reichtum, ihrem Wissen, ihren Ressourcen und Fertigkeiten, ihren Medien, ihren weisen Männern, klugen Politikern und Giganten der Wissenschaft sich in einer so gefährdeten Position befinden, fast an der Grenze des Zusammenbruchs, wenn ein Weltkrieg ausbricht?

Warum sollten die am höchsten entwickelten Staaten, anstatt ihren Nachbarn ein gutes Beispiel für liebevolles Verhalten und friedliche Koexistenz zu bieten, jedes Jahr Milliarden Dollar ausgeben, um teuflische Waffen zu stapeln, mit denen sie sich dann selbst zerstören? Sind alle Reserven des menschlichen Erfindungsreichtums und der Diplomatie ausgeschöpft worden, um eine Formel für den Frieden zu finden? Nein. Denn der Wunsch zu herrschen ist bei den fortgeschritteneren Nationen stärker geworden als der natürliche Selbsterhaltungstrieb. Für eine intelligente Art, die die destruktivsten Kräfte der Natur nutzen kann, um ihre Pläne auszuführen, ist dies ein Symptom, das Unheil verkündet. Hat jemals jemand dieses Rätsel lösen können? Nein.

Warum sind die heutigen Menschen, die in so viel Glanz leben, die in ihrem täglichen Leben so viele Erleichterungen und so viel Luxus haben wie in keiner Geschichtsepoche zuvor, darauf aus, sich selbst zu zerstören, nicht nur dadurch, daß sie einen Atomkrieg führen, sondern auch dadurch, daß sie den Planeten, auf dem sie leben, in lebensgefährlicher Weise verseuchen und vergiften? Der Grund dafür ist letztlich, daß das Wissen um Kundalini oder das göttliche Gesetz der Evolution für die Gelehrten noch immer ein Buch mit sieben Siegeln ist.

Zivilisationen kamen und gingen, Familien stiegen auf und gingen unter, einzelne Menschen kamen an die Macht und wurden dann, wegen ihrer mangelnden

Kenntnisse der kosmischen Gesetze, die das Leben der Menschen regieren, wieder zu Staub. Für die Menschen, die an Gott oder an eine kosmische Intelligenz glauben, wäre der Gedanke lasterhaft, daß das Universum ohne einen besonderen Zweck oder Plan entstand oder daß die Menschen nur geschaffen wurden, um zu essen, zu trinken oder sich zu amüsieren und dabei die mineralischen und organischen Ressourcen der Erde zu verschwenden. Es muß einen Grund geben, warum die Menschheit mit Intelligenz ausgestattet worden ist und warum ihr der ganze Planet mit seinem großen Reichtum zur Verfügung gestellt wurde.

Für jeden gründlichen Denker, wenn er nicht nur Materialist ist, kann es kein purer Zufall sein, daß eine Gruppe von hochintelligenten Lebewesen mit unerschöpflichem Streben, einer sehr fruchtbaren Vorstellungskraft und einem erfindungsreichen Gehirn an der Spitze aller Lebewesen steht. Es kann kein Zufall sein, daß sich die Menschheit vorhandener Ressourcen reichlich bedienen kann – ohne daß irgend jemand anders ihr diese Ressourcen streitig machen würde. Es gibt Gelehrte, die über den Ursprung des Universums reden, über die Wunder des Himmels oder von Milchstraßen, die sich Tausende von Lichtjahren entfernt befinden, aber bei denen man plötzlich auf taube Ohren stößt, wenn man sie mit diesen Fragen konfrontiert – die die Menschheit doch so unmittelbar angehen,.

Die Alternativen sind, daß die Menschheit entweder weiter auf der Erde bleiben wird, daß sie deren Mittel in immer größeren Maße für ihr eigenes Vergnügen und ihren Luxus nutzen wird, oder daß sie, wenn die Technologie weiter so vorangetrieben wird, zu anderen Planeten auswandert, um diese zu besiedeln. Ein fortwährendes Verbleiben auf der Erde ohne Möglichkeit zu außerirdischen Abenteuern würde im jetzigen Zeitpunkt der geistigen Entwicklung zur Stagnation, zum Rückschritt und schließlich zum Tode führen.

Ich beschäftige mich nicht spekulativ mit diesen Fragen, sondern betrachte sie als eine ernste Realität, denn die Menschheit ist an einem Scheideweg angekommen, an dem sie nur überleben und weiter voranschreiten kann, wenn sie sich der unsichtbaren, überintelligenten Macht, die ihr Schicksal steuert, vollkommen bewußt wird. Die Ideen, die ich hier darstelle, kommen aus einem riesigen Buch, das vor meinem inneren Auge aufgeschlagen ist, sich nach seinen eigenen Gesetzen öffnet oder schließt und dabei nur einen winzigen Einblick in das gewährt, das zu enthüllen meine Aufgabe ist.

Wenn die Schöpfung einen Sinn hat oder wenn es einen Schöpfungsplan gibt, dann kann dieser niemals sein, daß die Menschheit sich in dieser atemberaubenden Weise durch eigene Leistung weiterentwickelt, für die es im kosmischen Plan weder Grund noch Zusammenhang gibt. Ganz sicherlich ist es nur eine Lücke in unserem Verständnis, die zu dieser irrtümlichen Schlußfolgerung führt. Wenn es einen Schöpfungsplan gibt, so kann er nicht darin bestehen, daß das in seiner Intelligenz am höchsten stehende Lebewesen sich mit Luxus umgeben und seine Freizeit mit Vergnügungen vertrödeln soll, oder aber daß alle Tage und Nächte damit ausgefüllt sind, sich seine Grundbedürfnisse zu befriedigen.

Wenn dies zulässig sein sollte, dann hätte der Niedergang der verschwundenen Kulturen der Vergangenheit sicherlich nicht gerade in dem Augenblick begonnen, in dem sie den Zenit von Wohlstand und Luxus erreicht hatten. Dann hätten die Kolonialstaaten der Vergangenheit sicherlich nicht gerade in dem Augenblick am Rande des Zusammenbruchs gestanden, als sie sich auf dem äußersten Gipfel ihrer Entwicklung befanden und dann allerdings Nachkommen hatten, die Schande über einstmals berühmte Namen brachten. Das historische Beispiel für diesen schrecklichen Niedergang sind die römischen Kaiser, die, beginnend mit Julia, der Tochter von Kaiser Augustus, dann über Caligula, Claudius,

Agrippina, Nero und die anderen ein Beispiel dafür bieten, welch ein Fluch über unbegrenztem Reichtum und unbeschränkter Macht liegt, für die die Ehrgeizigen sich abmühen.

Der Zweck, zu dem der Mensch auf die Erde gekommen ist, ist ihm auf die Stirn geschrieben und ihm in sein Gehirn eingeprägt; er trägt ihn in seinem Blut. Wonach ein durchschnittlicher Mensch vor allem verlangt, ist ein Leben in Wohlstand, Frieden und Glück, ein liebevoller Lebenspartner, Gesundheit, von Schicksalsschlägen verschont und von den Mitmenschen geachtet zu sein, um schließlich ein friedliches Ende zu finden. Unbegrenzten Ehrgeiz, einen unstillbaren erotischen Hunger, eine unbegrenzte Sucht nach Größe und Herrschaft oder eine verzehrende Sucht nach Ruhm haben nur sehr wenige Menschen. Keine der religiösen Offenbarungsschriften weist auf die Notwendigkeit solcher Charakterzüge hin, da sie eine Abweichung vom Musterbild einer harmonisch entwickelten Persönlichkeit darstellen.

Das Entwicklungsziel der Menschheit, das uns die Religion vor Augen hält, ist weitaus erhabener. Jeder Mann und jede Frau muß nach der eigenen Vervollkommnung streben, bis ihm oder ihr das innere Königreich oder der Anblick Gottes zuteil werden. Der Sinn dieser Worte ist klar. Eine Befriedigung der Grundbedürfnisse oder das Jagen nach Vergnügen und Luxus sind nicht die Ziele des menschlichen Lebens. Ehrgeizige weltliche Ziele sind nicht für alle Menschen gleichermaßen erstrebenswert. Unweigerlich führen sie zu Wettkampf und Rivalität, die an den Wurzeln von Mitgefühl und Liebe nagen und Neid und Haß an ihre Stelle setzen.

Erzwungene Gleichheit als politische Maßnahme bietet keinen Ansporn zu harter Arbeit und unabhängiger Planung – außer etwa für die Interessen des Staates, die dann allerdings nach einer Weile ihre Motivationskraft verlieren. Spirituelle Ziele, die ein bescheidenes Leben,

Opfermut und Selbstaufgabe vorschreiben, rufen Bewunderung und Dankbarkeit hervor. Sie sind anziehender für das Herz und erhebender für den Geist. Der ärmste uneigennützige Mensch, der so viel wie möglich für einen guten Zweck fortgibt, ist reicher in seinem Herzen als der reichste Industrielle, der der Welt so viel wie möglich fortnimmt, um es für sich selbst zu haben.

Es mag noch eine lange Zeit dauern, aber das herrliche Endstadium muß eines Tages erreicht sein. Eine wirklich fortschrittliche Menschheit, frei von rückschrittlichem, konservativem und dogmatischem Denken würde ihre soziale und politische Ordnung so organisieren, daß jeder in Frieden und Wohlstand, in harmonischer Umgebung, schön und sauber leben kann. Es gäbe dann weder Krieg noch Armut, Krankheiten wären unter Kontrolle, der Verfall aufgehalten und das Leben verlängert – und das innerste Selbst eines jeden Menschen würde zu einer sprudelnden Quelle der Freude. Dies ist das Bild, das ich mir von der Zukunft der Menschheit mache.

Keine Schicksalsschläge, keine Manipulationen der Ehrgeizigen und Machthungrigen, keine Lager atomarer Waffen, kein zerstörerischer Krieg und keine diplomatischen Schachzüge der Führer und Mächtigen würden diesem Ziel entgegenstehen. Jedes Ereignis, das eintritt, jede Waffe, die entwickelt, und jede Schlacht, die geschlagen wird, würde diesem erhabenen Ziel dienen und es immer näher bringen. Dies sind die unerforschlichen göttlichen Gesetze.

Kurzsichtige Sterbliche legen sich selbst um ihrer eigenen selbstsüchtigen Ziele willen Steine in den Weg, die manchmal nur durch Katastrophen beiseite geräumt werden können.

Was ich hier ausdrücke, ist kein Wunschdenken. Ich spreche nicht aus den Wolken. Beachten Sie nur, welch großer äußerlicher Unterschied zwischen dem grobschlächtigen Menschen der Steinzeit und seiner unansehnlichen Frau und dem gutaussehenden Mann und der hübschen Frau von heute besteht. Von hier ausgehend kann man sich leicht vorstellen, welche weiteren Verbesserungen in der gar nicht so weit entfernten Zukunft erfolgen werden, wenn wir es nur zulassen, daß der große evolutionäre Verschönerer seine Aufgabe beenden kann. Die Schönheit, die Kraft und der Wohlgeruch von Menschen, die Yogaübungen machen, wird in den alten Schriften wiederholt angesprochen.

Eine lange Lebensdauer, eine längere Jugend und ein Leben ohne Krankheiten werden ebenfalls erwähnt. Das durchschnittliche Lebensalter des höher entwickelten Menschen wird einhundertzwanzig Jahre betragen. Innerlich und äußerlich wird der zukünftige Mensch den höchsten Idealen von Schönheit, Liebreiz und Edelmut entsprechen, von denen wir bisweilen träumen.

Die Menschen müssen Jahrhundertausende oder sogar Jahrmillionen auf der Erde bleiben. Das wissenschaftliche Zeitalter hat gerade erst begonnen, und es ist kaum zweihundert Jahre alt. Wenn die Vergeudung der Vorräte der Erde und der Einsatz von Maschinen sich in derselben Weise über einen Zeitraum von Hunderten von Jahren fortsetzt, wenn dabei immer weniger Anstrengung, sowohl geistiger als auch körperlicher Art, nötig ist, und wenn der Luxus und der Müßiggang noch weiterhin anwachsen, dann wird die Erde in wenigen Jahrhunderten nicht von Menschen, sondern von Unwesen bewohnt sein.

Die Gehirne werden von Dekadenz vergiftet sein; geistige Störungen und Deformationen und Perversionen werden sich einstellen, so, wie wir es bei den dekadenten Aristokratien und den untergegangenen Dynastien der Vergangenheit wiederholt beobachten konnten. Wissenschaftliche Erkenntnisse können uns keine absolute Macht über das Leben und den Geist verschaffen.

Leben und Geist haben ihre eigenen Geheimnisse und ihre Gesetze. Übersättigung und übermäßiger Genuß können einen ebensolchen Einfluß auf sie haben wie tödliche Gifte auf den Körper. Kein menschliches Bemühen kann dieses Gesetz ändern.

Eine fortdauernde Evolution des Geistes kann nicht auf die leichte Schulter genommen oder auch als ein Prozeß behandelt werden, der sich von allein, ohne unsere eigenen geistigen Bemühungen fortsetzt. Der Übergang vom humanen zum transhumanen Bewußtsein würde so viele komplizierte Probleme für die Menschen aufwerfen und so viel Sorgfalt und Aufmerksamkeit verlangen, daß sie trotz ihres großen Wissens und ihrer Geschicklichkeit Schwierigkeiten hätten, die Last der Pflichten und der damit verbundenen Verantwortung auf sich zu nehmen.

Aus diesem Grunde wird die Kundalini auch Mutter genannt, denn nur durch ihre Gnade kann das Gehirn davor bewahrt werden, unter dem Druck, der darauf lastet, zu zerbrechen, wenn es einen Konflikt zwischen den Notwendigkeiten der Evolution und dem ungesunden Leben verwirrter Menschen gibt.

Das Tempo des Fortschritts kann ein Indikator sein, der anzeigt, mit welcher Geschwindigkeit sich das Gehirn fortentwickelt. Je größer die Geschwindigkeit dieser Entwicklung ist, desto notwendiger ist es, unsere Angelegenheiten in Ordnung zu bringen, um einen Konflikt zu vermeiden.

Die Welt schlummert, während sich in jedem menschlichen Gehirn eine Krise anbahnt. Wäre die Entdeckung rechtzeitig gemacht worden, dann wäre der Zustand der Welt nicht der, der er gegenwärtig ist. Es hätte eine bessere Planung, gesündere Lebensbedingungen, eine einige Menschheit, eine fortgeschrittenere soziale und politische Ordnung und ein weiter verbreitetes Bewußtsein über das Ziel des menschlichen Lebens und über die Methoden, dieses Ziel zu erreichen, gegeben. Wir erleben intellektuelle Verwirrung und Chaos, einen Turm von Babel, in dem jeder schreit, so laut er nur kann, um sich selbst Gehör zu verschaffen. Die Schreie vermischen sich zu einem häßlichen Brüllen, mit dem keinerlei rettende Erkenntnisse mitgeteilt werden.

Mit den ersten Kundalini-Experimenten werden viele der augenblicklich herrschenden Gedankensysteme, viele der Konzepte der Wissenschaft und der Annahmen der Psychologie vom Himmel auf die Erde stürzen. Der Grund dafür ist, daß das Universum, das wir wahrnehmen, nichts anderes ist als eine Schöpfung unseres Bewußtseins. In einer Dimension existiert es wirklich, mit seinen Atomen und Molekülen, Büchern und Karten, Sonnen und Planeten. In anderer Hinsicht schmilzt es dahin wie ein verschwundener Traum. Damit aber endet das Geheimnis nicht. Das Universum des Bewußtseins, das jetzt entfaltet worden ist, ist ein noch größeres Wunder und stellt ein noch unergründlicheres Mysterium dar.

Die Menschheit wäre, wenn sie in diesem Stadium angekommen ist, nicht am Ende der Reise, sondern sie würde eine neue Etappe beginnen, die unser Vorstellungsvermögen weit übersteigt. Einer der erstaunlichsten Aspekte unserer Zeit wäre in den Augen unserer Nachkommen die Blindheit unseres Intellekts, der annimmt, daß das mit den Sinnen Wahrgenommene das Ganze sei und nicht nur die Spitze eines Eisberges, dessen größeren Teil wir mit unseren menschlichen Fähigkeiten nicht erkennen können.

Die führenden Persönlichkeiten unserer Tage sind in ihrem schnelldenkerischen politischen Scharfsinn und ihrem weltlichen Wissen den größten Denkern der Vergangenheit weit voraus. Aber viele von ihnen sind nichts anderes als Pygmäen, verglichen mit den geistigen Giganten jener zukünftigen Zeit. Diese führenden Persönlichkeiten unserer Tage sind in ihrer psychischen Struktur unproportioniert, unsichtbar für das normale Auge, sie sind so etwas wie Kuriositäten in der Welt der Gestirne, das Ergebnis einer schiefen Entwicklung des Gehirns.

Die Millionen bekannter Fällen geistiger Verwirrung

stellen, trotz der Verbrechen, die von einigen dieser gestörten Menschen begangen wurden, keine Bedrohung der Menschheit dar. Die Gefahr kommt von einer Gruppe von sehr tüchtigen und intelligenten Menschen, deren Instinkte nicht ausgewogen sind und deren aufgeblähtes Ego nicht durch ein deutliches Moralempfinden gezügelt wird; sie haben den grenzenlosen Ehrgeiz und die unendliche Gier, die häufig hochintelligenten Menschen eigen ist. Wenn wir dieses Bild von Unausgewogenheit vor unserem geistigen Auge haben, dann können wir die große Zahl von abnormen Persönlichkeiten, die die höchsten Machtstellungen der Welt innehaben, leicht erkennen.

Bedenken Sie nur, daß es in einigen Jahren nicht weniger als zwanzig Atomwaffenstaaten geben wird und daß nur ein einziger verantwortungsloser Mensch an der Spitze eines dieser Staaten ein Feuer entzünden kann, durch das die ganze Erde in Flammen aufgeht!

Der einzig mögliche Weg, um die Welt vor dieser schweren Gefahr zu bewahren, ist, die evolutionären Antriebskräfte und Bedingungen zu kennen, die notwendig sind, um die harmonischen Persönlichkeiten zu schaffen, die den Frieden bringen können. Die einzige Möglichkeit, dieses Wissen zu erlangen, ist, abgesehen von dem, was man in der spirituellen Literatur der Welt darüber findet, ein ausgedehntes Studium dieses Phänomens an verschiedenen Orten der Erde.

Es gibt viele Studien- und Forschungsbereiche in den verschiedenen Zweigen der Wissenschaft, keiner aber ist so wichtig wie die Erforschung der Kundalini. Die Natur hat für das Studium des Geistes oder anderer intelligenter Kräfte keine andere Tür offengelassen. Bevor wir Zugang zu den übersinnlichen Ebenen der Schöpfung gewinnen, muß sich unser Gehirn erst einmal weiterentwickeln. Nur diejenigen, die die Kraft der Kundalini in sich positiv entwickelt haben, können die Menschheit über die intellektuelle Ebene, die sie bisher erreicht hat, hinausführen.

Kapitel 7

Über psychische Phänomene, Psychologie, Prana und Freud

Dieses Kapitel setzt sich aus Interviewmaterial und einem gekürzten Essay zusammen, der in dem Buch *The Awakening of Kundalini* (Die Erweckung der Kundalini, New York 1975) veröffentlicht worden ist. Ursprünglich sollte es ein Thesenpapier zur Konferenz der *Association of Humanistic Psychology* sein, die 1973 in Council Grove, Kansas, stattfand. »In all meinen Schriften«, schrieb Gopi Krishna, »habe ich Grundlagen für Einsichten gelegt, die in meinen Augen dem dringendsten Bedürfnis der Menschheit entsprechen: Ich habe Information über den evolutionären Mechanismus der Menschen, der im Menschen wirksam ist, verbreitet. Durch diese Evolution werden wir alle langsam zu einer goldenen Zukunft der Harmonie, des Friedens und des Glücks finden.«

Die Kundalini wird zwischen den Zeilen auch in der Bibel erwähnt, deutliche Hinweise auf diese Kraft finden wir ebenfalls in Büchern über Alchemie und andere esoterische Disziplinen. Zu Beginn des Jahrhunderts hatte ein amerikanischer Schriftsteller, James Morgan Pryse, an verschiedenen Stellen der Bibel Hinweise auf Kundalini entdeckt. Damals fand diese alte Lehre eine Zeitlang in die hehren Gefilde der Wissenschaft Eingang, und einige hervorragende Wissenschaftler erfuhren von ihr in Zusammenhang mit den heute geläufigen Ansichten über Religion und mystische Erfahrung.

Allgemein jedoch ist die Wissenschaft der Religion und dem Übernatürlichen gegenüber eher skeptisch eingestellt. Dies hat nun zu einer seltsamen Situation geführt. Was wir im allgemeinen sehen, ist extremer Skeptizimsus auf der einen und extreme Leichtgläubigkeit auf der anderen Seite. Ich persönlich begrüße die eher skeptische Einstellung der Wissenschaft. Von einem ausgereiften und ausgewogenen Intellekt kann man keine allzu bereitwillige positive Reaktion auf eine neue und unerwartete Idee erwarten. Eine gründliche Durchdringung der neuen Gedanken ist notwendig.

Mir erscheint jedoch die Tatsache paradox, daß einige Wissenschaftler bestimmte Phänomene als durchaus glaubwürdig ansehen – wie beispielsweise Telekinese und die Möglichkeit mystischer Erfahrung beim Gebrauch von Drogen (beides Phänomene, die man durchaus in Zweifel ziehen kann) – und zugleich zögern, die Hypothese zu akzeptieren, daß es eine nicht erschlossene Quelle von bisher nicht identifizierter Energie gibt, die an der Wurzel all dieser bizarren Phänome liegt.

Kann man denn bestreiten, daß es für die gesamten transzendentalen und paranormalen Phänomene des menschlichen Geistes eine psychosomatische Erklärung geben muß? Wenn wir die Existenz dieser Phänomene akzeptieren, dann müssen wir zugleich annehmen, daß es dafür eine Grundlage gibt. Sie können nicht einfach nur zufällig zu Tage treten, ohne daß ihre Gründe intellektuell einzusehen wären.

Wenn wir diese Position nicht akzeptieren, dann bedeutet das, daß uns sowohl psychische Phänomene als auch die Vision des Glücks bis zum Ende aller Zeiten verwirren und vor Rätsel stellen werden – ohne, daß wir je auf eine rationale oder suprarationale Lösung des Problems hoffen könnten.

Ohne von auch nur einem einzigen der großen Mystiker bestätigt worden zu sein, haben es viele Wissenschaftler als Tatsache akzepiert, daß die bewußten, halbbewußten oder Tiefschlafzustände, die durch Drogen, Biofeedback, Autohypnose, Zurückhalten der Atmung oder Verlangsamung des Blutkreislaufs hervorgerufen werden können, mystische Erfahrung seien oder mystischen Erfahrungen gleichzustellen wären. Und dies, obwohl sie nicht einmal versucht haben, in der Terminologie der Wissenschaft zu definieren, was »mystische Erfahrung« eigentlich ist.

Dabei könnte die Kluft zwischen den geschichtlich bekannten Mystikern und jenen seltsam verwirrten Menschen, die sich durch befremdliche Methoden künstlich aufputschen, nicht größer sein. Es bedarf keiner besonderen Anstrengung, zwischen beidem zu unterscheiden. Zwar würden die Hinweise und Erkenntnisse, die sich in allen diesen Erfahrungs- und Forschungsbereichen ergeben – etwa bei psychischen Vorführungen, Hypnose, Drogen, die bestimmte Geisteszustände hervorrufen, Atemübungen und bei verschiedenen Formen von Yoga – trivial, wie immer auch sie sein mögen, ja vielleicht Material erbringen, mit dessen Hilfe Wissenschaftler manche Erkenntnisse über diesen bisher noch unerforschten Bereich gewinnen könnten.

Aber da wir wissen, daß all diese Zustände und Fähigkeiten auch Mystikern zugeschrieben wurden – psychische Kräfte einschließlich Telekinese, Hellsehen, Einblicke in die Zukunft, heilende Kräfte, veränderte Bewußtseinzustände, Zustände von Trance und ähnliches – warum sollte sich die Forschung nicht direkt der mystischen Erfahrung zuwenden, und warum sollten jene anderen genannten Bereiche nicht dazu einen untergeordneten Platz einnehmen?

Hat sich durch die Erforschung der PSI-Kräfte, die jetzt bereits seit mehr als einem Jahrhundert betrieben wird, unser Verständnis der Kraft, die für sie verantwortlich ist, weiterentwickelt? War irgendein Geistheiler, ein Hellseher, ein Medium oder ein Yogi in der Lage, die Kraft, die in ihm wirksam war, näher zu beschreiben? Ist es nicht vielmehr allgemein so, daß sie ihre außerordentlichen Talente und Aktionen einer bestimmten äußeren Instanz (wie dem Dämon des Sokrates) zuschreiben, einer Konzentration des Geistes, des *prana-*

yama, der Gunst eines Gurus, einer göttlicher Gnade oder ähnlichem?

Wenn wir den Berichten solcher Menschen folgen, dann war nicht ein einziger von ihnen in der Lage, eine rationale oder überzeugende Erklärung für seine besonderen Zustände zu liefern, und niemand hatte eine genaue Kenntnis der Kraft, die in ihm wirksam war. Reicht diese Einsicht nicht aus, um Forscher davon zu überzeugen, daß sie irgendwo anders nach einer Erklärung suchen müssen, damit sie nicht bei der Erforschung dieses Geheimnisses, das alle großen Geister der Vergangenheit in Erstaunen versetzt hatte, in eine Sackgasse geraten? Wie können die, bei denen sich diese ungewöhnlichen Phänomene manifestieren und die selbst zutiefst verwundert sind, die Männer der Wissenschaft aufklären, die diesen überraschenden und seltsamen Manifestationen auf den Grund zu kommen versuchen?

Ich bin aus verschiedenen Gründen besorgt. Es ist höchste Zeit, daß die Wissenschaftler akzeptieren, daß es eine Bioenergie (Prana) gibt, eine intelligente Kraft, die hinter allen chemischen Aktionen und Reaktionen biologischer Organismen steht. Wir haben es hier mit einer neuen Dimension der Materie und des Bewußtseins zu tun. Die Experimente, die in Rußland und an anderen Orten durchgeführt werden, um die Bioenergie (offensichtlich die kosmische Orgon-Energie von Wilhelm Reich) zu lokalisieren, befinden sich noch immer im Anfangsstadium. Aber wie immer im Bereich der Wissenschaft werden die Experimente dann zu Erfolgen führen, wenn dieses Gedankenmodell ein solides Fundament bekommt. Dann wird das schwer faßbare Medium dieser Erscheinungen eines Tages gefunden werden.

Mein Vorschlag hier ist, in der Erforschung der Kundalini eine sehr praktikable Möglichkeit zu sehen, die Aktivitäten der Bioenergie zu untersuchen, etwa bei den transformativen Prozessen, die in einem Menschen auftreten. Wir haben zahlreiche historische Belege dafür, daß unter bestimmten Umständen eine Wandlung und Transformation des Bewußtseins durchaus möglich sind. Aber wie geschieht dies? Was sind die biologischen Faktoren, die dafür verantwortlich sind?

Wie ich bereits sagte, war bei mir das erste Symptom der erweckten Kundalini ein Gefühl von Helligkeit und Licht im Kopfbereich. Es war jedoch nicht so, als hätte ich das Licht gesehen oder als hätte ich eine innere Vision von Licht gehabt. Es schien vielmehr so, als schieße ein Strom flüssigen Lichts in mein Gehirn. Diese Empfindung hat bis zum heutigen Tage angehalten.

Während der ersten Tage, die dieser Erweckung folgten, war dieses Gefühl sehr beunruhigend. Aber schon bald war ich davon vollkommen beglückt und verzaubert. Jetzt ist es für mich unaussprechlich faszinierend. Vom ersten Tag an fühlte ich einen Strom flüssigen Lichts durch mein gesamtes Nervensystem fließen, in meinen Magen, in mein Herz, in meine Lungen, meine Kehle und in meinen Kopf hinein, und ich spürte, wie es sich in meinem ganzen Körpers auszubreiten begann. Das war für mich eine wunderbare Erfahrung, so als hätte von diesem Körper eine neue Lebensenergie Besitz ergriffen.

Diese Energie war intelligent und zielgerichtet, eine Energie, die wußte, was erreicht werden mußte, und die sich auch der Bedingungen, des Rhythmusses und der Wirkungen auf meinen Körper bewußt war. Sie kannte jedes Organ sehr genau und agierte in einer Weise, daß ich damit leben konnte, obwohl ich, monate- und jahrelang, der Meinung war, am Ende womöglich noch in einer Nervenheilanstalt zu landen.

Diese Erfahrung wird in vielen esoterischen Büchern beschrieben. Sie wird sogar in einem der maßgeblichen Werke zu diesem Thema, dem *Sundalarhi* des Shankara, erwähnt. Etwa sechsunddreißig Kommentare sind hierzu geschrieben worden, und die Kommentatoren haben wirklich jede Silbe erklärt. Von der ersten bis zur letzten Zeile drückt der Autor seine demütige Unterwerfung unter jene Macht aus, der er sein Leben und alles, was er erreicht hatte – seine geniale Begabung, seinen Atem und seinen Besitz – zu verdanken hatte.

Tatsächlich: In dem Moment, in dem diese Energie beginnt, im Körper eines Menschen zu kreisen, bricht sein Stolz zusammen. Er sieht dann zum ersten Mal, daß nicht er Herr seines Körpers ist, sondern vielmehr eine Energie, eine Lebensenergie existiert, die superintelligent und liebevoll wie eine Mutter ist. Diese Energie ist es, die unseren Körper in Form hält, unsere Nahrung verdaut und, wenn wir schlafen, unser Hirn stärkt und es von Giften reinigt. Sie stärkt uns, wenn wir krank sind, und wenn wir einmal einen Unfall haben und, sagen wir, ein Knochen gebrochen oder ein inneres Organ ernsthaft verletzt ist, dann weiß diese Energie sofort, was zu tun ist. Der Mensch selbst ist möglicherweise bewußtlos, aber in seinem Körper geschehen Dinge, die sein Leben weiter erhalten.

Dies ist die Mutterenergie, die intelligente Energie, die in jedem lebendigen Organismus die Flamme des Lebens aufrechterhält.

In den augenblicklich vorherrschenden Denkmodellen der Psychologie wird nun behauptet, der unbewußte Geist oder das Unbewußte dirigiere die autonomen Funktionen des Körpers. Doch eigentlich ist es eher diese superintelligente Energie. Ich möchte dies ganz deutlich machen. Auch unser Geist ist ein Produkt dieser Energie. Sie fließt ins Gehirn wie elektrischer Strom, und das Gehirn beginnt zu funktionieren. Sie fließt ins Herz, und das Herz beginnt zu schlagen. Sie kommt in den Magen, und er beginnt mit seiner Verdauungsarbeit. Diese Energie ist das Wunder aller Wunder.

Mein eigener bescheidener Beitrag zur alten Tradition der Kundalini – und zwar nicht als spekulative Hypothese, sondern als direktes Ergebnis eigener Erfahrung – ist, daß dieser schlafende Quell von Bioenergie nicht nur verantwortlich ist für mystische Erfahrungen und die immer noch verblüffenden PSI-Phänomene, sondern daß sich in ihm zugleich – heute noch nicht zu lokalisieren und noch immer nicht unbestritten – der evolutionäre Mechanismus des Menschen und der Ursprung von Genialität und außerordentlichem Talent zeigt.

Nehmen wir als ein Beispiel die Schlafforschung. Vor nur zwei Jahrzehnten waren einige der heutigen umwälzenden Einsichten nicht nur unbekannt, sondern es hätte sie wahrscheinlich überhaupt niemand geglaubt. Sogar vor dem Hintergrund all der wissenschaftlichen Untersuchungen, die bis jetzt angestellt worden sind, bleibt das Rätsel der REM-Phase, die eine Eigenheit nur der Säugetiere ist, ungelöst. Es muß aber dafür irgendeine Erklärung geben.

Versuche haben gezeigt, daß ein Entzug von REM-Schlaf über mehrere aufeinanderfolgende Tage hinweg sich nicht nur ungewöhnlich stark auf Menschen, sondern sogar auf Tiere auswirkt. Sie zeigen abnorme Reaktionen und verhalten sich sehr seltsam. Aufmerksamkeit und die Bereitschaft zu arbeiten lassen nach; Menschen großer Charakterfestigkeit verhalten sich möglicherweise unverantwortlich und unvorhersehbar, so, wie sie es normalerweise nie tun würden.

Ich mache mir deshalb soviel Sorgen, weil ich meine, daß genauso, wie durch einen Mangel an REM-Schlaf bestimmte anormale geistige Bedingungen geschaffen werden, auch das Fehlen einer gesunden Umgebung in einem fortgeschrittenen Zustand der menschlichen Evolution im menschlichen Geist schädliche Tendenzen schafft, die unheilbar sind – wenn sich nicht unsere gesamte Lebensumwelt ändert.

Die Probleme, denen Eltern heute gegenüber stehen, gab es vor fünfzig Jahren so noch nicht. Von woher hat diese Flutwelle von Unangepaßtheit, von Abneigung gegen Arbeit, von Sehnsucht nach Drogen, nach ungehemmtem Sex etc. die Erde überschwemmt? Erkennen wir nicht in der gegenwärtigen Revolte der modernen

Jugend einige der Charakteristika, die auch einen langanhaltenden Entzug von REM-Schlaf begleiten?

Ohne die Schlafforschung wäre es nicht möglich gewesen, die wirkliche Ursache einer plötzlichen Verhaltensänderung eines Menschen im Mangel an REM-Schlaf zu sehen. Wir würden über die Gründe seines Verhaltens völlig im dunkeln tappen.

In ähnlicher Weise neigen wir dazu, irgendwelche Gründe für andere plötzliche Veränderungen bei Menschen zu suchen – nur nicht die richtigen: weil wir die nicht kennen. Es ist durchaus möglich, daß wie im Falle von Charakterveränderungen, die auf einem Mangel an REM-Schlaf beruhen – ein Zusammenhang, den man noch vor fünfzig Jahren nicht kannte, – man einst, nach weiteren fünfzig Jahren, auch die wirklichen Gründe für die plötzliche Verhaltensänderung bei einem Teil der modernen Jugend erkennen wird: durch Ergebnisse zukünftiger Forschung.

Und es gibt hier Grund zur Sorge. Wenn man Menschen der Umgebung, die sie brauchen, beraubt, und wenn gesunde Lebensumstände, die mit den evolutionären Bedürfnissen vereinbar sind, fehlen, dann kann auch dies den Geist schädigen. Hinweise dafür finden wir in der wachsenden Zahl von Selbstmorden bei Teenagern und in der zunehmenden Anzahl geistiger und seelischer Störungen.

Schon geringfügige Veränderungen der geistigen Voraussetzungen – einige Herrscher und Dikatatoren dieses Jahrhunderts sind der Beleg – genügen, und die Menschen werden niemals und unter keiner Regierungsform, unter welchen Führern oder Präsidenten oder Königen auch immer, in den kommenden Jahren in Frieden leben können. Diese unvermeidliche Schlußfolgerung, die in Anbetracht der augenblicklichen Trends zu ziehen ist, muß jedem Menschen, der über seine eigene Nasenspitze hinausblickt, Sorgen bereiten.

Kundalini ist der Wächter der menschlichen Evolution. Wenn sie in einem Körper erweckt wird, der nicht darauf eingestellt oder noch nicht dafür reif ist, dann kann dies zu schrecklichen geistigen Zuständen führen, zu fast jeder möglichen Form von geistiger Verwirrung, beginnend mit kaum merklichen Abweichungen bis zu den schrecklichsten Formen von Wahnsinn, zu neurotischen und paranoiden Zuständen, zu Größenwahn und dazu, daß ein qualvoller Druck auf die Geschlechtsorgane entsteht, also zu einem verzehrenden sexuellen Hunger, der niemals befriedigt werden kann.

Ich erzähle hier kein Märchen, das ich mir nur ausgedacht hätte, sondern ich habe die harten Tatsachen dieses nur wenig bekannten Phänomens nicht nur an meinem eigenen Leibe erfahren, sondern Beispiele dafür bei Dutzenden anderer Menschen gesehen. Und ich habe einigen dieser Menschen auf den Pfad der geistigen Gesundheit zurückhelfen können.

In den alten Büchern über spirituelle Erweckungen sieht man den Geist als Produkt dieser Energie oder des Prana. Prana ist die Lebensenergie, und sie ist auch für den Geist und den Intellekt verantwortlich. Wir müssen verstehen, daß Prana die Energie ist, die das Leben in all seinen Formen erhält und nährt. Prana ist der Heilige Geist und für alle Phänomene des Lebens verantwortlich, sogar für unsere Intelligenz. Unter normalen Bedingungen fesselt uns Prana an die Welt, so, wie es bei normalen Menschen der Fall ist. Unter diesen normalen Bedingungen versetzt uns Prana in die Lage, mit unseren Gedanken und Gefühlen normal zu funktionieren. Wenn aber Prana bei einem Menschen erwacht ist, dann versucht es, diesen durchschnittlichen Sterblichen in ein übermenschliches Wesen mit einem transzendentalen Bewußtsein zu verwandeln. Und es erreicht dieses Ziel durch die Transformation des Gehirns und des Nervensystems und durch die Umwandlung der inneren Organe. Dies ist es, was mir selbst geschah.

Es bedurfte zwölf Jahre täglicher innerer Veränderung, bis ich eine neue Dimension erreichte, in der ich sicher sein konnte, daß sich in meinem Inneren eine sehr radikale Wandlung vollzogen hatte; während dieser ganzen Zeit aber sah ich hilflos zu, wie diese Kraft auf meinen Körper einwirkte. Sogar jetzt bin ich noch manchmal dabei, ihre Wirkungen zu beobachten.

Zu den Veränderungen, die ich von Anfang an in mir beobachtete, gehörte, daß ich Tag und Nacht im Licht lebte. Das erste, was geschieht, ist, daß die Bioenergie, die unser Gehirn nährt und die beim normalen Menschen nicht sichtbar ist, ganz deutlich wahrgenommen wird.

Nehmen wir einmal an, Sie versuchen jetzt, sich eine weit entfernte Stadt vorzustellen, etwa New York. Sie sehen dann New York, wie es normalerweise erscheint, so wie ich es selbst, vor dem Eintreten der Veränderung, sah. Wenn ich aber jetzt mir einen Ort vorzustellen versuche, den ich schon einmal gesehen habe, dann sehe ich ihn gebadet in Licht. Ich sehe ihn vor einem hellen Hintergrund in meinem Hinterkopf. Meine Vorstellungskraft glüht jetzt, sie glüht genauso wie ein immerwährend brennendes Licht, und all meine Gedanken, meine gesamte Argumentationsweise und meine Berechnungen geschehen in diesem Licht. So findet eine radikale Veränderung der geistigen Substanz statt. Die geistige Substanz verändert sich, und der Mensch lebt in einer Welt des Lichts.

Der erste Vers des *Panchastavi,* ein altes und durch und durch esoterisches Werk über Kundalini, macht dies deutlich. Er benennt die Energie mit zwei Namen – die Wohnung des Lichts und die Wohnung der Töne. Beide diese Orte habe ich in mir. Ich höre fortwährend Musik in meinen Ohren. Das *om* ist Ausdruck dieser Musik. Ich höre es wie das Summen der Bienen und wie Glocken, die in einer Entfernung läuten, oder wie ein Strom, der sanft vor sich hinfließt. Es ist eine wunderbare Musik, die da in meinem Ohr fortwährend ertönt. Und immer glänzt in meinem Hinterkopf ein strahlendes Licht. Es ist immer da.

Dies Licht durchtränkt meine Wahrnehmungen innen

wie außen – innen in Träumen, und wenn ich mir irgend etwas vorstelle, wenn ich sitze und meine Aufmerksamkeit nach innen richte. Oder wenn ich, die Augen geschlossen, einen glänzenden Sternenhimmel sehe, genauso, wie Sie in klarer Nacht den Himmel sehen, glänzend vom Licht der Sterne. Und wenn ich mein Sehvermögen nach draußen auf die Welt richte, dann erscheint mir alles wie in silbriges Licht gebadet, wie an einem Zauberort. Für mich ist die Welt jetzt ein verzaubertes Paradies, ein zauberhafter Ort zum Leben.

Wenn einmal eine Gruppe unvoreingenommener Wissenschaftler mit Hilfe einer großen Informationskampagne nach den persönlichen Lebensgeschichten von Menschen forschen wird, die Kundalinierfahrungen hatten oder jetzt gerade haben, dann wird, dessen bin ich sicher, eine Flut von Briefen die Folge sein. Sicherlich werden viele Hysteriker und Verrückte schreiben, aber es wird doch noch ein großer Prozentsatz echter Fälle übrigbleiben, die unbestreitbar beweisen, was ich hier behaupte.

Obwohl ich mir bewußt bin, daß auch nur die Anspielung auf religiöse Themen für manche Wissenschaftler ein Greuel ist, da sie, genau wie die Intellektuellen verschiedener untergegangener Kulturen, der Meinung sind, sie seien bereits auf der obersten Stufe der Leiter des Wissens angelangt, zitiere ich mit voller Absicht aus einer Arbeit, die mehr als eintausend Jahre alt ist, den folgenden Vers, um zu zeigen, daß das, was ich sage, bereits in der Vergangenheit zur Sprache gebracht und bewiesen worden ist. Der Vers des *Panchastavi* erwähnt die Gabe des Genius und, was wichtig ist, den Fluß der leuchtenden Strahlung und der hochpotenten Fortpflanzungssekrete des Muladhara-Chakras – der Bereich der Fortpflanzung –, die durch das Rückenmark ins Gehirn aufsteigen. Die Sprache ist metaphorisch, aber die Anspielungen sind deutlich:

»Fehlerloser, außerordentlich süßer und schöner, seelenbezaubernder, ununterbrochener Fluß der Worte (in der Sprache oder in der Schrift) manifestiert sich bei diesen Menschen (die Menschen, die mit dem Genius begabt sind) in jedem Bereich, die sich Deiner, oh Shakti (Energie) der Shiva (des universalen Bewußtseins), Zerstörerin von Kamadeva (Begierde), fortwährend bewußt sind. Sie sehen Dich, mit dem makellosen, blassen Mondschein, der Dein Haupt umgibt, sitzend auf einem glänzenden Lotusthron, schimmernd vom weißen Glitzern des Schnees und Nektar auf die Lotusblüten versprengend, im Muladhara (dem Wurzelzentrum in der Nähe des Geschlechtsorgans) als auch im *brahmarendra* (die Höhle Gottes im Kopf, die mit der ventrikulären Kammer korrespondiert).« (3:12)

Die glitzernde Strahlung ist wie weißer Schnee. Manchmal ist sie dem Kampfer ähnlich, manchmal der Milch. Das Ambrosia ist das nektarähnliche Fortpflanzungssekret, das, auf dem höchsten Gipfel der Ekstase, mit einem so intensiv angenehmen Gefühl in das Gehirn einschießt, daß daneben sogar das Glück eines sexuellen Orgasmus als blaß erscheint. Dieses unglaublich hinreißende Gefühl, das das gesamte Rückenmark, die Geschlechtsorgane und das Gehirn durchfließt, ist der Höhepunkt beim Überschreiten der eigenen Grenzen, so wie der Orgasmus der Höhepunkt des Geschlechtsaktes ist. In den späteren Stadien schwächt sich diese Gefühlsekstase ab, und das Glücksgefühl wird zu einer dauerhaften Erfahrung des Eingeweihten.

Das beseligende Gefühl von Ananda, das wiederholt in den Yoga-Schriften und in anderen spirituellen Büchern erwähnt wird, bezieht sich auf dieses verwandelte, glückserfüllte Bewußtsein, das der Fluß der Bioenergie erzeugt. Diese Bioenergie wird durch die Nerven, die unsere Geschlechtsteile versorgen und sich über den ganzen Körper hin ausbreiten, abgezogen. Der Unterschied zwischen dieser Bioenergie und der Energie, die normalerweise unser Gehirn versorgt, ist, daß erstere wie ein glühendes Strahlen im Kopf erscheint, das um den Körper herumfließt und das sich, wenn wir die Aufmerksamkeit nach innen richten, überall hin ausbreitet und eine pulsierende Welt schimmernden, intensiv glücklichen Lebens enthüllt.

Die auf einen einzigen Punkt konzentrierte, zielgerichtete Aufmerksamkeit talentierter Schriftsteller, Dichter, Musiker, Wissenschaftler, Maler oder Denker; die Gefühle von intensiver Hingabe, die man in eigenen schöpferischen Perioden empfindet, Zeiten, die von einem Gefühl der Befriedigung, der Freude begleitet werden und die jeder kreative Geist bei seiner Arbeit spürt, all dies hängt von der Einwirkung der Kundalini ab. Das begabte Kind, das sein Spiel oder andere Vergnügungen abbricht und sich vollkommen der Lektüre eines Buches oder einem Experiment oder einem Kunstwerk hingibt, ist mit der Strahlung aus derselben Kraft gesegnet. In der mystischen Erfahrung, im Zustand der Glückseligkeit, in der Transzendenz oder in *samadhi* bewirkt dieselbe Art von Bioenergie, die dann allerdings mit sehr viel kraftvollerem Fluß nach oben strömt, unbeschreibliches Glück und vollkommene Ekstase.

Ich sagte bereits, daß in all den wegweisenden Büchern über mystische Erfahrung zwei Symptome, Licht und Klänge, wiederholt erwähnt werden. Das gleiche ist bei Inspiration und Offenbarung der Fall. Sie gelten als Merkmale des wiedergeborenen Menschen. Und dann gibt es noch das Gefühl der Glückseligkeit, des inneren Glücks: Es zu beschreiben ist kaum möglich. Wer sich zum Beispiel vorstellt, über Nacht König geworden zu sein, wird sich vielleicht sehr glücklich fühlen, aber das ist ein Glück, daß nur eine bestimmte Zeit anhalten wird. Bei einer echten geistigen Wiedergeburt hingegen strömt die Quelle von Glück ewig.

Dies ist der eine Aspekt; der andere ist, daß diese Wiedergeburt in den Ohren von Musik und von inneren Lichtempfindungen begleitet wird – von einem hinreißend schönen, alles andere überstrahlenden Licht.

Darüber hinaus gelangt der Mensch zu tieferen Einsichten, er kommt zu mehr Wissen, wird inspiriert, dichtet oder erschafft sogar Kunstwerke. Diese Gaben kommen spontan, von innen, selbst dann, wenn vorher der Betreffende absolut keine Neigung und keinen Bezug zu derartigen Dingen besaß.

Ich beispielsweise begann Verse zu schreiben – wie ein Kind. Der Drang, den ich hierzu verspürte, war unwiderstehlich. Und jetzt *muß* ich dichten. Irgendwie ist mir das beigebracht worden. Ohren und Gehirn arbeiteten wie von selbst zusammen, so daß ich schließlich einige schöne Gedichte verfaßte, in meiner eigenen Sprache, aber auch in anderen Sprachen.

Oder der Fall Janaka: Seit seinem neunten Lebensjahr verfaßte er transzendentale Poesie, was seine Lehrer und Eltern zutiefst erstaunte. Offenbar war bei ihm das Prana schon von Geburt an erwacht. Erwachtes Prana ist der Ursprung des Genius. Es ist die Quelle der schöpferischen Gaben des Menschen. Wohin das erwachende Prana in Zukunft führen wird, davon wage ich gegenwärtig nicht einmal zu träumen. Möglicherweise führt es zu wissenschaftlichen Entdeckungen, die momentan vollkommen jenseits unseres Vorstellungsvermögens liegen.

Es gibt zwei Phasen der geistigen Wiedergeburt. In der ersten Phase sorgt die Energie dafür, die inneren Organe und das Gehirn an die neue Situation anzupassen. In dieser Phase kann jeder Physiologe erkennen, daß im Körper eine ungewöhnliche Aktivität herrscht. So war beispielsweise mein Pulsschlag jahrelang sehr verlangsamt – so wie bei einem Kleinkind. Auch meine Ausscheidungen entsprachen denen eines Kleinkindes. Dann folgte eine Zeit, in der mein Appetit enorm anwuchs, so daß ich fast zehnmal so viel essen konnte wie zuvor. Zu diesem Zeitpunkt hatte sich mein Körper jedoch schon in gewissem Maße angepaßt, und meine Ausscheidungen waren wieder normal. Ich nahm natürlich zu, aber zur gleichen Zeit – und das war wichtiger – überlebte ich. Ich sage, ich überlebte, denn ich hatte einen Fehler gemacht: Erneut hatte ich zu meditieren begonnen, obwohl sich mein Körper der vorangegangenen Erweckung noch nicht angepaßt hatte, so daß sich das entsprechende Energiezentrum in meinem Gehirn noch weiter öffnete.

Jetzt braucht die Öffnung dieses Zentrums einen noch größeren Zufluß der neuen Bioenergie. Andernfalls sind Wahnsinn oder gar Tod die Folge. Die Bioenergie fließt von den Geschlechtsorganen ins Gehirn; die entsprechenden Empfindungen kann man jederzeit leicht wahrnehmen. Man spürt den Fluß.

Dies ist mir auch von anderen Menschen bestätigt worden. In den Anfangsphasen bewirkt diese Energie, wenn sie ins Gehirn einfließt, eine derart starke Reizung des Nervensystems, daß gleichsam fortwährend innere Orgasmen ausgelöst werden, was mich natürlich erschreckte, und ich dachte, daß mit mir irgend etwas Abnormes geschehe. Wenn jedoch das Erwachen der Kundalini echt ist, dann kann dieser Zustand sehr leicht nachgewiesen werden. Kein Wissenschaftler kann anschließend daran irgendwie zweifeln. Es sind Vorgänge, die im Laboratorium nachvollzogen werden können, denn in den ersten Tagen wird auf die Sexualorgane ein sehr starker Druck ausgeübt. Der Mensch fühlt, daß sich eine ungewöhnliche Aktivität in diesen Organen entfaltet. Offenbar soll mit aller Macht soviel Se xualsekret wie möglich produziert werden: Es wird dann von den inneren Organen, den Nerven und dem Gehirn absorbiert, so daß die neue Nervenenergie, ohne irgendwelche Störungen zu verusachen, im Körper kreisen kann.

Nehmen wir einmal an, wir hätten eine Infektion. Dann versucht der Körper, die Infektion loszuwerden, und die Organe arbeiten mit erhöhter Aktivität. Die Temperatur steigt und das Herz schlägt schneller. Dasselbe tritt nach der Erweckung ein. In den Anfangsphasen scheint es, als wäre ein fremdes Element in den Körper eingedrungen, als sei die Reaktion, die dann erfolgt, die Folge solch eines »Angriffs«. Am Ende findet eine Schlacht zwischen der Energie und den Organen statt, und die Organe werden unterworfen. Die Nerven gewöhnen sich an die neue Aktivität, und dann wird ein Mensch wieder normal. Jetzt bin ich genau wie jeder andere normale Mensch. Ich nehme die Energie, die durch meine Nerven hindurchfließt, nicht wahr (es sei denn, ich richte meine Aufmerksamkeit nach innen), denn die Nerven haben sich daran gewöhnt. Aber zu Anfang waren die Gefühle sehr heftig, und ich fühlte mich andauernd verwirrt und aufgewühlt.

Jetzt würde ich mich gern noch mit einem anderen Thema befassen. Bei Wahnsinn und Psychose klagen die Menschen fast immer über überwältigende Sinneseindrücke, inneres Brennen, fürchterlich gleißendes Licht, Feuer, Lärm und so weiter. Dies ist das Prana, wenn es in morbider Weise wirksam wird, weil das Nervensystem nicht darauf eingestellt ist, weil die Erbvoraussetzungen nicht günstig sind oder weil das Leben nicht genügend diszipliniert verläuft. In diesen Fällen kann die Bioenergie, die jetzt in Bewegung gesetzt worden ist und fließen will, niemals in der Lage sein, den Körper dem neuen Zustand anzupassen.

Ich habe im Laufe meiner Erfahrungen fast jeden dieser Zustände durchgemacht, aber ein Aspekt war dabei ganz besonders wichtig: Der Himmel schenkte mir ein ungewöhnliches geistiges Durchhaltevermögen. Jeden Tag beobachtete ich bei mir irgend etwas, das ich eigentlich nur dem Wahnsinn zuschreiben konnte; zugleich aber hörte ich eine innere Stimme, die mir sagte: »Sei geduldig. Alles wird gut enden. Du brauchst diese Qualen nur kurze Zeit zu ertragen.« Vor allem in meinen Träumen hörte ich diese Stimme. Wenn ich ganz besonders aufgewühlt war, dann brauchte ich mich nur auf ein Bett zu legen. Ich fühlte dann, wie die silberne Energie in mein Gehirn floß (dies geschieht noch heute) und mich besänftigte. Und sehr bald schlief ich ein.

So war mein Körper wohl bereits reif für diese Erfahrung. Wäre das nicht der Fall gewesen, dann hätte ich nicht überlebt. Die Bereitschaft meines Körpers führe ich wiederum auf das Leben meines Vaters und meiner Mutter zurück. Meine Eltern waren vorbildliche Menschen, und was ich auch immer erreicht haben mag, verdanke ich eher ihnen als mir selbst. Es scheint, als sei dies eine vom Schicksal vorherbestimmte Ehe gewesen. Meine Mutter war die dritte Frau meines Vaters. Die erste starb, die zweite war geisteskrank. Er heiratete ein drittes Mal, der Altersunterschied betrug etwa zwanzig Jahre. Irgendwie wurden dadurch Erbfaktoren geschaffen, die es ermöglichten, daß mein Nervensystem und mein Gehirn sich dieser machtvollen Energie, die mich sonst vielleicht ins Verderben gestürzt hätte, anpassen konnte.

Was Geisteskrankheit eigentlich bedeutet, muß aufgrund meiner Erfahrung erst herausgefunden werden. Was wir als menschliche Persönlichkeit kennen – das lebendige, denkende »Ich« – ist ein bestimmtes Spektrum des Prana. Dieses flüchtige »Ich« oder das Ego oder die Persönlichkeit, die denkt, sich etwas vorstellt und Empfindungen hat, ist ein Spektrum des Prana, das das ewige Licht so widerspiegelt wie ein Tautropfen die Sonne. Alles geschieht durch die Reflektion jener ewigen Sonne.

Wir nehmen lediglich die Reflektion jenes Lichts wahr, im Spektrum von Prana – und das ist bei jedem Menschen anders. Es gibt ein spezifisches Spektrum für Gorillas, ein anderes für Paviane und noch ein anderes für Elefanten. Erbeigenschaften sind ein genauer Ausdruck dieses pranischen Spektrums; Prana ist es, das von Generation zu Generation das Leben weiterträgt. Beweise dafür, daß dem so ist, finden wir in den Krankheiten.

Nehmen wir einmal an, ein Mensch sei schrecklich krank und verfalle drei Wochen, nachdem sich die Krankheit verschlimmerte, in ein Delirium. Seine Persönlichkeit verändert sich vollständig. Sein Körper und seine Organe versuchen, unversehrt zu bleiben, wenn aber das pranische Spektrum seinen ursprünglichen Zustand nicht aufrechterhalten kann, dann stirbt der Mensch. Hier sehen wir den eigentlichen Grund für den Tod: Krankheiten befallen den Menschen dann, wenn der Körper unrein wird. Das Blut und das Gewebe werden vergiftet, und das pranische Spektrum befindet sich nicht mehr in seinem ursprünglichen Zustand. Wir haben Fieber, wir haben dieses oder jenes Leiden, aber eigentlich ist es zuerst das Prana, das betroffen wird.

Wissenschaftler meinen, der Körper sei bestrebt, sein Blut rein zu erhalten. In Wirklichkeit aber geht es um das pranische Spektrum. Wenn aufgrund bestimmter körperlicher Gegebenheiten oder aufgrund einer schädlichen Erweckung der Kundalini oder aber, weil ein Organ – die Leber, die Niere, das Herz – nicht intakt arbeitet, dann wird das pranische Spektrum gestört, dann werden psychotische Energien erzeugt. Es kommt zu einer Unordnung in der Vorstellungskraft, im Willen oder in der Gedankentätigkeit, weil das Prana sich dann in einem ungeordneten Zustand befindet.

Der Psychotiker und der Mystiker sind sich sehr verwandt. Beim Mystiker ist der Zufluß von Prana ins Gehirn gesund, beim Psychotiker ist er schädlich und krankhaft. Tatsächlich sind der Mystiker und der Psychotiker denselben Prozessen unterworfen; die antike Überlieferung spricht von Wahnsinnigen als den »wahnsinnigen Anbetern Gottes«, von irgend etwas Göttlichem. Einige Psychotiker haben hellseherische Fähigkeiten. In vielen Kliniken gibt es Wahnsinnige, die zwar tatsächlich verrückt sind, aber vorgeben, geniale Menschen zu sein: Poeten, geistige Lehrer, Hellseher.

C. G. Jung berichtet in *Das Geheimnis der goldenen Blume* von Fällen, wo Geistesgestörte Zeichnungen anfertigen, die Mandalas ähnelten, den Kreisfiguren, die in den tantrischen Disziplinen eine Rolle spielen. Sicherlich bedeutet dies, daß das Unterbewußte dieser Patienten in ähnlicher Weise arbeitete wie das der tantrisch

Betenden. Allerdings werden Mandalas von solchen Menschen verzerrt wahrgenommen. Was der Mystiker als Freude empfindet, ist für den Psychotiker Entsetzen. Was der Mystiker als ein beseligendes Licht wahrnimmt, empfindet der Psychotiker als ein gleißendes Blenden. Was der Mystiker als kühl und angenehm empfindet, ist für den Psychotiker ein Höllenfeuer. Beim Psychotiker ist es dieselbe Energie, aber in falsche Bahnen gelenkt, die das Gehirn verbrennt.

Bei ihm dringt hochvergiftetes Prana ins Gehirn ein und verursacht schreckliche Qualen. Einige Menschen begehen im Wahnsinn Selbstmord, weil sie die Pein nicht ertragen können. Wie gesagt: Prana ist der reinigende Wirkstoff des Körpers und der Seele. Die wichtigste psychologische Veränderung im Charakter eines erweckten Menschen ist Mitgefühl. Er steht den Dingen dieser Welt distanzierter gegenüber, sein Ego spielt eine weniger wichtige Rolle, er tendiert nicht zu Gewalttätigkeit, Aggression oder Falschheit. Die erweckte Lebensenergie oder das Prana ist die Mutter aller Moral. Es ist diese evolutionäre Energie, die die moralische Ordnung schuf. Alles Moralempfinden geht aus ihr hervor, es ist nicht nur ein nützliches Resultat unserer Gesellschaftsstruktur.

Das heißt: Mit Sicherheit gibt es eine biologische Basis für Werte und Moral. Auf der Aktivität dieser Lebensenergie baut sich unser Moralempfinden auf. Wenn diese Energie erwacht, wird der Geist als erstes von bösen Wünschen und Leidenschaften gereinigt, von Wut, Ärger und Bösartigkeit, von Neid und Eifersucht, sogar von übermäßigem Ehrgeiz und von übermäßigem sexuellen Verlangen.

Wäre ein hervorragender Psychologe oder Biologe oder ein großer Arzt oder Chirurg mit derselben Erfahrung gesegnet wie ich oder wie die großen Mystiker der Vergangenheit, könnten sie Impulse für eine Revolution des Denkens geben, so, wie dies einst Sigmund Freud gelang. Freud allerdings betonte irrtümlich nur *einen* Aspekt dieser Lebensenergie: er nannte ihn Libido. Dieser sexualisierte *elan vital* ist in Begriffen der Freudschen Psychologie das Grundelement menschlichen Lebens. Aus ihm geht unser Charakter hervor; er ist das grundlegende Element unserer geistigen Struktur, der Wächter unseres Familienlebens, die Quelle von Dichtkunst und dramatischer Erzählungen. Durch sie entstehen geniale Begabungen, entstehen Liebe, Treue, Zuneigung und Hingabe; Libido ist der Architekt der menschlichen Zivilisation und, zur selben Zeit, der Dämon des Neids, der Eifersucht, des Hasses und der Aggression. Wird die Libido unterdrückt, fehlgeleitet oder frustriert, dann nimmt sie, vor allem, wenn das in der Kindheit geschieht, möglicherweise die monströse Form geistiger Verwirrung an, verwandelt sich in Perversion, Neurose und Wahnsinn.

Wahrscheinlich gab es keinen anderen Psychologen, der einen derart tiefgreifenden Einfluß auf das Denken der Menschen hatte wie Freud. Rede ich hier nicht über Kundalini in ganz ähnlicher Weise wie Freud, als er seine Libido-Hypothese entwickelte? Ist Kundalini nicht auch lebendige Sexualität? Ich sage ebenfalls, daß sie körperlichen Ursprungs ist. Wo liegt dann also der Unterschied zwischen dem, was ich sage, und dem, was heute von allen Psychologen der Schule Freuds allgemein akzeptiert wird? Der wesentliche Unterschied zwischen unseren beiden Auffassungen ist der: Die allumfassende Libido Freuds ist nicht allein Eros, sondern sehr viel mehr: zentraler Quell der Lebensenergie, der sowohl der Vermehrung als auch der menschlichen Evolution dient.

Sobald wir dies akzeptieren, werden die Ecken und Kanten, die extremen Positionen der Freudschen Hypothese deutlich. Die hektischen, sogar morbiden Anstrengungen, die gemacht werden, um alles unter dem sexuellen Blickwinkel zu sehen, beruhen sicherlich auf einem Irrtum. Zwar kann die Wirkung eines starken sexuellen Bedürfnisses sicher leicht in vielen Bereichen des Denkens und Handelns nachgewiesen werden. Aber es sind noch andere Einflüsse im Spiel, so beispielsweise das Bedürfnis nach Macht und Reichtum, der Drang nach Ruhm und Ehre, der Durst nach Selbsterkenntnis, die Neugierde auf das Übernatürliche und Okkulte: alles Dinge, die ebenfalls das Leben der Menschen tief geformt und beeinflußt haben.

Da mystische Erfahrungen und religiöse Konzepte nicht mit seiner Hypothese übereinstimmten, begann Freud einfach, das ganze Gebäude der Religion und des Übernatürlichen einzureißen. Für ihn war dies alles nichts anderes als Ausdruck eines pathologischen Geisteszustandes, eines Rückfalls in das narzistische Stadium des Kindes, das eine Illusion entwickelt, um sich selbst zufriedenzustellen. Dies aber sind Vorstellungen, das können wir deutlich sehen, die auf das Denken sehr vieler Psychologen eine schädliche Wirkung ausüben. Vielen von ihnen fällt es sogar schwer, sich aus den Ketten zu winden, die schon in früher Jugend geschmiedet wurden, damit ihr Geist ja fest im Unglauben und im Zweifel verharrt. Hätte Freud, so wie Dr. R. M. Bucke, nur einen einzigen Blick auf das Transzendentale geworfen, dann hätte sich sein gesamtes Denkmuster geändert, und sein umfassender Einfluß hätte eine gesunde Wiederbelebung der spirituellen Lehren bewirkt.

Freud faßte die Libido als psychische Energie auf, die den Trieben des Menschen entspringt; er befaßte sich also mit geschlechtlicher Energie und untersuchte ihren Einfluß auf die Psyche. Er sagte nicht, sie sei organischen Ursprungs. Dies ist der Punkt, den Wilhelm Reich hervorhebt, für den die Libido ganz klar in der organischen Struktur des Körpers verwurzelt war.

Wir wissen, daß unser Körper abhängig von Nahrung ist und daß es irgendeinen Weg geben muß, auf dem organische Energie sich in psychische umwandelt. Es handelt sich nicht um reine chemische und auch nicht reine elektrische Energie. Die Wissenschaft steht hier immer noch vor einem Rätsel. Deshalb erstreckte sich

Freuds Konzept der Libido nur auf den psychischen Bereich, ohne irgendeine Erklärung und Beschreibung ihres somatischen Ursprungs.

Ich glaube, daß die Geschlechtskraft des Menschen aus zwei Komponenten besteht: Die eine ist feiner, flüchtiger, organischer Natur und kann sofort in psychische Energie höherer Potenz umgewandelt werden, etwa, wenn sie in das Gehirn wie flüssiges Licht einfließt. Und es gibt eine gröbere, biologische Komponente, etwa, wenn die Geschlechtskraft durch den Rückenmarkkanal ins Gehirn eindringt und dort die Zellen ernährt, während der Prozeß der Verjüngung durch Kundalini stattfindet.

Meine eigene Erfahrung sagt mir, daß in der organischen Struktur des Körpers und in den Zellen ein vitales Element existiert, daß die Nerven dieses Element bündeln und es in den Sexualsekreten der Männer wie der Frauen konzentrieren, daß aber, wenn die Kundalini erweckt wird, dieser Prozeß umgekehrt wird. Dann wird das vitale Element von den gröberen Elementen getrennt, fließt als Strahlung ins Gehirn und ruft das Phänomen, das wir als mystische Ekstase kennen, hervor.

Es ist notwendig, daß sich Psychologen bei ihren Forschungen und Untersuchungen mit dieser Energie befassen, damit sie die Beschaffenheit des Geistes erkennen. Gegenwärtig beschäftigt sich die Psychologie nur mit den beobachteten Ausdrucksformen des Geistes, nicht aber mit seiner eigentlichen Natur oder damit, welche Energie das Gehirn nährt, in welcher Beziehung diese Energie zum Körper steht, wie der Körper auf sie einwirkt oder wie der Geist auf den Körper wirkt. Erst die Erforschung des Kundalini-Phänomens wird zeigen, wie das Gehirn mit Energie versorgt wird und daß es superintelligent ist.

Aktion und Reaktion unserer Muskeln und das, was im Schlaf geschieht, ist keine mechanische Leistung unsere Zellen. Vielmehr kreist eine intelligente Energie durch unseren Körper, die auf so erstaunliche und verblüffende Weise agiert und reagiert, daß sie nicht einmal der Intellekt aufspüren kann. Dies wird für die Psychologie die erste Lektion sein.

In der Tat wird die Psychologie erst eigentlich mit der Erforschung der Kundalini beginnen. Gegenwärtig ist sie keine Wissenschaft, denn sie kennt nicht die Natur der Lebensenergie. Sie zeichnet nur einige beobachtete Fakten auf: Träume, Schlaf, geistige Störungen, Gewohnheit – oder Persönlichkeitsfaktoren wie Wille, Vorstellungskraft oder Gefühl. Aber über das Leben selbst gibt sie uns gar keine Auskunft. So wird das wahre Studium der Psychologie eigentlich erst an dem Tag beginnen, an dem die Erforschung der spirituellen Wiedergeburt oder der mystischen Erfahrung einsetzt.

Gegenwärtig ist die Psychologie ein sehr umstrittener Bereich. Verschiedene Psychologen haben unterschiedliche Theorien. Einige glauben an eine Seele, andere nicht. Der Tag ist nicht fern, an dem die transpersonalen Erkenntnisse der Psychologie und der Psychiatrie, die bereits auftauchen, die geheiligten Freudschen Spekulationen vom Tisch fegen werden. Kein System der modernen Psychologie hat eine Antwort auf die Frage, woher die Revolte der jüngeren Generationen rührt und was die Ursache der vollkommen unerwarteteten gedanklichen Einstellungen der jungen Leute ist. Dabei ist es gar nicht so schwer zu verstehen, wie dieser Aufruhr entstand. Wir alle wissen, was geschieht, wenn ein politisches System despotisch und repressiv, wenn eine Gesellschaftsstruktur anmaßend und korrupt wird und ein religiöses System extrem autoritär und dogmatisch: Das Bedürfnis nach Erneuerung und Reform entsteht. Politische Revolutionäre, Reformer und Propheten treten in Erscheinung. Das alte System wird gestürzt, häufig unter schrecklichem Blutvergießen, mit Leid und Schmerzen, und ein neues wird an die Stelle des alten gesetzt.

Dasselbe wird wahrscheinlich auch mit der gegenwärtig höchst arroganten und dogmatischen Haltung der Wissenschaft geschehen. Möglicherweise hat bereits eine Revolution eingesetzt, die nicht mehr aufzuhalten ist, wenn nicht radikale Veränderungen in die Wege geleitet werden. »Der Versuch, Weisheit und Macht zu kombinieren«, sagt Albert Einstein, »ist nur sehr selten erfolgreich gewesen und dann auch nur für kurze Zeit.«

Es belustigt mich, wenn ich höre, wie Wissenschaftler, die mit Recht stolz auf ihre Kenntnisse sind, rundweg das, was ich behaupte, als unrealistisch und sogar absurd ablehnen. Es war mir immer ein Rätsel, worauf sie ihr Urteil eigentlich aufbauen. Verletzt das, was ich sage, irgendein biologisches Prinzip oder Gesetz? Ist es zum Zeitpunkt unseres augenblicklichen Wissensstandes über das Gehirn und das Nervensystem für einen Wissenschaftler so abwegig zu vermuten, daß eine lebendige Energie existiert, die für das Phänomen Leben verantwortlich ist?

Wenn dies nicht der Fall ist, wo liegt dann der Schaden, wenn wir einmal das, was ich behaupte, als Arbeitshypothese für eine empirische Beweisführung akzeptieren? Die Idee, das ist richtig, ist vollkommen neu, und sie ist jetzt das erste Mal entwickelt worden. Aber es gibt keinen Grund, von vornherein anzunehmen, sie sei nicht wahr.

Wenn eine neue Idee, die in mancherlei Hinsicht auch plausibel ist, von Anfang an von gelehrten Männern mit Mißtrauen betrachtet wird, wie kann dann jemals Wissen wachsen? »Ich weiß nichts, außer daß ich nichts weiß«, sagte Sokrates – und das trotz seines für die damalige Zeit großen Wissens. Die Zeit hat erwiesen, daß er recht hatte, obwohl wir heute schon sehr viel größere Kenntnisse besitzen.

Wie können wir wissen, daß meine Behauptungen in den kommenden Jahren nicht viele der Ansichten über den Geist und das Bewußtsein widerlegen werden, die die heutigen Gelehrten so selbstgefällig äußern? Was Freud zu seiner Zeit tat – und zwar in Hinblick auf die unerklärlichen Aspekte der Religion und des Geheimnisvollen – das tun einige Wissenschaftler und Psychologen auch heute noch.

Der Neurotiker und der Psychotiker, mit allen ihren wechselnden Stimmungen, ihrer Exzentrizität, ihrem unberechenbaren Verhalten, ihrer Furcht, ihrer Angst, ihrem Haß, ihrer Gewalt und Aggression, mit ihren schrecklich depressiven oder übererregten Phasen, mit ihrer Verfolgungsangst, ihren Sinnestäuschungen, ihren Zwängen und Fixierungen, haben, wie jeder normale Mensch, eine eigene Persönlichkeit. Eine Persönlichkeit, die zweifellos entfremdet und verbogen, aber dennoch Persönlichkeit ist.

Jeder Fall von geistiger Verwirrung hat sein eigenes, klar definiertes Bild und ist, abgesehen von der körperlichen Erscheinung, an besonderen seelischen Merkmalen zu erkennen, so wie wir normale Männer und Frauen an ihren Eigenschaften erkennen können. Dies weist ganz sicher auf grundsätzlich veränderte Neuronenstrukturen und -zusammensetzungen hin, auf Veränderungen auch der Bioenergie, die das Gehirn versorgt.

Ich bin mir dieser Tatsachen vollkommen sicher, denn ich habe einige Fälle selbst erlebt, bei denen es sehr schnell nach der Erweckung der Kundalini zu Neurose und Wahnsinn kam. Ich bin auch mit Fällen vertraut, bei denen die Erweckung zu erschreckenden und erschütternden Erfahrungen führte. Die Wurzeln der Libido, um einmal das Wort zu benutzen, das Freud dafür nahm, müssen tief in der biochemischen Struktur des Körpers verankert sein. Die Tatsache, daß sie das menschliche Verhalten in ganz drastischer Weise beeinflussen und dadurch sogar das gesamte Muster des Lebens sehr gewaltsam verändern, ist ein deutlicher Beweis für ihren Einfluß auf die Körperchemie. Wie sich diese Energie evolutionär ausdrückt – das heißt, über das Gehirn – das ist dem Einfluß zahlloser Faktoren unterworfen, die mit dem Leben, der Umgebung und der Familiengeschichte des einzelnen Menschen in Zusammenhang stehen.

Wenn diese Energie auch nur geringfügig gestört ist, etwa durch eine falsche Lebensführung, ungesunde Umgebung, schlechte Erbvoraussetzungen, Schockerlebnisse, Frustration, Unterdrückung, Streß und zahllose andere Faktoren, dann wird sie zur Ursache für geistige und nervöse Verwirrung. Es ist unerklärlich, wie irgendein Psychologe, der an den somatischen Ursprung von seelischen Phänomenen glaubt, das Bewußtsein vom Zustand des Gehirns trennen kann. Wenn der Geist sich in einem anormalen Zustand befindet, dann muß auch das Gehirn seinen Teil zu dieser Anormalität beigetragen haben. Neueste Forschungsergebnisse bestätigen die Annahme, daß die Ursache der entsetzlichen Visionen und der akustischen Täuschungen der Wahnsinnigen – bei bestimmten geistigen Erkrankungen – in sehr subtilen Veränderungen bestimmter Neuronenstrukturen der Hirnrinde liegt. Die eigentliche Ursache ist jedoch, wie ich bereits gesagt habe, ein vergiftetes oder unreines Prana.

Auch die Neigung zu seelischen Verstimmungen und Krankheiten, die wir bei genialen Männern und Frauen beobachten können, und die außerordentliche Sorgfalt, die den Yogis in der schriftlich überlieferten Lehre zur Pflicht gemacht wird, haben hier ihren Grund. Im Zustand der Reinheit verursacht die Bioenergie, die durch die Kundalini freigesetzt wird, Gefühle von Ekstase und geniale Eingebungen, und wenn sie vergiftet ist, verursacht sie den Alptraum des Wahnsinns.

Vielleicht ist es interessant festzuhalten, daß nach meiner Erweckung sich meine Träume im Märchenland abspielten. Solche Träume sind bei Freud und bei anderen Autoren seltene und bizarre Gebilde, die bisweilen Furcht und manchmal Erregungszustände verursachen. In meinem Fall spielen sich die Träume gewöhnlich in märchenhaften Umgebungen ab, in riesigen Räumen, im Himmel, auf den Ozeanen, oder aber sie handeln von anderen Formen des Lebens, von anderen Wesen, so als lebte ich in einem Grenzgebiet zwischen dieser

Welt und einer anderen. Und in meinen Träumen enthüllt sich diese andere Welt meinen Blicken.

Ich hatte niemals einen Alptraum, niemals einen Traum, der mich in Angst versetzte. Irgendwie ist mein Körper jetzt von solchen Gefühlen befreit, und die Freude, die während des Tages in mir aufsteigt, ist auch in meinen Träumen gegenwärtig. Diese Umstände aber werden alle in den alten Büchern der heiligen Schriften erwähnt.

Die Männer und Frauen, die diese Transformation durchgemacht haben und die jetzt dieses erweiterte Bewußtsein und diese helle Vorstellungskraft besitzen, sind bekanntermaßen im *samadhi*-Zustand, dem Zustand des Einsseins mit dem kosmischen Bewußtsein. Alle großen Mystiker, die über dieses Thema geschrieben haben, haben ihre eigenen Symptome offen und klar dargelegt. Das ist Tradition. Und wir können unseren eigenen Zustand mit ihren Beschreibungen vergleichen. So habe ich keinen Grund zu bezweifeln, daß das, was ich erfahre, durchaus normal ist. Obwohl dieser Zustand selten ist, ist er doch erfahrbar und existiert wirklich, und er hat alle mystischen Erfahrungen hervorgerufen, über die berichtet worden ist.

Ich fühle, daß ich jetzt dieselbe Erfahrung mache, über die die großen christlichen Mystiker, die Sufis, die Taoisten und die Yogaschüler geschrieben haben, nur mit einem Unterschied: In meinem Fall dauert der Zustand der mystischen Seligkeit an. Bei manchen Menschen tritt er blitzartig auf, spontan zu verschiedenen Zeiten aufleuchtend, vielleicht ein paar Minuten lang bis zu ein oder zwei Stunden. In meinem Fall aber ist dies nun ein Zustand, der andauert.

Dadurch bin ich zu der Überzeugung gelangt, daß sich der menschliche Geist, sobald der Körper die hellere Flamme des Bewußtseins ertragen kann, generell in diese Richtung hin entwickelt. Dies bedeutet offensichtlich, daß sich die Menschen von selbst zu dieser höheren Dimension der Bewußtheit hinbewegen.

Kapitel 8

Die strahlende Welt, in der ich lebe

1983 schrieb Gopi Krishna für die Zeitschrift *Impact* einen Artikel zum Thema Kreativität, der teilweise von der UNESCO veröffentlicht worden ist, jedoch unvollendet blieb, weil Gopi Krishna starb. Vieles, was in diesem Kapitel enthalten ist, entstammt den Notizen, die er für diesen Artikel gesammelt hatte, und aus anderen unveröffentlichten Arbeiten.

»Ich behaupte nicht, daß meine Poesie und meine Prosa jene ausgezeichnete Qualität besitzt, wie sie Merkmal von Genialität ist«, schrieb er an einer Stelle, »aber für jemanden, der sein ganzes Leben lang niemals Dichter oder Schriftsteller war, ist der plötzliche Erwerb von Talenten im vorgeschrittenen Alter wie bei mir kein gewöhnliches Ereignis. Für mich ist das, so wie für Newton das Fallen des Apfels ein Zeichen für die Schwerkraft war, ein Hinweis auf ein universelles Gesetz. Was ich über die Kreativität oder über den genialen Menschen zu sagen habe, ist nicht intellektuell oder theoretisch, sondern entstammt meiner eigenen Erfahrung. Und ich kann mit Zuversicht sagen, daß ich mich hier so genau und so leidenschaftslos beobachtet habe, wie ein Empiriker wohl ein Studienobjekt in seinem eigenen Laboratorium beobachtet.«

Wenn wir das Gesicht eines Freundes oder eines Fremden betrachten, deutet nichts darauf hin, daß in dem Dombau von Knochen in nur einem ganz kleinen Partikel göttlicher Substanz das ganze Universum enthalten ist, kleiner als ein Körnchen Salz, kleiner sogar als der kleinste Bruchteil, den wir sehen können.

Ich spiele hier nicht auf die Zirbeldrüse oder auf die Hypophyse an, und auch nicht auf irgendeinen bestimmten Teil des Gehirns, sondern auf das Wunder, das sich in der Gebärmutter entwickelt hatte und sie als Instrument benutzte, mit dem für jeden einzelnen Menschen das Drama des Lebens beginnt.

Der Reichtum an Wissen, den künftige Forscher den Tagen nach uns schenken werden, liegt jenseits unserer Vorstellungskraft. Die Welt hat immer noch keine Kenntnis des eigentlichen Geheimnisses und des Wunders des Gehirns, und die Suche nach mehr Wissen wird niemals enden, solange es der Menschheit möglich ist, auf der Erde zu leben.

Welche Himmel sich vor dieser Menschheit öffnen, welche Horizonte schmelzen und welche Grenzen sie überwinden wird, welche Unwetter sie beherrschen wird und was ihre Augen schauen werden, das wird uns die Zukunft sagen. Sie wird voller Romantik sein, voller Abenteuer, voller Freude und Entzücken, die alle Erzählungen der Vergangenheit in den Schatten stellen werden.

Was ich gelernt habe, ist, daß das Gehirn, der wertvollste Besitz jeden Mannes, jeder Frau und jedes Kindes, sich in einem Zustand organischer Transformation befindet und daß es das ganze Menschengeschlecht zu einem ruhmvollen Ziel hinträgt. Der Schöpfer ist weit, weit fort. Der Herr dieser unendlichen Schöpfung ist, obwohl überall präsent, doch immer noch weiter entfernt als die letzte Grenze des Universums – wenn es denn eine gibt. Wir müssen noch zahllose Bewußtseinsebenen und zahllose Schranken der Sinneswahrnehmung überwinden, bevor Er erreicht werden kann.

Aber der Allmächtige kann sogar vom beschränktesten Geist wahrgenommen werden. Sein Glanz ist allgegenwärtig; im erweckten Zustand nehmen wir ihn nur deutlicher wahr als mit normalem Bewußtsein. Meine Erfahrung ist, daß das menschliche Gehirn den Entwurf des zukünftigen Schicksals des Menschen bereits in sich trägt, und, was noch phantastischer ist, sogar den Schlüssel zum Aufstieg in eine andere Bewußtseinsdimension.

In dieser neuen Dimension erhellt zum ersten Mal das Licht des Bewußtseins sich selbst. Selbst wenn ich ein Dutzend Bücher schriebe, wäre es mir nicht möglich, das aufregende und abenteuerliche Leben, das sich in mir entfaltet hat, detailliert wiederzugeben. Seit Dezember 1937 und von da an immer wiederkehrend fand ich mich in einer neuen Welt, die jedesmal ihren besonderen Charme, aber auch ihre besonderen Probleme besaß.

Der schönste Palast auf Erden, mit Spiegeln, Kristallen und Juwelen, der überall das milchige Glänzen von Hunderten von Leuchtern reflektiert, wäre nur ein sehr armseliger Vergleich für den wunderbaren Garten Eden, in dem ich lebe und atme. Dieser Garten ist ein Märchenland, jenseits der Phantasie selbst des begabtesten Schriftstellers. Meine Erfahrung, die nur als Übergang in eine andere Dimension des Bewußtseins verstanden werden kann, gab mir eine neue Sichtweise des menschlichen Schicksals an die Hand.

Wir leben in einem vielgesichtigen, vieldimensionalen und vielschichtigen Universum. Die Menschheit lebt und stirbt in einer von zahllosen Bewußtseinsebenen, die in diesem Universum existieren. Unsere Sinne sind nur für eine bestimmte Ebene der Existenz geschaffen. Schöpfung besteht nicht allein aus dem, was wir Geist und Materie nennen. Das Universum, das wir wahrnehmen, ist nur eines von unzähligen anderen universalen Einheiten, die parellel nebeneinander bestehen, die manchmal denselben Raum einnehmen, aber geformt sind aus verschiedenen, wie wir es nennen, materiellen Komponenten, von denen jede für die jeweils anderen nicht wahrnehmbar ist.

Jede hat ihre eigene Gestaltung, ihre eigene Umfang, ihre eigenen Grenzen, ihren eigenen Plan, ihre eigenen Bewohner, ihre eigene Ordnung, Werte, Regeln und

Gesetze. Offenkundig muß es zu diesem Wissen andere Kanäle geben, die im transzendentalen Bewußtsein offen stehen.

Beim Beschreiben meiner Erfahrung muß ich gleich zu Beginn deutlich machen, daß mein Geist nicht in derselben Weise arbeitet wie 1937 oder überhaupt so, wie ein normaler Geist. Mein inneres Sein hat sich vollständig verändert, mein beobachtendes Selbst oder mein »Ich« ist jetzt immer von einem Lichtkranz umgeben, der sich nach allen Seiten bis in eine nicht zu messende Entfernung ausdehnt, so weit, wie meine Vorstellungskraft reicht. Welche visuellen Vorstellungen auch immer vorhanden sein mögen; sie sind umgeben von Glanz, der vor einem Hintergrund milden Lichts sichtbar ist. Es ist ein unglaublicher Seinszustand. Ich sehe meinen ganzen Körper und meine Umgebung von diesem Glanz durchdrungen, von einem lebendigen Strahlen, das den Raum in mir und um mich herum erfüllt.

Ich habe keine Worte, um das Gefühl der Erhabenheit auszudrücken, das ich empfinde, wenn ich mir das schöne Bild der Natur ansehe oder den azurblauen Himmel, der mit dem Licht der Sonne glüht. Es gibt Momente, wo ich mit einem Entzücken, das mein innerstes Sein durchdringt, feststelle, daß ich nicht einen irdischen Anblick vor mir habe, sondern etwas Göttliches, das sich in das faszinierende Schauspiel, das sich vor meinen Augen entfaltet, verwandelt hat.

In meiner Autobiographie habe ich am Anfang meine schwankende Seelenverfassung beschrieben. Diese Schwankungen waren auf Veränderungen zurückzuführen, die sich in meinem pranischen Spektrum abspielten. Es war diese langsame Tranformation des Elements, das meine Persönlichkeit ausmacht, durch die ich letztlich in den Zustand inneren Strahlens versetzt wurde, den ich niemals zuvor empfunden hatte.

Nach meiner ersten Erfahrung schwankte ich jedoch fast zwölf Jahre lang zwischen Leben und Tod, geistiger Gesundheit und Wahnsinn, und ich erfuhr die unbeschreiblich ekstatischen Gefühle der Mystiker auf der einen Seite und die Qualen der Geisteskranken auf der anderen. Zu bestimmten Zeit wurde mein geistiger Zustand so instabil, daß ich, wenn ich nachts zu Bett ging, nicht wußte, ob ich am nächsten Morgen noch leben oder geistig gesund aufwachen würde. Aber fast wie durch ein Wunder blieben mein Verstand und meine Urteilskraft unbeeinträchtigt; dadurch war ich immer in der Lage, zu jeder Zeit meinen Geisteszustand richtig einzuschätzen. Ich sah ganz deutlich, wie mein Organismus mit der neuen Situation in meinem Inneren kämpfte, als wäre eine unbekannte, machtvolle psychische Energie in meinem Gehirn und in meinen Nerven aktiv – anstelle des früheren, sehr viel schwächeren Stroms, dessen Pulsieren ich überhaupt nicht mehr fühlen konnte.

Die kraftvolle Energie, die jetzt in meinem Nervensystem zirkulierte, erfüllte meinen Kopf mit wunderbarem Glanz und schoß mit silbernen Blitzen durch Nerven und Organe. Zur selben Zeiten begann ich, in meinem Inneren Kadenzen zu hören, variierend in Tonlage und Tonhöhe. Diese Klänge höre ich bis zum heutigen Tage immer wieder. In allen Büchern über Kundalini wird dieses Spiel der Töne als eine Melodienfolge beschrieben, und es ist ein unverwechselbares Zeichen für das Erwachen dieser Kraft.

Mystische Erfahrung wird immer von innerem Licht begleitet. In der mystischen Trance sieht der Mensch seine visionären Erfahrungen in himmlischem Schimmer gebadet, und manchmal hört er Stimmen und Töne, die aus dem leeren Raum um ihn herum zu kommen scheinen. Nach fast zwölf Jahren der Ungewißheit und inneren Spannung bemerkte ich, daß ich eine neue Ebene der Wahrnehmung erreicht hatte, den Endzustand einer fortwährenden biologischen Umwandlung über einen langen Zeitraum hinweg, die ich mir in meiner Unwissenheit überhaupt nicht hatte erklären können, da die Herkunft dieses ungewöhnlichen Potentials des menschlichen Körpers immer noch vollkommen verborgen ist. Nun eröffnete mir jeder Blick auf die Natur eine Schönheit, die ich zuvor nie bemerkt hatte. Jede Landschaft oder Szenerie, die ich erblickte, und jedes Objekt, das ich sah, war in milchigem Glanz gebadet, der mich so bezauberte, daß ich kaum meine Augen davon abwenden konnte. Fortwährend hörte ich bezaubernde Melodien, außer zu Zeiten, in denen meine Gesundheit angeschlagen war. Dann wurden die Töne dissonant und schrill, so, als wollten sie mich warnen, daß in meinem Inneren irgend etwas in Unordnung war. Dies half mir mehrmals, den Zustand meiner Gesundheit sehr genau einzuschätzen und rechtzeitig Vorbeugemaßnahmen zu treffen.

Zuletzt gelangte ich zu einem relativ stabilen Gemütszustand, aber mein Bewußtsein dehnte sich kaum wahrnehmbar immer noch weiter aus, ohne daß ich mich dadurch, außer etwa in seltenen Krankheitsperioden, beeinträchtigt gefühlt hätte. Zuletzt führte die Entwicklung meines Geistes mich in ein Stadium, wo ich, entweder still in meinem Zimmer sitzend oder auch aktiv in der Welt, immer dann, wenn ich meine Aufmerksamkeit auf mich selbst richtete, dieselbe ozeanische Ausdehnung erfuhr, dasselbe Entzücken, dasselbe Wunder und dasselbe Strahlen wie an dem Tag, an dem Kundalini mein Gehirn erleuchtete und mich zum ersten Mal zu den strahlenden Ebenen des ewigen Seins hinauftrug.

Erst jetzt kenne ich die Ursache für diesen unausgeglichenen Geisteszustand; damals war sie mir trotz angestrengter Überlegung nicht bewußt war. Die Erweckung der Kundalini ist nicht nur die Aktivierung einer schlafenden Kraft im Körper, sondern sie spiegelt auch eine veränderte Aktivität des gesamten Nervensystems wider, die Öffnung eines normalerweise ruhenden Zentrums im Gehirn. In den Büchern über Yoga finden sich wiederholt Hinweise auf einen zentralen Kanal, der als Sushumna bezeichnet wird, und auf äußere Kanäle, *ida* und *pingala*, auf Chakras oder Nervenplexen, die die lebenswichtigen Organe – Lungen, Herz, Leber, Niere, Verdauungstrakt und so weiter – kontrollieren, und auf bestimmte Bereiche im Gehirn, wie z.B. das *brahmarendra*. Diese Hinweise untermauern, was ich sage.

Was ich mir jetzt von ganzem Herzen wünsche, ist, daß jeder Mensch die Möglichkeit einer solchen Transformation erkennt und akzeptiert. Ich glaube, die Bücher über Alchemie und Okkultismus, die im Westen erscheinen, und über Yoga und die Tantras im Osten, beziehen sich häufig auf diese Transformation. Ich ziehe daraus den Schluß, daß das Gehirn ein Potential hat, das die Persönlichkeit des Menschen radikal verändert, das aber der Wissenschaft unbekannt ist.

Obwohl ich von Hunderten ehrlicher Menschen Briefe und Informationen erhalte, in denen sie von ihren Erfahrungen mit Kundalini und einem erweiterten Bewußtsein berichten, wird in den Erzählungen doch – außer in einigen äußerst seltenen Fällen – kein korrektes Bild von diesem ungewöhnlichen Zustand gezeichnet. Jene, die gerne bestätigt haben möchten, daß ihre eigenen Erfahrungen veränderten Bewußtseins mit den herkömmlichen Vorstellungen übereinstimmen, sollten die Berichte studieren, die einige der großen Mystiker der Vergangenheit gegeben haben.

Ein normaler Mensch, der mit geschlossenen Augen seine Aufmerksamkeit nach innen, auf sich selbst, richtet, und der die Eindrücke, die durch seine Sinne zu ihm kommen, nicht beachtet, nimmt einen Bereich von Bewußtheit vor allem um seinen Kopf herum wahr. Dieser Bereich der Bewußtheit dehnt sich auf den gesamten Randbereich des Körpers aus, wenn er seine Aufmerksamkeit darauf richtet. Wer mit geschlossenen Augen über diese Tatsache nachdenkt, macht sie zum Zentrum seiner Aufmerksamkeit: innerhalb des kleinen Bereichs seiner Bewußtheit, oder, in anderen Worten, in den inneren Bereichen seines Seins oder seines Selbst.

Dieser kleine, körper-dominierte Bereich der Bewußtheit ist das private Heiligtum aller Menschen. Von der Kindheit bis zum Tode bleibt dies Heiligtum lebendig und wach. Es ist dieser Bereich, in dem jeder von uns lebt, wahrnimmt, denkt, reflektiert, sich etwas vorstellt, fühlt, in dem er seine Wünsche und Träume hegt. Dies ist der innere Mann oder die innere Frau, von denen wir nur die äußere Hülle des Fleisches sehen und die wir niemals und mit keinem Hilfsmittel ganz deutlich erblicken können – ein flüchtiger Bereich, den bis jetzt niemand hat fassen können.

Dieses innere, intime Heiligtum der Bewußtheit wird vom Ego dominiert. Jeder Mensch erfährt sich als eine Bewußtseinseinheit. Jeder ist sich seines Körpers, seiner eigenen Individualität bewußt, seines Namens, seines Gesichts, seiner Form, seiner Farbe, seiner Eltern, seines Heims, seines Landes, seiner Rasse, seines Berufs, seines Glaubens, seiner Konfession und aller anderen besonderen Charakteristika. Jeder Mensch ist ein bestimmter Typus, der sich in irgendeiner bestimmten Weise von allen anderen unterscheidet, mit seinem eigenen Maß an Intelligenz, Humor, Liebe, Gefühl, guten und bösen Charakterzügen und all den anderen Eigenschaften, die uns Menschen ausmachen. Bei allen diesen Unterschieden ist das, was alle normalen Menschen gemein haben, das immer gegenwärtige Gefühl von »Ich-Sein« und der Bereich der Bewußtheit, der dazugehört. Dieser Bereich umgibt wiederum den Körper und ist sich, außer in Zuständen vollkommen aufmerksamer Konzentration auf äußere Objekte oder innere Ereignisse, sehr deutlich seiner körperlichen Hülle bewußt.

Zum Zweck unserer Betrachtung ist es nicht notwendig, feine Unterscheidungen zu machen zwischen dem Geist, dem Bewußtsein und der Bewußtheit; dies könnte sonst Verwirrung stiften. Jeder Mensch mit seinem ewig gleichbleibenden Ego oder »Ich«, denkt, fühlt oder erfährt in den Grenzen seines eigenen Bereichs des Bewußtseins oder seiner geistigen Bewußtheit. Wenn wir über transhumanes Bewußtsein mehr wissen, werden neue Begriffe und Ausdrücke den bestehenden Sprachen hinzugefügt werden, oder aber eine ganz neue Sprache wird entstehen müssen, damit das, was die gegenwärtige Semantik nicht korrekt ausdrücken kann, beschrieben werden kann.

Die Sprache des Sanskrit ist in dieser Hinsicht bereits aussagefähiger, aber eine wissenschaftliche Terminologie, mit deren Hilfe all die verschiedenen Aspekte und Schattierungen dieser Transformation abgedeckt werden können, ist trotzdem erforderlich. Sie wird im Laufe der Zeit sicher entstehen.

Mit der Erweckung der Kundalini beginnt die Einheit, der Kreis oder der See der Bewußtheit sich auszudehnen. Was bedeutet dies? Es bedeutet, daß das individuelle Ego mit seiner kleinen Peripherie an Bewußtheit, seiner engen Verbindung mit dem Körper immer gewahr, sich allmählich immer weiter ausdehnt, und daß das Bild vom Körper immer schwächer wird, bis es so erscheint, als schwebte der Mensch im Raum, von seiner sterblichen Hülle befreit. Dann scheint es, als sei der Körper geschmolzen oder wiche in einen weiter entfernten Bereich zurück, wo er fast nicht mehr wahrgenommen werden kann. Das Bewußtsein beherrscht nun die ganze Szene, und es nimmt die Tranformation, die stattgefunden hat, nun ganz deutlich wahr. Es gibt keine Unterbrechung in der Kontinuität der Wahrnehmung, so wie dies im Schlaf der Fall ist. Der Intellekt funktioniert sogar noch klarer als vorher und beobachtet die erstaunliche Metamorphose mit Bewunderung und Ehrfurcht, jenseits der Position, die er zuvor innehatte.

Um den Punkt, den ich herausarbeiten möchte, klar zu machen, muß ich nur erwähnen, daß im menschlichen Gehirn ein ungeheures unausgeschöpftes Potential existiert. Um dieses Potential zu nutzen, ist eine enge Zusammenarbeit zwischen dem Nervensystem und allen lebenswichtigen Organen absolut notwendig. Ein Mensch muß sich bis in die Wurzeln seines Seins hinein verändern, um zu einem Geist zu finden, der bis in die tieferen Schichten der Schöpfung eindringen kann. Bei einigen Menschen – beispielsweise geborenen Medien, Hellsehern, Sehern und Erleuchteten – arbeitet der Organismus bereits von Geburt an in dieser Weise. Bei denen, die die Fähigkeit noch nicht besitzen, muß in den tiefen Schichten ihres Körpers eine Veränderung eintreten.

Die Erklärung, die ich für alle paranormalen Phänomene anbiete, ruft vielleicht Erstaunen oder gar Unglauben hervor. Die Teile des Körpers – vor allem das Gehirn und das Nervensystem – und die Kraft, die in ihnen arbeitet, nämlich Lebensenergie oder Prana, stehen in der Diskussion immer noch am Rande. Die Wissenschaft ist inzwischen zu Schlußfolgerungen gekommen, die denen, zu denen mich meine Erfahrung geführt hatte, sehr ähnlich sind. Dafür gibt es schon Hinweise, aber für eine größere Übereinstimmung ist noch mehr Zeit vonnöten.

Beispielsweise entdeckte man erst kürzlich die Existenz eines bis dahin unbekannten Nervensystems, das die Aktivität bestimmter Organe regelt. Ein Team russischer Wissenschaftler berichtete, daß der Thoraxkanal, der sich zusammenzieht und wieder entspannt, als eine Art zweites Herz eine wichtige Rolle in der lebenserhaltenden Aktivität des Organismus spielt, daß er fortwährend arbeitet und täglich fünf bis sechs Liter hellen Blutes pumpt. Momentan gibt es verschiedene Meinungen darüber, ob die Erkenntnisse des russischen Teams korrekt sind. Wir befassen uns hier nicht damit, wie diese Debatte enden wird. Für unsere Zwecke reicht es vielmehr festzustellen, daß das umfangreiche Wissen über den Körper, das wir heute schon haben, bei weitem noch nicht vollständig ist. Deshalb ist es dogmatisch, den neuen Ideen und Entdeckungen, die sich mit dem Potential befassen, das wir in uns tragen, Widerstand entgegenzusetzen: Das ist ganz sicher irrational und unwissenschaftlich.

Alle religiösen Übungen zielen darauf ab, diese veränderte Aktivität des Gehirn- und Rückenmarkbereiches in die Wege zu leiten. Es gibt keinen anderen Weg, um übersinnliche Wahrnehmung oder eine höhere Dimension des Bewußtseins zu erlangen. Diese veränderte Aktivität des Gehirns und des Körpers steht von jeher am Anfang jeder Erleuchtung, jedes seherischen Talents und jeder genialen Begabung.

Im Zusammenhang mit dieser These ist es notwendig, die Ansicht, die ich in meinen vorangegangenen Werken bereits geäußert habe, zu wiederholen: daß nämlich jeder Mensch im Fortgang der Evolution diesen Prozeß der Veränderung durchläuft. Das Ziel ist es, den Gipfel einer höheren Bewußtseinsstufe zu erreichen. Der Prozeß kann mit bestimmten psychosomatischen Übungen beschleunigt werden, so daß es möglich ist, den Gipfel im Laufe eines einzigen Menschenlebens zu erklimmen. Auf dieser Möglichkeit bauen alle gesunden geistigen Disziplinen auf. Gelegentlich genügt auch eine zufällige Kombination günstiger Erbfaktoren, so daß von Geburt an ein höher entwickelter Mensch auf die Erde kommt, mit den Eigenschaften, die dem betreffenden Menschen Zustände von Erleuchtung oder seherische Talente oder besondere intellektuelle Begabungen schenken.

Der Wissenschaft fehlt immer noch eine Erklärung für das Phänomen der Erleuchtung, das für die größten geistigen Revolutionen in der Geschichte verantwortlich gewesen ist. Sie muß auch noch das Rätsel der Genialität lösen, dem aller materieller und intellektueller Fortschritt der Menschheit zu verdanken ist. Das Merkwürdige ist, daß die Welt immer noch nicht die Quelle aller Kunst, aller Wissenschaft, aller Philosophie, Ethik, Religion und allen anderen Wissens kennt. Noch überraschender ist aber, daß die Gelehrten voller Eifer all ihre Zeit und Energie dafür einsetzen, ihren Teil zu dem großen Schatz von Wissen und Kunst beizutragen, jedoch nur wenig Interesse an der eigentlichen Quelle zeigen, die all dies ermöglicht.

Die Aktivierung des Gehirn- und Rückenmarkbereichs bis zu dem Punkt, wo sich eine höhere Bewußtseinsebene auftut, kann auf verschiedene Weise erfolgen. Es kann einen langsamen Prozeß der Erweckung geben, so allmählich und so unmerklich, daß der, der eine Übung macht, fast bis zum Schluß kaum eine deutliche Veränderung seines normalen Bewußtseins wahrnehmen kann. Was er vielleicht wahrnimmt, ist eine Veränderung seines Denkens und Verhaltens; ein Bedürfnis zu meditieren und zu beten; eine Neigung zur Einsamkeit, einen größeren Respekt für moralische Prinzipien, ein Abnehmen von wilder Leidenschaft, Ehrgeiz und sexuellem Drang, eine Verminderung von Ego und Stolz, eine wachsende Liebe zu seinen Mitmenschen und eine Neigung zur Selbsterkenntnis, gepaart mit einem wachsenden Gefühl für inneren Frieden und Distanz zu den weltlichen Dingen.

Sogar flüchtige Beobachter bemerken bei solchen Menschen eine deutliche Klarheit des Denkens und eine Heiterkeit der persönlichen Ausstrahlung. Solch ein beständiger und eigenständiger Mensch gewinnt das Vertrauen und den Respekt derer, die mit ihm in Kontakt kommen. Als ein Mensch, bei dem die geistigen Übungen eine gesunde Entwicklung hervorgerufen haben, wird er sehr bald in seiner Meinung und in seinem Urteil unabhängig von anderen und ist nicht leicht von den wechselnden Moden zu beeinflussen oder von seinem Wege abzubringen.

Es ist das Ziel des evolutionären Prozesses, einen edleren, nüchterneren, weitsichtigeren, sensibleren, einfühlsameren und weitsichtigeren Menschen zu schaffen. Jene, die der Meinung sind, daß ihre Yogaübungen oder eine andere geistige Übung Früchte getragen haben oder daß ihre Kundalini erweckt wurde, würden gut daran tun, ihren eigenen Fortschritt durch eine kritische Überprüfung ihrer eigenen Gedanken, Handlungen und ihres Verhaltens einzuschätzen, um herauszufinden, wie weit ihre persönliche Evolution mit den Maßstäben übereinstimmt, die in den großen religiösen Schriften der Welt niedergelegt worden sind.

Die ersten Anzeichen für einen Erfolg sind ein größerer Respekt für die Wahrheit, ein größeres Maß an Selbstbeherrschung, Beständigkeit, Menschenliebe, ein Fehlen von Neid, Bösartigkeit und Haß und ein größeres Einfühlungsvermögen für alle Menschen. Der Höhepunkt der Übungen – nämlich die Vision Gottes oder des kosmischen Bewußtseins – kann nur dann erhaben und beseligend sein, wenn die Persönlichkeit des suchenden Menschen, als Ergebnis der Veränderungen, die sich im Organismus ergeben, sich in die richtige Richtung entwickelt.

Der Grund, warum alle großen geistigen Lehrer, einschließlich der Begründer der großen Glaubenslehren, mehr Gewicht auf die Entwicklung erhabener Eigenschaften als auf Meditationstechniken gelegt haben, wird im Lichte dieser Tatsache deutlich.

Ein gesunder, ausgeglichener, normaler Geist ist, unter dem Gesichtspunkt des Überlebens, einem unausgeglichenen und ungesunden, dafür aber »paranormal« arbeitenden Geist bei weitem vorzuziehen. Jeder Schritt, der nach oben führt, muß von einer entsprechenden Verbesserung im Denken und im Verhalten der Person begleitet werden. Diese Wechselbeziehung ist besonders bedeutsam angesichts der Probleme unserer Zeit. Die Menschheit ist in einem kritischen Zustand, denn sehr vielen der führenden Geister mangelt es an einigen der wesentlichen Eigenschaften, die für eine ausgeglichene Evolution nötig sind. Die thermonuklearen Waffen und der insgesamt prekäre Zustand der Welt, in der wir heute leben, sind die traurigen Konsequenzen solch unausgewogen entwickelter Persönlichkeiten.

Es gibt zahllose Menschen, die mit Hilfe von Yoga oder anderer Formen der Meditation leuchtende Phänomene in ihrem Inneren wahrnehmen, ja sogar ein Leuchten der sie umgebenden Gegenstände. Häufig schreiben sie dies einer neuen psychischen Entwicklung in ihrem Inneren zu. Sie sehen Lichtblitze oder Farben oder leuchtende Heiligenscheine um die Objekte herum, oder leuchtende Figuren oder Muster und ähnliches, begleitet von bestimmten Empfindungen in ihrem Rücken, als steige eine bestimmte Art von Energie durch das Rückgrat zum Gehirn hinauf. Ich bekomme zahllose Briefe aus verschiedenen Teilen der Welt, in denen Erfahrungen dieser Art erwähnt werden und in denen ich um meine Meinung über diese Erfahrungen gefragt werde. In vielen Fällen meinen die Schreiber, sie hätten die Kundalini in sich erweckt und die Lichterscheinungen, die sie wahrnehmen und die Gefühle, die sie spüren, seien Ausdruck der erweckten Kundalini.

Es gibt viele Menschen, bei denen sich solche Wahrnehmungen sogar ohne besondere Übungen einstellen. Daß in beiden Fällen die Lichtblitze und die Gefühle meist von der erweckten Kundalini herrühren, steht außerhalb jeden Zweifels. Aber ob die Entwicklung nun gesund ist und wirklich zu einem harmonischen Zustand erweiterten Bewußtseins hinführt oder nicht, bleibt ungewiß. Für die, die diese Erfahrungen machen, ist der einzig mögliche Weg, sie einzuschätzen und ihren möglichen Wert zu ermessen, einmal zu prüfen, wie weit ihr Denken und ihr Verhalten sich zum Besseren hin entwickelt haben und inwieweit ihre innere Stärke und ihre Charakterfestigkeit zugenommen haben.

Wenn die Gesamtbilanz günstig ist, dann können wir sicher sein, daß sich die Evolution des einzelnen Menschen auf dem richtigen Wege befindet. Wenn die Einschätzung ungünstig ausfällt, dann müssen wir die Übungen, die wir gemacht haben und die eigene Lebensführung einer genaueren Prüfung unterziehen.

Wir kommen jetzt zu der anderen Art von Aktivierung, bei der bestimmte Übungen zu einer plötzlichen Erweckung der Kraft führen, so, wie es bei mir der Fall war. In solchen Fällen sind geistige und körperliche Störungen häufig unvermeidbar. Der Grund dafür liegt in der Plötzlichkeit, mit der die Funktionsweise des Gehirns verändert wird. Wenn der normalerweise schlafende, übersinnliche Bereich aktiviert wird, führt das zu einer Revolution im gesamten Organismus. Das Gehirn braucht nun einen kraftvolleren psychischen Anstoß, um seine neue, bei weitem verbesserte Funktion zu erfüllen. Fieberhaft arbeitet der Organismus, um diese Anpassungsleistung zu vollbringen. Ich mußte manchmal ziemlich leiden und machte grobe Fehler, weil ich keine Ahnung von der Umwälzung hatte, die da stattfand.

Das wahre Ausmaß der Veränderung im Gehirn, die durch spirituelle Übungen hervorgerufen werden können, wird allgemein nicht verstanden. Man braucht kein tugendhaftes Leben zu führen und zu meditieren, um eine Gottheit wohlgesonnen zu stimmen und um zu einem friedlichen und glücklichen Geisteszustand zu gelangen, in Harmonie mit der Wirklichkeit. Vielmehr ist es so, daß durch diese Übungen ein Mechanismus im Gehirn aktiviert wird, der regelrecht eine Revolution auslöst: Sie wirkt wie ein Blitz aus heiterem Himmel auf die geistige Welt des Individuums ein. Dies gilt vor allem für gefährliche Hatha-Yoga-Übungen. Eine plötzlich ausbrechende Aktivität als Ergebnis einer bestimmten Erbkonstellation oder falsch praktizierten Yogas kann zur Ursache für unheilbare Psychosen werden.

Diese Tatsache hat ebenfalls eine Bedeutung für die heutige Situation. Daß eine abrupte Aktivierung des evolutionären Organs oder auch Funktionsstörungen dieses Organs zu bestimmten geistigen Störungen führen können, das ist ein so wichtiges Faktum, daß die Wissenschaftler sofort ihre Aufmerksamkeit darauf richten sollten. Offensichtlich müssen wir daraus schließen, daß die Evolution des Geistes nicht nur auf der Ebene der Psyche eintritt, so, wie es einige Wissenschaftler wie Sir Julian Huxley oder Teilhard de Chardin angenommen haben, sondern daß ihre Wurzeln tief im Organismus des Menschen verankert sind. Mit anderen Worten: Das menschliche Gehirn befindet sich immer noch in einem Prozeß organischer Evolution, in Richtung auf ein Ziel, das wir im Augenblick noch nicht deutlich erkennen können. Forschungen zum Phänomen der Kundalini werden diese Tatsache bestätigen.

Die immer noch fortschreitende organische Evolution des Gehirns wirft überwältigend wichtige Fragen auf. Wir kümmern uns viel zu wenig um das, was in unserer Wirbelsäule geschieht, weil wir uns in keiner Weise bewußt sind, daß wir uns in eine ganz bestimmte Richtung entwickeln, auf ein vorher definiertes Ziel hin. Wir kümmern uns nicht darum, weil wir immer noch nicht wissen, daß die Natur darauf besteht, als Beitrag zum menschlichen Fortschritt unseren Nachkommen eine bessere und gesündere geistige Ausrüstung mit auf den Weg zu geben. Dies ist viel wichtiger, als ihnen Reichtum oder Besitztümer zu vererben. Wir kümmern uns nicht darum, weil wir nicht wissen, daß wir, trotz unserer momentanen Fortschritte im Wissen, in tollkühner Weise das eiserne Gesetz der Natur verletzen, das unser Schicksal regiert, und daß der gegenwärtig gefährliche Zustand der Welt das direkte Resultat unserer willkürlichen Mißachtung dieses allmächtigen Gesetzes ist.

Es fehlen mir die Worte, um das Ausmaß des Irrtums, auf dem unser augenblickliches Denken über den Geist aufbaut, zu beschreiben. Wenn die Intelligenz der Menschheit wächst und wenn dieses offenkundige Wachstum ein Resultat der Gehirnevolution ist, dann muß es ein System in dieser nach oben gerichteten Entwicklung geben, mit Bedingungen, die denen des Wachstums aller organischen Formen des Lebens sehr ähnlich sind. Es kann kein zufälliger, unberechenbarer Prozeß sein, der vielleicht sogar das eine Gehirn in die eine, das andere Gehirn in die andere Richtung trägt oder aber einige Menschen auswählt und andere Menschen übergeht, als habe er einen eigenen, schwankenden Willen und wähle willkürlich aus. Vielmehr muß es sich um einen Prozeß handeln, der bei allen Menschen gleichermaßen wirksam wird, und zwar unter biologisch geregelten Bedingungen, in die wir eines Tages noch Einsicht gewinnen werden.

Alle Ausdrucksformen des Lebens der Erde bergen auch einen Überlebensmechanismus in sich, und bei geselligen Lebewesen mit Gruppeninstinkten gibt es einen Mechanismus, der ihnen hilft, in den ihnen gemäßen Lebensraum zu gelangen, ihre Nahrung auszuwählen, instinktiv zu wissen, wie sie ihre Höhlen bauen müssen, so daß sie dem Plan entsprechen können, der für sie von Natur aus vorgesehen ist. Generation für Generation folgen diese Geschöpfe demselben von ihren Instinkten vorgeschriebenen Verhalten – und sie haben dies bereits seit Hunderten von Millionen Jahren getan. Ist nun der Mensch aufgrund seiner Intelligenz absolut frei, seinen Wohnort zu wählen und auf eine Weise zu leben, die seinen Bedürfnissen und seinem Neigungen entspricht, oder hat die Natur ihm bestimmte Bedingungen gestellt, über die wir augenblicklich nichts Genaues wissen?

Wenn er keinen Bedingungen unterworfen ist, so beaber deutet das, daß er sogar die Freiheit hat, sich selbst zu zerstören. Wenn er die Freiheit hat, sich selbst zu zerstören und wenn er in der Tat seine eigene Zerstörung zustande bringt, dann bedeutet das, daß es keine allmächtige Macht gibt, die das Verhalten von intelligenten Formen des Lebens regiert.

Dies Problem wirft wichtige ontologische Fragen auf. Wenn der Mensch sich selbst zerstört, dann würde das bedeuten, daß das ganze Drama seiner Evolution, das seit Millionen von Jahren in Szene gesetzt worden ist, umsonst war, daß er ein ebensolches Abfallprodukt war wie die Dinosaurier. Dann wäre entweder das irdische Leben das Ergebnis eines Unfalls, oder gefühllose

Mächte hätten nie einen Plan oder einen Entwurf der Schöpfung gemacht. Oder, wenn es einen intelligenten Schöpfer des Universums gäbe, dann wäre es ihm wohl vollkommen gleichgültig, was darin passiert. In beiden Fällen wäre die Schlußfolgerung dieselbe: daß es keine Instanz gibt, die das Verhalten des Menschen beobachtet und die dann, wenn sich die Entscheidungen des Menschen in scharfem Konflikt befinden mit Gesetzen, die für ihn im Schöpfungsplan vorgesehen sind, eingreift und diese Entscheidungen korrigiert.

Wir können nicht annehmen, daß das Werk eines unendlich intelligenten und allmächtigen Schöpfers ohne innere Ordnung und ohne allgemeinen Plan enstanden ist oder daß unter den verschiedenen zahllosen Formen des Lebens allein der Mensch eine Ausnahme ist von dem Gesetz, sich dem, was die Natur vorschreibt, zu beugen. Die Tatsache, daß der Mensch sich den Naturgesetzen beugen muß, steht außerhalb jeden Zweifels, sogar dann, wenn wir der Ansicht sind, daß das Leben nur durch Zufall entstanden ist. Denn es gibt kein Geschöpf, dessen Verhalten nicht von strengen biologischen Gesetzen regiert wird. Es könnte sein, daß wir gar nicht ahnen, wie tief auch wir im Schöpfungsplan verankert sind.

Erst jetzt haben wir begonnen, einige Fakten über die unerklärlichen und geheimnisvollen sinnlichen Fähigkeiten einiger Lebewesen zu erforschen – beispielsweise bei den Bienen, den Fledermäusen, den Zugvögeln und so weiter. Das Rätsel ist dadurch sogar noch undurchschaubarer geworden, als es schon vorher war. Könnte es nicht sein, daß es in der menschlichen Psyche noch tiefere Schichten gibt, derer wir uns im Augenblick gar nicht bewußt sind? Die Tatsache, daß wir darüber nichts wissen, könnte wiederum der Grund für das Verhalten sein, das uns jetzt an die Schwelle des Unglücks geführt hat.

Wenn wir uns die Evolution über die Jahrtausende hinweg betrachten, dann sehen wir, daß sich das

Gehirn immer noch im Prozeß des organischen Wachstums befindet, um ein vorher definiertes Ziel zu erreichen, daß es also ein Ziel in der menschlichen Existenz gibt und daß eine Evolution geplant wurde.

Wenn die Evolution geplant wurde, so bedeutet das, daß es hinter dem gesamten Phänomen Leben auf der Erde eine intelligente, lenkende Macht gibt. In dem Fall kann es für den Menschen nicht als einzige von allen Kreaturen auf der Erde unbegrenzte Freiheit geben. Es muß Beschränkungen und Kontrollen geben, die ihm verbieten, sich in seine eigene Evolution einzumischen. Es muß Impulse und Instinkte geben, die zum Tragen kommen, wenn er versucht, die natürlichen Schranken seines Verhaltens zu durchbrechen.

Es wäre naiv anzunehmen, die allwissende Intelligenz, die diese Evolution geplant hat, habe vorher nicht gewußt, daß der Mensch in einem bestimmten Stadium seiner intellektuellen Entwicklung Kräfte besitzt, durch die er in der Lage ist, seine ganze Art auszurotten – und sogar alles Leben auf der Erde.

Dieser technologische Sprung vorwärts in Richtung auf eine fast unbegrenzte Macht der Zerstörung muß bereits vorhergesehen – und es muß ein Gegenmittel dafür bereitgestellt worden sein. Die Möglichkeit göttlicher Intervention in die Angelegenheiten des Menschen, etwa zu Zeiten einer akuten Krise, um ihn daran zu hindern, sich selbst irreparablen Schaden zuzufügen oder aber seine eigene Zerstörung zu verursachen, muß deshalb immer mit einbezogen werden. Ich sage dies voller Gewißheit, denn die Zeit für den Beweis der geistigen Evolutionsgesetze ist da.

Kapitel 9

Über Meditation

Als Antwort auf die vielen Anfragen, die er erhielt und in denen er gebeten wurde, eine bestimmte Meditationstechnik vorzugeben, diktierte Gopi Krishna diese Zeilen. Es war 1983, während seiner letzten Reise in den Westen. Nach seinem Tode, achtzehn Monate später, wurde unter seinen unveröffentlichten Papieren »ein Gebet zum Herrn« gefunden.

Ich habe keine Schüler um mich versammelt und sehe mich nicht als Führer. Denn wenn überhaupt Führung angeboten werden soll, dann muß sie auf die Bedürfnisse des einzelnen Menschen abgestimmt sein. Die Menschen befinden sich jeweils auf verschiedenen Ebenen der Evolution. Ihre Konstitution und ihr Temperament sind individuell unterschiedlich. Es gibt kein Schema, das überall anzuwenden wäre. Wir wollen keine Maschinen transformieren, sondern den Menschen.

In jeder Einsiedelei in Indien mußten die Gurus ihren Schülern ihre individuelle Aufmerksamkeit widmen. So war es jahrhundertelang. Jahrelang mußten die Schüler im Ashram leben, so daß der Guru sie gründlich kennenlernte, und erst dann konnte er ihnen Führung geben.

Aber es gibt zur Erleuchtung zwei mögliche Wege. Der eine Weg ist drastisch, intensiv. Der andere Weg ist langsam. Den langsamen kann jeder von Ihnen gehen. Und jener langsame Weg wird bei allen Religionen in ähnlicher Weise vorgeschrieben. Es handelt sich zunächst einmal darum, einen gesunden Körper und einen gesunden Geist zu haben und sich in seiner menschlichen Reife langsam zu entwickeln. Das erste Attribut der Menschlichkeit ist Liebe. Universelle Liebe, Liebe zur Familie, Liebe zu den Freunden, Liebe zum Universum – sogar Liebe zum Feind. Weiter ist es notwendig, Einfühlungsvermögen und Mitgefühl zu entwickeln. Wenn wir ernsthaft krank oder in einer schrecklich schwierigen Lage sind, dann wünschen wir uns, daß andere mit uns sympathisieren. Und wir fühlen uns glücklich und beruhigt, wenn jemand zu uns kommt und uns sein Mitgefühl ausdrückt. Wir empfinden das als sehr wohltuend. Wir sollten zugleich verstehen, daß andere dasselbe brauchen. Wir müssen eine Haltung von Einfühlungsvermögen und Liebe entwickeln.

Dazu kommen Hingabe, Wahrhaftigkeit, Ehrlichkeit, Geduld, Ausdauer. Ich sage nicht, daß diese Tugenden an einem Tag entwickelt werden könnten, aber der Versuch sollte gemacht werden, und die Natur ist langmütig. Der erste Schritt muß immer sein, uns selbst zu diesen Tugenden hin zu entwickeln. Wenn wir sie vorsätzlich und bewußt pflegen, dann kommen wir der höheren Ebene immer näher.

Dazu kommen regelmäßige Gebete und regelmäßiger Gottesdienst; wenn wir meditieren, dann sollte die Meditation auch ein Gebet sein. Mechanisch ablaufende Meditation ist eher ein Hindernis als eine Hilfe. Dies ist also der Weg. So ist es am sichersten, am einfachsten und am leichtesten. Zuerst einmal geht es um die Entwicklung unserer selbst. Es geht darum, das Ego loszulassen, so weit, wie es uns möglich ist. Dies bedeutet nicht, jeden instinktiven Drang oder Appetit zu unterdrücken, sondern es bedeutet Mäßigkeit. Mäßigkeit im Essen, Mäßigkeit im Vergnügen, Mäßigkeit in den Aktivitäten und Mäßigkeit im Zeitvertreib der Unterhaltung. Übermäßiges Essen oder Fasten, eine übermäßige Aktivität oder Lethargie – jedes dieser Extreme sollte vermieden werden. Der mittlere Weg, wie Buddha sagt. Das mittlere Leben, aber mit diesen Charakteristika; und sein wie ein Kind – wie Christus gesagt hat, ohne Schlauheit, ohne Verschlagenheit und ohne die Absicht, über einen Freund oder Nachbarn oder Bruder einen Vorteil zu erlangen.

Unser Bestreben ist, dem Herrn des Universums näherzukommen. Unser Ego muß zunächst weggeschmolzen werden. Und alles, was wir tun, muß im Geiste des Gebetes getan werden, oder im Geiste einer Bitte um ein Gespräch mit dem Allmächtigen, das wir niemals erzwingen können. Kein Tropfen kann zu einem Ozean werden. Wir müssen in Demut suchen, so zu sein wie Kinder. Wir müssen unsere Weltklugheit aufgeben. Unsere Herzen müssen von allem Unreinen gereinigt werden. Und wir müssen unser Ego in Staub verwandeln.

Es ist eine sehr anstrengende Reise. Aber wenn jemand eine tiefe Sehnsucht in sich trägt und sehr wenig Ego hat, wenn jemand aufrichtig und ehrlich, liebevoll und einfühlsam, barmherzig und voller Mitgefühl ist, dann wird er sicherlich Erfolg haben. Er oder sie kann sicher sein, eines Tages erleuchtet zu erwachen. Selbst wenn dieser Zustand nur kurz anhält, so wird sich doch sein Leben verändert haben. Er weiß, daß er gewonnen hat. Dies ist das Leben, so, wie es in allen religiösen Schriften der Menschheit beschrieben wird. Die Offenbarung ist immer dieselbe gewesen. Es gibt keine Abkürzungen oder Hintertüren auf unserem Weg. Der Mensch muß sich entwickeln, körperlich, geistig und auf der spirituellen Ebene, um seine Krone zu erringen. Es gibt keine Zauberei. Es schmerzt mich, in den Büchern, die zu diesen Themen geschrieben worden sind, eine vollkommen falsche Beschreibung dieses höheren Entwicklungszustandes zu finden Es gibt keine Zauberer. Es gibt nirgendwo im geheimen irgendwelche versteckten Gurus. Ihr habt bereits alles von den größten erleuchteten Weisen gelernt; von Christus, Buddha, Shankara, Mohammed und den Mystikern.

Und ihr könnt das mit dem vergleichen, was ich gesagt habe. Dies ist die Feuerprobe für jeden Lehrer, der vor die Menschen tritt, um zu lehren. Er oder sie muß sich auf den Weg begeben, den die großen Erleuchteten vor ihm gegangen sind. Der Weg an sich ist derselbe. Es ist ein- und derselbe Weg für die ganze Menschheit. Und dieser Weg wird zu einer besseren Welt führen – und führt bereits zu dieser Welt –, zu einer vereinten Menschheit, zu einem gemeinsamen Ziel und zu einem gemeinsamen Glück. Die Zeit ist, trotz aller Macht und aller Stärke der materiellen Kräfte, trotz der Armeen und der Waffen, gekommen, diesen Traum zu realisieren. Die Macht des Geistes ist groß.

Ein Gebet an den Herrn

Hilf mir, o Herr, bis zu meinem letzten Atemzug
Die Wahrheit zu sagen und das Rechte zu tun,
Die Lehren der Vergangenheit nicht zu vergessen
Und mir die Zukunft vor Augen zu halten.

Ich habe keine Antwort auf die Frage,
Warum und wie ich mich auf dieser Bühne befinde.
Mit der Erde unter mir und dem Himmel über mir.
Und ich weiß nicht, welchen Sinn unsere Existenz hat.

Weder die Weisheit der Gelehrten
Noch alle Bücher, die ich las,
Verhalfen mir zu dem Wissen oder auch nur zu einer Idee,
Welche Kraft hinter uns allen steht.

Hilf mir, o Herr, in der richtigen Weise zu denken
Und mein Leben zu einer Flamme der Liebe zu machen,
Den Glanz dieser Liebe zu verströmen, rein und klar,
In dienenden Handlungen statt

Im Gedanken an mich selbst, an Ruhm und Gewinn,
Aus reiner Liebe zu den Menschen,
Um Kummer zu lindern und Schmerzen zu heilen
Und die Sorgenvollen zu trösten.

Nur wenige Jahre sind uns gegeben,
Um über das »Ich« und »Mein« hinauszuwachsen,
Um weniger an uns selbst zu denken
Und ein wenig mehr an »Dich« und »Dein«.

Eine Welt, in der jeder einzelne von uns
Nur für sich selbst da ist,
Muß in Sorgen und Kummer ersticken,
Verloren in Selbstsucht und Gefühllosigkeit.

Ziel aber sollte es sein, Unser Leben
Zu einer Quelle von Glück für alle zu machen,
Über den niedrigen Streitereien zu stehen
Und aufrecht und ehrlich tätig zu sein.

Es ist nicht weise, hastig zu handeln,
Wenn wir nur wenig von uns selbst wissen.
Wir geben dann vielleicht Edelsteine für Kohlestückchen fort
Und verkaufen unsere Seele für ein paar Groschen.

Hilf mir, o Herr, mein ganzes Leben lang
In Gedanken und Handlungen Dir treu zu dienen,
Und laß mich wie die Strahlen der Sonne
Überall Deine Herrlichkeit sehen.

Dann kann meine Seele
Sich über den Körper hinaus erheben
Und den letzten Preis,
Nämlich das ewige Leben in Jugend und Frische, erringen.

Kapitel 10

Der Fall Alan Watts

Dieser Essay wurde als spontane Antwort auf den Brief eines Freundes geschrieben, dem die Kopie einer Werbeanzeige für die Autobiographie von Alan Watts beigelegt war. Obwohl die Anzeige nur einige wenige Hinweise enthielt, reichten sie doch aus, um Gopi Krishna einen Einblick in das bisweilen sehr unruhige und problematische Leben von Alan Watts zu geben. 1975 wurde seine Studie zu diesem Thema von E.P. Dutton, New York, als Teil einer Sammlung von Essays unter dem Titel *Die Erweckung der Kundalini* veröffentlicht.

Es ist nicht schwierig festzustellen, daß Alan Watts einer jener Intellektuellen war, bei denen sich die evolutionäre Metamorphose fast vollendete, obwohl sie selbst nichts über ihre inneren körperlichen Zustände wissen, die für diese Entwicklung verantwortlich sind. Diese teilweise Bewußtheit führt zu einem spontanen Aufblitzen mystischer Erfahrung und zu einer intensiven Sehnsucht nach Transzendenz. In jenen Fällen werden der sexuelle und der evolutionäre Mechanismus in beide Richtungen wirksam und bewirken gelegentlich einen alles verzehrenden Durst nach der beseligenden Vision und zu gleicher Zeit einen unstillbaren Hunger nach sexueller Erfahrung.

Vom evolutionären Gesichtspunkt aus gesehen sind dies Anzeichen für den Zustand eines Menschen, der reif ist für die Erfahrung der Erleuchtung durch eine hochaktive Kundalini, die sowohl auf das Gehirn als auch auf die Geschlechtsorgane Druck ausübt. Aber die Aktivität der Kundalini kann, wenn der gesamte Körper nicht richtig darauf eingestellt ist, außerordentlich schädlich sein und in einigen Fällen sogar zu Krankheit führen. Im ersteren Falle wird das zu einer höheren Stufe aufgestiegene Bewußtsein von Komplexen, Angst, Depression, Furcht und anderen neurotischen und paranoiden Zuständen beeinträchtigt, die mit Perioden von Hochstimmung, visionären Erfahrungen oder kreativen Stimmungen abwechseln. Im zweiten, ungünstigen Fall manifestiert sich die Kundalini in den verschiedenen schrecklichen Zuständen der Psychose, in der entsetzlichen Depression, der hektischen Aufregung und den Verwirrungen des Wahnsinnigen.

Dieselbe Lebensenergie, die, wenn sie rein ist, zu den ruhmreichen visionären Erfahrungen des Mystikers führt, kann auf der anderen Seite, wenn sie nicht ganz rein ist, düstere Stimmungen von Anspannung, Furcht, Depression oder Angst hervorrufen und kann, wenn sie unheilbar verseucht ist, das schreiende Entsetzen des Wahnsinns auslösen.

Watts sagt einiges zu diesem Thema in seiner Autobiographie *In my own way*. So spricht er etwa von seinem »launischen Geist«, seiner »Sucht nach Nikotin und Alkohol«, seinem »gelegentlichen ängstlichen Schaudern«, seinem »Interesse an Frauen«, seinem »Mangel an Begeisterung für körperliche Übungen«. Diese Charakteristika finden sich auch bei vielen anderen hochintelligenten und weit entwickelten Menschen, die entweder das mystische Bewußtsein bereits erreicht haben oder sich an der Schwelle dorthin befinden. Sie befinden sich nicht durchweg in einem beseligten, glücklichen oder schöpferischen Zustand, bedingt durch verschiedene umweltbedingte, psychische oder organische Störungen.

Dieser häufig traumatische Zustand des modernen, hochintelligenten oder kreativen Geistes ist das Ergebnis einer groben Vernachlässigung evolutionärer Bedürfnisse, und es ist dringend notwendig, diesen Zustand wissenschaftlich zu untersuchen. Aber da die modernen Wissenschaftler den spirituellen oder, anders ausgedrückt, evolutionären Voraussetzungen des menschlichen Lebens entweder unwissend oder gleichgültig gegenüberstehen, wird die Welt immer weiter leiden, bis endlich ein Durchbruch kommt. Das evolutionäre Bestreben will eine noch weitere Dimension des Bewußtseins auf der Linie der Erfahrungen aufbauen, die von den Mystikern in den höheren Stadien der Ekstase durchlebt werden. Es bedarf noch größerer Willenskraft und Selbstdisziplin, um einen Geist, der auf höheren Ebenen der Erkenntnis arbeitet, konstant unter Kontrolle zu halten, wenn er mit einer Versuchung oder wenn er mit den niemals endenden akuten Problemen des Lebens konfrontiert ist.

Die auf jeder weiteren Stufe steigende Gefühlsintensität bedarf auf der anderen Seite auch einer gesteigerten Selbstkontrolle. Es ist das Ungleichgewicht in der Entwicklung dieser beiden Anteile, die die Probleme des neurotischen, innerlich zerrissenen, überehrgeizigen, unglücklichen, Ablenkung suchenden, unbefriedigten intellektuellen Geistes verursacht. Die geistige Spannung in allen zivilisierten Ländern wächst, denn unsere Lebensweise und das von uns geschaffene soziale Umfeld wirken anti-evolutionär. Dies ist die Erklärung für die vollkommen unerwartete und erschreckende Rebellion der Jugend gegen die gegenwärtige soziale Ordnung, die, vom evolutionären Standpunkt aus gesehen, ihre Nützlichkeit verloren hat. Der Aufruhr der Jugend ist heute eine wirkliche Bedrohung für menschliche Sicherheit und menschlichen Fortschritt. Ein Abnehmen der moralischen Stärke eines Volkes ist das erste Symptom seiner Degeneration. Eine dauerhafte Anstrengung und eine dauerhafte Wachsamkeit sind notwendig, um einen Schwund des Moralempfindens, das sich im Laufe von Jahrhunderten zivilisierter Existenz herausgebildet hat, zu vermeiden.

Nicht die Gesellschaft oder die Zivilisation waren die Ursache moralischen Wachstums; sie unterstützten seine

Entwicklung. Die eigentliche Ursache ist der evolutionäre Impuls, der allen Menschen gegeben ist. Psychologen irren sich in ganz bedauernswerter Weise, wenn sie meinen, die Unterdrückung wilder natürlicher Instinkte sei auf die Fortschritte der Zivilisation zurückzuführen. Beide sind voneinander abhängig und haben ihren Ursprung in der Kundalini, der aktiven evolutionären Kraft in den Menschen. Eine gewachsene moralische Stärke mit einem starken Willen und einer gestärkten Selbstkontrolle sind Voraussetzungen für ein beseligendes, hinreißendes, mystisches Bewußtsein, das sich sogar in den Träumen niederschlägt. Ohne diese Komponenten finden wir häufig das, was wir auch im Falle von Mr. Watts beobachten: einen dauernd schwankenden Gemütszustand mit einer Neigung zu visionären mystischen Erfahrungen auf der einen Seite und Angstzuständen auf der anderen; ein ruheloses erotisches Kitzeln, Sucht nach Nikotin, Alkohol und anderen Mitteln, um innere Spannungen zu lindern und um unangenehme oder sogar qualvolle Geisteszustände, die auf höheren Ebenen des Bewußtseins sehr viel intensiver sind, erträglicher zu machen.

Wenn die Forderungen der Evolution nicht beachtet werden und wenn die jetzigen politischen und sozialen Systeme sowie das Erziehungssystem nicht umorganisiert werden, damit sie diesen Forderungen Genüge tun, dann wird der Intellektuelle der Zukunft eine traurige Gestalt sein, begabt mit mystischem Bewußtsein, aber hilflos gegenüber abnormen geistigen Zuständen, gequält von schrecklichen Visionen, von Furcht, Anspannung, Depression, Mangel an Schlaf, Überdruß, einer Abneigung gegen Arbeit und gegen gesunde körperliche Übungen mit einem alles andere beherrschenden Interesse an Sexualität. Sein Leben wird, statt eine Quelle des Friedens zu werden, von der Pubertät bis zum Ende eine unerträgliche Last. Genau dies ist es, was jetzt geschieht, und die Symptome sind bei den Millionen, die einstmals ein nüchternes und wohlgeordnetes Leben führten und jetzt unruhig hin- und herziehen, Drogen nehmen, sich der Promiskuität hingeben, offensichtlich, ohne daß sie den Grund für die Rebellion ihres Geistes verstehen. Sie stellen sich selbst und die Psychologen vor ein Rätsel.

Die überragende Bedeutung aller Offenbarungsschriften lag darin, daß sie die Aufmerksamkeit auf die Notwendigkeit der Selbstdisziplin richteten, auf bestimmte Normen des Verhaltens und gewisse edle Charakterzüge, ohne die die Evolution nur in eine Katastrophe führen kann. Die Vorstellungen von Erscheinungen Gottes wurden wie ein Haken benutzt, auf dem sie ihre Lehren aufhängen konnten. Wie hätten die Menschen früherer Zeiten dazu gebracht werden können, ein moralisches Leben zu führen, ohne dafür einen übernatürlichen Grund gehabt zu haben und das Bedürfnis, die Gottheit zu versöhnen? Eigentlich entsprang dieses Bedürfnis den Veränderungen, die im Geist und im Körper durch den unausweichlichen Druck der evolutionären Prozesse eingetreten waren.

Mit der beschleunigten Aktivität des evolutionären Geschehens geht eine unglaubliche Steigerung der Lebensenergie oder der sexuellen Energie einher. Wenn der Organismus in perfektem Zustand ist, dann fließt die sublimierte Energie in das Gehirn ein und hebt das Bewußtsein in unbeschreibliche Höhen grenzenlosen Wissens und großer Verzückung. Aber wenn das System unrein ist und wenn die pranische Strahlung auch nur ein wenig verschmutzt wird, dann versucht die Natur, die Situation auf zweierlei Weise wieder richtigzustellen: Die Strahlung findet entweder Eingang in das Gehirn in der verseuchten Form – und das führt zu Angstzuständen, Furcht, Spannung, Depression oder auch der Sucht nach irgendeiner Form von Ablenkung und bewußtseinsverändernden Drogen oder ähnlichem. Dies ist die »dunkle Nacht des Mystikers«, die depressive, sterile Stimmung des Genies oder der »Anfall von Melancholie« des Intellektuellen. Psychologen haben keine Erklärung für diese unvorhersehbaren Stimmungsschwankungen und für diese unglücklichen Stimmungen. Oder es kommt zu einem enorm erhöhten Druck am anderen Ende des evolutionären Geschehens – im Sexualbereich – mit der Folge einer nicht zu unterdrückenden Sinnlichkeit. In solchen Fällen wird eine Entlastung unvermeidlich, um den quälenden Druck auf das Gehirn zu vermindern. Die beherrschende Rolle, die Sexualität sehr häufig im Geist kreativer Intellektueller spielt und ihre vollständige Kapitulation davor sind von daher leicht verständlich.

Was Watts ausdrückte, ist die grundlegende Realität, auf der die alten Tantras aufbauen – nämlich die Leidenschaften und Gelüste, die tief in die Natur des Menschen eingepflanzt sind. Die vorgeschriebenen Übungen zielen darauf ab, diese Tendenzen zu bekämpfen. Dennoch können sie und sollten sie nicht ganz unterdrückt werden. Mäßigung ist das Schlüsselwort.

Vielleicht hätte Watts gern vernommen, daß der unbekannte Autor der berühmten Hymne an Kundalini, *Panchastavi,* sich selbst fast genauso ausgedrückt hat, wenn er in einem Zustand ewiger Ekstase singt: »Frei von allem Gefühl der Abhängigkeit, nichts von irgend jemandem verlangend und niemanden irreführend oder gegen irgend jemanden unterwürfig. Ich hülle mich in feine Kleidung, nehme köstliche Nahrung zu mir und tue mich mit der Frau meiner Wahl zusammen, weil Du, o Göttin, in meinem Herzen leuchtest.«

Der Sänger wirft nicht die Frage auf, warum die mystische Erfahrung über ihn gekommen ist, denn entsprechend der tantrischen Tradition ist weder extreme Askese noch unmäßige Sinnlichkeit eine Antwort auf das spirituelle Problem des Menschen. Der Gebrauch von Wein und die Gesellschaft von Frauen bei der tantrischen Gottesverehrung und im Ritual setzen daher voraus, daß die Grenze der Mäßigung nicht verletzt wird. Alkohol als ein Stimulans in depressiven und ängstlichen Stimmungen und die Gesellschaft des schönen Geschlechts – der Ehefrau oder einer Freundin – waren häufig ein notwendiges Element in tantrischen Übungen und in tantrischer Gottesverehrung. Immer und immer wieder hören wir den ausdrücklichen Befehl, daß beides nur sehr spärlich und als eine Gabe an die göttliche Energie oder Shakti angeboten werden sollte. Es gibt ausgeklügelte Rituale, um den Umgang mit Wein und Frauen zu regeln.

Um die depressiven Zustände oder die Angst zu bekämpfen, die häufig die höheren Bewußtseinslagen begleiten, gibt es spezifische Yogaübungen und Disziplinen, die von Anfang an gemeistert werden müssen. Ein bestimmtes Bild der Göttin oder einer anderen Gottheit stellt man sich während der Meditation mit einer Hand erhoben vor, so, als würde sie die Furcht verscheuchen, und eine wiederholte derartige Übung kann dazu führen, daß eine geistige Barriere gegen ängstliche und depressive Stimmungen errichtet wird. Auch die Entwicklung eines gesunden Gefühls von Losgelöstheit (Vairagya) vom Körper und der Welt und ein Sich-Ergeben in den göttlichen Ratschluß, wie er bei den meisten Yogaübungen vorgeschrieben wird, dient häufig als Mittel zu demselben Zweck.

Ziel soll sein, die Bedürfnisse des Fleisches und die wunderlichen Einfälle des Geistes zu erkennen. Die alten, ausgeklügelten Systeme sorgen dafür, sich vor Rückschlägen und Fehlern zu schützen und Menschen, die ein normales Leben führen, die Möglichkeit zur Entwicklung eines mystischen Bewußtseins offenzuhalten. Das streng puritanische und mönchische Leben ist dem geistigen Fortschritt der Menschheit ebenso unzuträglich wie ein Leben, das nur auf sinnliche Lust aus ist. Diejenigen, die ihren Finger gegen jemanden erheben, der die Hinfälligkeit und die Schwäche des Fleisches bei seiner Suche nach der obersten Erleuchtung anerkennt, betrügen sich deshalb selbst in Anbetracht der unergründlichen Mysterien der Natur, und sie versuchen, den ganzen gewaltigen Plan der menschlichen

Evolution auf die Größe des eigenen beschränkten Intellekts zu beschränken.

Eine Menschheit mit gehemmtem Appetit und mit unterdrückten Sehnsüchten und Bedürfnissen kann sich weder fortpflanzen, noch kann sie überleben. Die Möglichkeit der Evolution ist dann ebenfalls ausgeschlossen. Trotz der Lehren von verschiedenen Propheten und Heiligen führten die Massen weiterhin ihr normales Leben, vertrauten auf die Gnade Gottes und manchmal sogar auf die Fürsprache ihrer spirituellen Helden. So wirkte die Natur in Richtung auf eine Erhaltung der Menschheit, denn das andere Extrem wäre schlimmer und sogar selbstmörderisch gewesen. Der Mensch muß lernen, nach Vervollkommnung zu streben und ein möglichst fruchtbares und anständiges Leben zu führen. Aber er darf nicht irgendeinen elementaren Antrieb, den die Natur ihm mitgegeben hat, vollkommen zerstören, verdrehen oder vollständig und drastisch unterdrücken, denn ein solches Verhalten wäre gefährlich für ihn selbst und für die ganze Menschheit.

Wir müssen Watts, ebenso wie Rousseau, für seine offenherzigen Geständnisse ehren und bewundern. Seine Offenheit sollte vielen Suchern dabei helfen, die Furcht und die Depression zu überwinden, die sich bei dem Gedanken einstellen, daß sie in ihrem täglichen Verhalten nicht die Ideale, die sie anstreben, erreichen und deshalb auf ihrer Suche nach Transzendenz nicht zum Ziel kommen.

»O Sohn der Kunti«, sagt Krishna in der Bhagavad Gita, »die erregten Sinne eines weisen Mannes, wenn er auch voller Bemühen sein mag, tragen seinen Geist ungestüm davon.« Das wirkliche Ziel spiritueller Übungen ist es, sich selbst zu meistern, ohne grundlegende Bedürfnisse und Sehnsüchte zu verleugnen, und alles übrige vertrauensvoll der Gottheit zu überlassen.

Es gibt so viele Faktoren, die bei der Entwicklung des mystischen Bewußtseins eine Rolle spielen, einschließlich Erbfaktoren und der sozialen Umgebung, daß es für Gelehrte Jahrhunderte dauern wird, die Gesetze ans Licht zu bringen und unfehlbare Methoden für das Erreichen eines gesunden und immerwährend glückseligen Zustands transzendentalen Bewußtseins herauszufinden. Die sehr starken Stimmungsumschwünge, denen Watts ausgesetzt war, können verschiedene Gründe haben, wie etwa mangelnde Übung in Selbstdisziplin, Unkenntnis einiger der grundlegenden Tatsachen des Yoga und des evolutionären Weges, ungünstige biologische Faktoren, Drogen und ein mangelhaftes System der Erziehung und der sozialen Organisation. Nach meiner Meinung sollte seine Autobiographie für künftige Erforscher der Mystik von unschätzbarem Wert sein, wenn die biologischen Implikationen der spirituellen Sehnsucht beim Menschen empirisch entdeckt und verstanden worden sind. Ich habe meine Meinung über die wahrscheinlichen Gründe für die gespaltene Persönlichkeit von Watts ohne irgendeine Absicht der Herabsetzung zum Ausdruck gebracht, lediglich um anderen, die den Weg zur Transzendenz gehen wollen, zu helfen.

Nach seiner eigenen Ansicht »ist Satori in seiner Substanz eine ganz plötzliche Erfahrung, und es wird häufig erlebt als ein ›Umschlagen‹ des Geistes, genauso, wie eine Waage plötzlich umschlägt, wenn eine ausreichende Menge in eine Schale hineingeschüttet worden ist und sich diese Schale dann senkt.« In allen Systemen, bei denen spirituelle Übungen eine Rolle spielen, wird diese Möglichkeit bereitwillig eingeräumt und häufig der »Gnade« zugeschrieben.

Aber zweifellos sollte es einen Denker, der die Fakten über das Verhältnis zwischen Körper und Geist kennt, neugierig machen, daß plötzliche Einsichten nur in einer sehr begrenzten Zahl von Fällen auftreten, im allgemeinen nur bei sehr intelligenten Männern und Frauen, und daß in der großen Mehrzahl der Fälle, sogar nach rigorosen spirituellen Übungen, diese sofortige oder sogar allmähliche Erkenntnis – das heißt, mystische Erfahrung – nicht einmal im Traum gewonnen wird.

Was steckt hinter diesem anscheinend unlösbaren Rätsel? Ist die Gnade kostenlos oder eine Belohnung für ein erfülltes Karma? Von einem hochbegabten Künstler, einem genialen Mann, einer Frau von außerordentlicher Schönheit und Grazie, einem großen Erfinder oder einem großen militärischen Führer sagt man, er sei mit besonderen Talenten begabt oder gesegnet. Die, die an das Karma glauben, schreiben ihr Talent, ihre Schönheit, ihre Geschicklichkeit oder ihre Intelligenz dem Karma zu. Aber können wir in jedem Fall bei dem jetzigen Stand unseres Wissens leugnen, daß es – ob es nun ein kostenloses Geschenk sei oder göttliche Gnade oder die Frucht des Karma – in jedem Fall eine sehr enge Verbindung gibt zwischen dem Talent, der offensichtlichen Schönheit und der organischen Struktur des einzelnen Menschen, obwohl wir gegenwärtig kaum in der Lage sein dürften, diese Zusammenhänge genau zu benennen?

Welche Schwäche in unserer Denkfähigkeit bringt uns dazu, mystische Erfahrung – die seltenste aller außergewöhnlichen geistigen Gaben – von den anderen ungewöhnlichen Bereichen zu isolieren und darauf zu beharren, daß nur religiöses Streben oder Gnade dafür verantwortlich seien? Wenn dies der Fall wäre und wenn der organische Aspekt hier gar keine Rolle spielte, warum spielen dann bei allen religiösen Übungen Atem, Körper und Geist eine so wichtige Rolle? Wieso besteht dann die Notwendigkeit, Leidenschaften und Sehnsüchte zu beherrschen, und warum ist, von den frühesten Zeiten an, immer die Reinheit des Körpers und des Geistes vorgeschrieben worden, wenn doch die Seele von Buddha in den Worten von Alan Watts gewiß auch glücklich »in einem Hund« leben kann?

»Ein Töpfer, der Tongeschirr machen möchte«, sagt ein bekannter chinesischer Meister, Chih I (auch genannt Chih Che), »sollte zunächst einmal den richtigen Ton vorbereiten, der weder zu hart noch zu weich, sondern leicht formbar ist; ein Lautenspieler sollte, wenn er eine Melodie ertönen lassen will, zunächst einmal die Saiten stimmen. In ähnlicher Weise sollten bei der Kontrolle des Geistes fünf Dinge reguliert werden.« Diese fünf Dinge sind Nahrung, Schlaf, der Körper, der Atem und der Geist. Dieselbe Vorschrift wird auch in der Bhagavad Gita immer wiederholt. Die Regulierung dieser fünf Bereiche ist notwendig für die Gesundheit – geistig und körperlich. Wenn diese Bereiche nicht in Ordnung sind und wenn der Geist nicht kontrolliert wird, dann kann die Meditation zu trügerischen, schrecklichen visionären Erfahrungen führen, zu ernsten geistigen Störungen oder, nach Meister Chih I, sogar zum Wahnsinn.

»Der, dessen Sorgen über die Welt der Erscheinungen zur Ruhe gekommen sind, der, obwohl er einen aus Teilen bestehenden Körper hat, dennoch nicht zersplittert ist und dessen Geist frei ist von Angst, wird als ein Mann anerkannt werden, dessen Leben zur Befreiung geführt hat *(jivan-mukta)*«, sagt Shankara im Vivekachudamani (430). Die dringende Notwendigkeit, den Geist und den Körper auf die höhere Ebene des Bewußtseins einzustellen, wurde in allen alten Übungen deutlich erkannt. Dieselbe Anpassung muß dort stattfinden, wo aufgrund eines erblich bedingten Entwicklungsstandes spontane mystische Erfahrungen gemacht worden sind.

Viele westliche Denker, die aufgrund ihrer psychologischen Kenntnisse von bestimmten Ansichten überzeugt waren, haben sehr große Verwirrung gestiftet, da sie mystische Erfahrung ähnlich etwa wie ein visionäres Abenteuer einordneten, ohne daß sie irgendeine Beziehung zum Organismus sahen. Sie erkannten nicht, daß spirituelle Erfahrung der Gipfel eines normalen biologischen Evolutionsprozesses ist. Selbst wenn die Gesetze, die hinter diesem Prozeß stehen, nur aus Unwissenheit mißachtet werden, treten trotzdem Schwankungen des Gemütszustandes auf oder kann die Exzentrizität nicht nur des Intellektuellen und des genial begabten Menschen, sondern auch des Mannes der Mystik die Folge sein. Eigentlich sollten sich die Dinge ganz anders verhalten: Der Mystiker, der Intellektuelle und der genial begabte Mensch sollten harmonischer, ruhiger und ausgeglichener sein, da häufig sie es sind, die der Menschheit als strahlende Vorbilder dienen.

Das Ziel des psychophysiologischen evolutionären Antriebes, der in jedem Menschen wirkt, ist ein andauernder Zustand mystischen Bewußtseins, frei von Höhen und Tiefen, ohne Komplexe, Spannungen, Ängste, Neurosen und Befürchtungen, mit fester Kontrolle über Geist und Körper, über Emotionen, Leidenschaften und hartnäckige Gelüste. Selbst ein nur sehr flüchtiger Blick auf irgendein wegweisendes altes Werk über Yoga oder irgendeine religiöse Schrift würde zeigen, daß dies das Ziel ist, das jede spriritulle Lehre vor Augen hat.

Dieser Zustand einer jede andere Erfahrung überschreitenden Seligkeit, den die Natur als Bestandteil des Bewußtseins vorgesehen hat, kann sich fehlentwickeln und zu Depression, Furcht oder Wahnsinn führen: Folgen unserer Unkenntnis dieser vitalen Aspekte menschlichen Wachstums. Noch einige weitere Geständnisse wie die von Alan Watts und eine Überprüfung der Erzählungen von Tausenden von Menschen, die unverwechselbare Erfahrungen mit der Kraft der Kundalini gemacht haben, sind vielleicht notwendig, um kühn und originell denkende Männer und Frauen der Wissenschaft auf die Spur dessen zu bringen, was das größte Geheimnis der Schöpfung ist und was immer noch ungelöst und sogar unbeachtet vor uns liegt.

Kapitel 11

Ich schreibe für die Generation der Zukunft

»Das Studium der Kundalini ähnelt dem Sich-Einschiffen auf eine Reise über den weiten Ozean, der auf der anderen Seite keine Küste hat«, schrieb Gopi Krishna in dem bislang unveröffentlichten dritten Teil seiner Autobiographie. »Das seltsame Phänomen, das ich mehrere Jahre nach der Erweckung am eigenen Leibe gespürt habe, hat jeden Zweifel darüber zerstreut, daß unsichtbare intelligente Mächte hinter dem Leben der Menschen stehen ... Die unsichtbare Herberge dieser höchsten Intelligenz muß eine Unendlichkeit sein, die die Grenzen des materiellen Universums überschreitet.«

Metaphysische Bücher können, wenn daran Bedarf besteht, fortwährend produziert werden, aber Berichte über Kundalini-Erfahrungen aus erster Hand sind extrem selten und werden auch noch in den folgenden Jahrzehnten sehr rar bleiben. Dieses Kapitel ist ein Auszug aus dem unschätzbaren autobiographischen Material, das der Autor zurückließ, als er starb. Wie er selbst schreibt, ist es »mehr für die zukünftige als für die gegenwärtige Generation bestimmt«.

Wenn wir die Möglichkeit einer Evolution des Gehirns akzeptieren, dann müssen wir auch davon ausgehen, daß sich die Seele entwickelt. Die Vorstellung, daß sich unter dem direkten Einfluß der kosmischen Lebensenergie das menschliche Gehirn immer noch in einem Zustand organischer Evolution befindet, ist so bedeutungsvoll, daß im Vergleich dazu alle anderen Entdeckungen der modernen Wissenschaft zur Bedeutungslosigkeit verblassen.

Die stete Evolution des menschlichen Organismus weist unverkennbar auf einen Abschluß hin, der häufig von den orthodoxen Evolutionsforschern unserer Tage bezweifelt wird. Sie weist deutlich darauf hin, daß es ein vorbestimmtes Ziel oder, mit anderen Worten, einen bereits ausgearbeiteten Entwurf des Bewußtseins geben muß, zu dem es sich entwickelt.

Auf dieser Entwicklungsstufe unserer Intelligenz wäre es der Gipfel der Torheit anzunehmen, daß diese Evolution durch zufällige Genmutationen vorangetrieben würde, in vollkommen exzentrische Richtungen, über die wir gegenwärtig nichts wissen und nichts wissen können. Diese Studie und die Systematik, mit der sich die Intelligenz, das Wissen und die Fertigkeiten des Menschen weiterentwickelt haben, widerlegen diese Behauptung ganz klar. Die Entwicklung geht zweifellos in eine bestimmte, deutlich definierte Richtung, die uns aber gegenwärtig noch nicht bewußt ist.

Was ich hier behaupte, erscheint seltsam, denn dieses ist das erste Mal in der Geschichte, daß eine solche Idee vorgestellt wurde, um bestimmte Phänomene des menschlichen Geistes zu erhellen, für die bis jetzt noch keine befriedigende Erklärung gefunden worden ist.

Die Bedeutung, die man politischen Führern, Finanzmagnaten, Eroberern und großen Künstlern zuerkennt, und die Ehrerbietung, die man ihnen erweist, werden dann, verglichen mit der Bewunderung und Ehrerbietung, die man den hervorragenden gemeinsamen Ergebnissen der Bildung und der geistigen Disziplin – den Chistusfiguren und den Buddhas der zukünftigen Zeitalter – zuteil werden läßt, einen zweitrangigen Platz einnehmen. Dann wird diese Möglichkeit eines wunderbaren Aufblühens der geistigen Kräfte, die in jedem menschlichen Organismus latent vorhanden sind, mit Gewißheit zu einer Revolution des menschlichen Lebens führen. Welche Dimension diese Revolution in den zukünftigen Zeitaltern annehmen wird, das können wir uns nicht einmal vorstellen.

Ich schreibe mehr für die zukünftigen als für die jetzt lebenden Generationen. Heutzutage ist die allgegenwärtige Bedrohung der Menschheit das Ergebnis von geistigem Rost, den wir nicht abkratzen können – der Rost böser Gewohnheit und schlechter Sitten, des Konservativismus, des Chauvinismus, der Rost von Dogma, Stolz, Vorurteil und Voreingenommenheit.

All unsere sozialen Gewohnheiten sind das Ergebnis dieser Art von geistigem Rost. Das Gehirn kann sich nicht selbst von dem Gift befreien und sein Denken erneuern. Der Grund, warum dekadente Staaten so stolz sind, das zu verherrlichen, was ihre Vorfahren erreicht haben – und zwar ohne sich in Anbetracht der offensichtlichen Degeneration, die inzwischen eingetreten ist, gedemütigt zu fühlen –, liegt darin, daß sie wie der vergreiste Mensch nicht fähig sind, die inzwischen eingetretene Veränderung wahrzunehmen.

Intellektuelle und moralische Evolution bedeutet einen andauernden Prozeß der Reinigung und der Regeneration des Nervensystems und des Gehirns. Diese Vorgänge können von Wissenschaftlern nicht erkannt werden, da sie bisher keine genauen Kenntnisse der pranischen Energie haben, die den Organismus aufrechterhält und belebt.

Die intelligente Elektrizität, die Basis allen Lebens im Universum, ist für die Wissenschaft eine bislang unbekannte Wesenheit, denn sie ist für die Sinne, die wir bis jetzt kennen, nicht wahrnehmbar. Die menschliche Vorstellungskraft kann sich kein Bild machen von den Stürmen von Aktivität, die in jedem lebenden Organismus, vom niedrigsten bis zum höchsten, toben, und ebenso nicht von der Intelligenz, die für die Regulierung dieser Aktivität eingesetzt wird.

Das Spiel der elektrischen Ströme, die durch ein riesiges Netzwerk von Drähten – wie etwa in London – hindurchschießen, ist im Vergleich wie das Spielzeug eines Kindes. Wenn wir morgens aufstehen, ist uns nicht bewußt, daß in unserem Körper pranische Aktivität in

Billionen von Neuronen, komplizierter als das ganze verwirrende System der Elektrizitätsversorgung überall auf der Welt, tätig war, um unser Gehirn zu reinigen und wiederherzustellen, so daß wir am Morgen frisch und neu gestärkt erwachen konnten.

Es ist für unsere Wissenschaft nicht möglich, das Phänomen des Lebens zu verstehen oder zu werten, ohne daß wir das Phänomen Prana verstehen. Der Grund, warum die Wissenschaftler des neunzehnten Jahrhunderts von den Ideen Darwins so fasziniert waren, lag darin, daß sie die Tiefe und das Geheimnis des Lebens nicht richtig einzuschätzen wußten. Erst dann, wenn die subtilen intelligenten Energien des Kosmos zu einem Ziel wissenschaftlicher Beobachtung werden, können die Komplexität des Phänomens Leben und die verwirrende Natur des Kosmos begriffen werden.

Die indischen Meister benutzen das Wort »Maya«, um die Schöpfung zu beschreiben; ihr Zauber wird sich immer den Möglichkeiten intellektueller Einsicht entziehen.

Das einzig Besondere, das ich bei mir selbst beobachtete, waren die Leuchtkraft und der silbrige Schein, die jedes Objekt, das ich erblickte, umflossen. Ich war fasziniert und erstaunt über die Verwandlung, aber ich fand keinen Grund dafür. Ich wußte nichts über ähnliche Fälle, die vorher geschehen waren, und konnte also nicht erkennen, daß dies das Muster der Bewußtseinsentwicklung war, die den Mystikern widerfuhr, und zwar insbesondere denjenigen, die die Kundalini erfolgreich bis zum Sahasara weitergeführt hatten. Fast wäre ich vom Zweifel gepackt worden, denn außer der Tatsache des allumfließenden Leuchtens hatte ich keine bemerkenswerte Veränderung meiner geistigen Fähigkeiten bemerkt.

Es gibt viele Menschen, die als Ergebnis von Meditationsübungen oder auch spontan aus keinem ersichtlichen Grund Licht in ihrem Kopf spüren und häufig sehr erstaunt sind über dieses Phänomen. Licht, Farbe und das Leuchten von Gegenständen sind hervorstechende Merkmale der Wirkung bestimmter Drogen – wie etwa LSD und Meskalin. Aber was ich selbst erfuhr, war irgendwie anders.

Ich nahm dieses verführerische Strahlen sowohl in mir als auch außerhalb meiner selbst wahr, und zwar nicht als irgend etwas Äußeres, sondern als Teil meiner selbst, als etwas, durch das meine ganze Persönlichkeit geprägt und gefärbt wurde. Mit anderen Worten: es war nicht die objektive Welt, die heller geworden war oder die in meinen Augen heller erschien, sondern es war eigentlich das in mir wohnende »Ich«, das jetzt leuchtete. Der in meinem Geist oder in meiner Seele lebendige Beobachter war jetzt in einen Lichtkranz gehüllt.

Es war und es ist immer noch eine unglaubliche Erfahrung. Zu allen Zeiten, am Tag und in der Nacht, erscheint mein inneres Selbst wie ein leuchtender Raum, der sich weit über die Peripherie meiner körperlichen Hülle hinaus erstreckt. Ich bin wie ein See glühenden Bewußtseins. Übernatürliches Licht ist ein hervorstechendes Merkmal mystischer Erfahrung. Die Vorstellungen von himmlischen Wesen, von der Gottheit oder von Gott sind immer in ein überirdisches Licht getaucht.

Was bedeutete das? Habe ich dieses mystische Licht als eine normale Wahrnehmungsmöglichkeit meines Bewußtseins erlebt, oder gab es irgendeinen anderen Grund für meinen seltsamen Zustand? Ich konnte dieses Rätsel selbst nicht befriedigend lösen – bis zu einer Erfahrung in der Stadt Jammu, wo ich zum ersten Mal spürte, daß sich bei mir Talente entwickelten, die niemals zuvor zu erkennen gewesen waren.

Es ist der wesentliche Zweck meines Schreibens, diesen ungewöhnlichen Zustand meines Bewußtseins den Gelehrten zur Kenntnis zu bringen. Es handelt sich eindeutig nicht um eine Abnormität, denn in jeder anderen Hinsicht funktionieren mein Geist und mein Körper vollkommen normal. Die Veränderung kam nicht vollkommen plötzlich. Noch Jahre nach der Erweckung war jedes Objekt, das ich ansah, nur in ein kalkiges Weiß getaucht. Es schien mir, als wäre meine Sehkraft in irgendeiner Weise beeinträchtigt. Ich fühlte immer, daß mein Kopf von Glanz und Leuchten erfüllt war, und meine Gedankenbilder standen vor einem leuchtenden Hintergrund. Aber es gab kein Leuchten der äußeren Objekte und keinen verlockenden Lichtglanz drumherum, so wie sie mich jetzt faszinieren, wenn ich an einem hellen Tag einem großen Naturschauspiel zusehe.

Sogar ein wolkenbedeckter Himmel bekommt mit den Lichtblitzen und dem Toben der Wolken einen solchen Aspekt von Erhabenheit und Größe, daß mir fast schwindlig wird. Ich habe das Gefühl, als wären der verdunkelte Himmel, der zuckende Blitz und der brüllende Donner nicht außerhalb oder weit weg von mir, sondern als fänden all diese ehrfurchteinflößenden Ereignisse in meiner eigenen Seele statt.

Es handelt sich um eine so ungewöhnliche Transformation, daß ich mich außerstande fühle, sie meinen Mitmenschen verständlich zu machen. Wenn ich sage, daß »mein inneres Selbst jetzt in einen Mantel von Licht eingehüllt« ist, dann frage ich mich, ob es wohl anderen möglich ist, zu begreifen, was ich meine. Hinterher erkannte ich, daß sich vom Tag der Erweckung an mein Bewußtsein immer weiter ausdehnte. Meine Qualen und mein Leiden kamen daher, daß ich mir nicht darüber im klaren war, was eigentlich geschah, welche Kräfte in meinem Körper jetzt tätig waren und was das Ziel dieser Aktivität war.

Die Evolution findet im Körper fast aller Menschen statt. Wenn sie in ihrem natürlichen Tempo verläuft, dann wird sich der Mensch dieser Evolution in seinem ganzen Leben nicht bewußt. Sein Körper funktioniert in der üblichen Weise, in Zeiten der Gesundheit und der Krankheit, er ist fähig, Druck, Schwierigkeiten und Entbehrungen, Überanstrengung, Schlafmangel und schlechte Ernährung mit Hilfe der ihm innewohnenden starken Reserven zu überstehen. Es gibt eine große Zahl von Männern oder Frauen, bei denen dieser Evolutionsprozeß beschleunigt stattfindet. Die Tendenz, eine beschleunigte Evolution durchzumachen, ist in den Genen festgeschrieben und wird in der Familie fortgepflanzt, das heißt, von den Eltern auf die Kinder übertragen. Hunderte konstitutioneller Eigenheiten beeinflussen den evolutionären Prozeß, ebenso wie sie andere Charakteristika eines Menschen beeinflussen. Wo der Prozeß einer beschleunigten Evolution in einem ungesunden Körper mit konstitutionellen Mängeln oder in einem erblich kranken Organ oder Organen wirksam wird, da endet er häufig in einer Art geistiger Verwirrung oder Psychose, die keiner Behandlung mehr zugänglich ist. Häufig sind es Menschen dieser Gruppe, die sich selbst unwiderstehlich zum Übernatürlichen oder zum Göttlichen hingezogen fühlen.

Der Sinn dieses Dranges zum Göttlichen ist, daß diese Menschen dann letztlich mit dem inneren Vorgang kooperieren, von dem sie keine Ahnung und über den sie kein Wissen haben. Bis heute tappt die Menschheit in bezug auf ein gewaltiges Geheimnis, von dem ihr Überleben abhängig ist, im dunkeln. Man ist sich niemals der Tatsache bewußt gewesen, daß sich die Menschen immer noch in einem Übergangsstadium zu einer neuen Stufe des Bewußtseins und der Evolution des Gehirns befinden.

Das Paradoxe bei diesen Vorgängen ist, daß trotz der unglaublichen Fortschritte, die in der Biologie gemacht worden sind, diese versteckte Aktivität bis zu diesem Augenblick durch einen merkwürdigen Trick des Schicksals vor den Augen der Biologen verborgen geblieben ist. Wenn das Geheimnis enthüllt ist, dann werden die Schockwellen der Entdeckung wahrscheinlich eine Revolution im gesamten Bereich des menschlichen Wissens hervorrufen, wie sie in der Geschichte ohne Beispiel ist.

Die Entwicklung der Menschen geht langsam in Richtung auf ein weitgespanntes Bewußtsein. Der Prozeß der Evolution ist nicht nur im Gehirn aktiv, sondern er stellt den gesamten Organismus auf den expandierten Zustand des Geistes ein. Der durchschnittliche menschliche Organismus unserer Tage ist nicht robust genug, um die hell brennende Flamme des kosmischen Bewußtseins ertragen zu können. Er muß transformiert werden, um die erhöhte psychische Aktivität verkraften zu können.

Bei zahlreichen Psychosen ist die Krankheit auf ein Mißverhältnis zwischen Körper und Geist zurückzuführen. Der Körper ist nicht in der Lage, ein helleres Licht des Bewußtseins zu ertragen, weil er nicht den feinen Brennstoff oder die Bioenergie in der Geschwindigkeit oder in der Qualität, wie sie das Gehirn verlangt, bereitzustellen vermag. Wissenschaftliche Forschungen werden zeigen, daß sehr viele der Insassen von Nervenheilanstalten sozusagen zurückgewiesene Produkte der Evolution sind. Diese unglücklichen Geschöpfe leiden seit ihrer Kindheit oder seit einem späteren Zeitpunkt in ihrem Leben aufgrund eines körperlichen oder geistigen Mangels, fehlender Selbstkontrolle oder negativer Erbeigenschaften unter fehlgeleiteten evolutionären Impulsen.

Die enorme Wichtigkeit der wissenschaftlichen Erforschung der Kundalini wird offensichtlich werden, sobald bewiesen ist, daß es im menschlichen Gehirn eine evolutionäre Tendenz gibt. Dies wird in allen Religionen ebenfalls eine Art Schockwirkung hervorrufen. Es gibt kaum irgendeinen Bereich des menschlichen Denkens, der so sehr von skrupellosen, geschäftstüchtigen Menschen ausgebeutet wurde wie die Religion. Tiefe religiöse Gefühle oder die Sehnsucht nach spiritueller Erfahrung haben seit ewigen Zeiten falschen Propheten, Pseudoheiligen, Trickkünstlern und Schwindlern als ein Köder gedient, um die verführbaren Massen anzulocken.

Wenn die Religion wirklich das Ergebnis eines heiligen Dranges wäre, eingepflanzt in den menschlichen Geist als ein Mittel, um die Vereinigung der menschlichen Seele mit ihrem Schöpfer, der der Herr des Universums ist, zu bewirken, dann würde es keine Abweichungen von dem geraden Pfad geben, der beide verbindet. Priester jeder Religion, die angeblich in die Geheimnisse Gottes besonders gut eingeweiht sind, sind nur sehr selten, wenn überhaupt, tiefer in das Mysterium der Schöpfung eingedrungen als normale Menschen.

Millionen hochintelligenter Menschen überall auf der Welt haben den Glauben an die Religion verloren. Häufig sind es nur die Leichtgläubigen, die sich in der Kirche oder bei den Predigten der religiösen Führer oder aber bei den Treffen, die von selbsternannten Gurus, Meistern und so weiter organisiert werden, versammeln. Ein großes Reich, das sich über alle Teile der Erde erstreckt, ruht auf den Säulen der Unterstützung durch diese gottesfürchtigen Männer und Frauen, und eine ganze Industrie blüht vom Geschäft des Glaubens.

Während der letzten tausend Jahre hat die gesammte Anstrengung von Hundertausenden von Priestern, Mullahs, Pandits, Mönchen und Asketen nicht ausgereicht, um das Böse in den Gesellschaften, in denen sie lebten, auszurotten. Verbrechen, Gewalt, Perversion, Ausbeutung der Schwachen und Unwissenden, Diebstahl, Raub, Vergewaltigung, Prostitution, Unterdrückung und Folter blieben ebenso verbreitet wie vorher. In der Tat war eine der schrecklichsten Institutionen zur Verbreitung von Folter und Tod – die Inquisition – ein Produkt der Religion.

Die Bestie im Menschen ist immer noch sehr lebendig. Wir begegnen dieser Bestie in den blutigen Handlungen von Terroristen, in vernichtenden Kriegen, in der Unterdrückung und in der Ausbeutung von schwachen, geknechteten Menschen. Beim gegenwärtigen Gesellschaftszustand erscheinen diese Übel irreparabel, und sie bestehen auch schon seit Hunderten von Jahren. Zusammen mit den wissenschaftlichen Errungenschaften bedeuten sie eine der größten Gefahren für die Menschen. Aber beim gegenwärtigen Stand unseres Wissens und unserer Fähigkeiten sind wir hilflos, denn wir besitzen nicht die mindesten Abwehrkräfte dagegen.

Vielmehr können die Errungenschaften der Technologie, wenn sie für böse Zwecke verwandt werden, sich als schrecklich destruktiv erweisen und alle Erleichterungen, die sie uns ebenfalls hätten bieten können, vollkommen zunichte machen. Ein großer Atomkrieg zwischen zwei Supermächten kann jede Spur von Zivilisation von der Erde tilgen.

Eine atomare Waffe in den Händen eines Desperados oder einer Gruppe von Terroristen kann das Leben von Millionen in Gefahr bringen. In den kommenden Jahrzehnten wird, zusammen mit den weiteren zwangsläufigen Fortschritten in der Technologie, die Sicherheit von Nationen und die Sicherheit der ganzen Menschheit immer an einem seidenen Faden hängen, den ein einziger Fehler oder eine einzige unvorsichtige Handlung abrupt zerschneiden können.

Es ist nicht möglich, die Zeiger der Uhr zurückzustellen. Unsere gegenwärtigen Sitten, Konventionen, Gesetze, Werte und Maßstäbe sind nicht für den Zustand einer Gesellschaft wie der unseren geschaffen, die im Besitz von Kräften ist, die ihr von der Wissenschaft in die Hände gelegt werden. Unsere Ideen über Religion, Philosophie, Gesetz, Recht und Unrecht sind für die Erfordernisse unserer Gegenwart wie der Zukunft ebenfalls ungeeignet. Die Zeit ist reif, daß die Menschheit als Ganzes die jetzt abgenutzte Schale des gegenwärtigen Denkens ablegt und sich nach neuen Ideen und Werten umschaut: als Überlebensmaßnahme für das kommende Zeitalter.

Das menschliche Gehirn entwickelt sich kaum wahrnehmbar in Richtung auf eine überlegene Bewußtseinsebene, durch die der Mensch die erhabeneren Bereiche der Schöpfung wahrnehmen kann. Da unsere sinnliche Aufnahmefähigkeit begrenzt ist und wir nur einen Teil des Universums wahrnehmen können, erliegen wir der Täuschung, das, was wir im Laufe unseres Lebens erfahren und sehen, sei schon die gesamte Schöpfung, und jenseits davon befinde sich nichts. Dieses Jenseits aber bleibt uns eigentlich nur verborgen, weil wir unfähig sind, etwas zu begreifen, was jenseits unserer Wahrnehmung liegt. Die gegenwärtigen wissenschaftlichen Richtungen, die sich nur auf das beschränken, was wir mit unseren Sinnen erfassen können, waren ein großer Irrtum, dessen bösartige Folgen uns ins Auge springen, wenn wir den explosiven Zustand unserer Erde betrachten.

Historiker aller Zeiten haben versucht, die Gründe für die Tugenden, die beim Aufstieg einer Nation eine Rolle spielen, festzustellen, und ebenso die Laster, die zu ihrem Niedergang führen. Aber hat je irgend jemand versucht, die Welt über das Ferment aufzuklären, das im Gehirn, sowohl zum Zeitpunkt des Aufstiegs als auch zur Zeit des Niedergangs eines einzelnen Menschen oder einer Nation auftauchte?

Wenn wir darüber kritisch nachdenken, verlieren wir uns völlig in den wesentlichen Problemen des Lebens. Welche Art von Seele befindet sich im Körper eines Ungeheuers, eines Kriminellen oder eines Menschen, der Völkermord begeht? Wie beeinflußt das Karma die Gene, die Beschaffenheit des Gehirns oder die Umstände, durch die ein Mensch zu einem Millionär und ein anderer zu einem armen Teufel wird, zu einem genialen Menschen oder zu einem Dummkopf?

Diese Fragen sind für die Wissenschaft ebenso wichtig wie für die Religion. Warum die Wissenschaft einige der wichtigsten Aspekte der menschlichen Existenz ignoriert, hat bisher niemand zu beantworten gewagt. Und warum die Religion mit Erklärungen für diese Rätsel zufrieden sein sollte, die bereits vor Tausenden von

Jahren angeboten wurden, zu einer Zeit, als das Weltall flach und die Atome fest waren und die Erde das Zentrum des Universums war, ist gleichermaßen unbegreiflich. Erst jetzt sind wir in der Lage, die Kraft, die in den Atomen verborgen liegt, nachzuweisen. Die Welt der subatomaren Teilchen und die Kräfte, die diese Welt regieren, waren vor nur einigen wenigen Jahrzehnten den Wissenschaftlern unbekannt. Nicht einmal die Physiker des achtzehnten und sogar des neunzehnten Jahrhunderts ahnten etwas von der Existenz dieser Kräfte. Ist es da verwunderlich, daß sogar subtilere Veränderungen, die in unserem Körper stattfinden und bestimmte Ideen über den Geist, die Seele oder das Bewußtsein hervorrufen, für die Wissenschaft immer noch völlig unverständlich sind?

Meiner Meinung nach ist der wichtigste Aspekt meiner ungewöhnlichen Erfahrung die langsame Umwandlung meines inneren Seins von dem, was es vor jenem schicksalhaften Tag im Dezember 1937 war, als ich zum ersten Mal die schlafende Kraft in mir weckte, zu dem, was ich heute bin. Als die glühende Vision eines unendlichen Bewußtseins vor meinem inneren Auge verblaßte und ich in meinem kleinen Zimmer in Jammu, in dem ich meditierend im Schneidersitz saß, zu mir selbst kam, da hatte ich das Empfinden, daß ich wieder in meinen Normalzustand zurückgekehrt war.

Ich konnte mir etwas anderes nicht vorstellen, denn ich hatte überhaupt keine Vorstellung von dem Phänomen, und ich behandelte die ganze Episode als eine ungewöhnliche Erfahrung, die durch meine Meditation plötzlich über mich gekommen war. Ich konnte mir deshalb nicht erklären, warum ich so wenig Appetit hatte und keinen Schlaf fand, warum ich mich so unwohl fühlte und Schwierigkeiten hatte, mich auf irgend etwas zu konzentrieren.

Nachdem ich meinen Zustand nun mehr als vierzig Jahre lang erforscht und beobachtet habe, fühle ich, daß ich sogar dann, wenn ich die ganze damals verfügbare Literatur studiert hätte, die Probleme der Schlaflosigkeit, psychischer Störungen und organischer Beschwerden, die ich sofort nach der Erweckung spürte, nicht hätte lindern und bessern können. Bis heute konnte ich keinen detaillierten Bericht über die Erweckung der Kundalini finden, in dem ihre Wirkungen auf die Gesamtheit von Körper und Geist und die Veränderungen, die eintreten, bis ein höherer, über dem Normalen liegender Bewußtseinszustand erreicht ist, in allen Einzelheiten beschrieben werden. Von meinem Standpunkt aus gesehen gibt es keinen Aspekt meiner Erfahrung, der so wichtig zu ergründen wäre, wie die langsame Metamorphose, die mein Gehirn und Rückenmark durchmachten, um für eine neue Ebene des Bewußtseins gerüstet zu sein, die für den Durchschnittsmenschen nicht sichtbar ist. Durch das Phänomen wird ein Problem aufgeworfen, das meines Wissens bisher in keinem Werk über Yoga oder Mystizismus oder in einem okkulten oder esoterischen System, alt oder modern, diskutiert worden ist.

Diese langsame Metamorphose des Bewußtseins, die nicht wahrnehmbar vom ersten Augenblick meiner Erfahrung an eintrat, machte mir klar, daß Kundalini die sich fortentwickelnde Kraft hinter der Evolution des menschlichen Gehirns darstellt. Was moderne Wissenschaftler dahin gebracht hat zu glauben, daß das Gehirn den Gipfel seiner organischen Evolution erreicht habe, ist für mich und für viele andere nachdenkliche Menschen ein Rätsel.

Welche Beweise sie für diesen voreiligen Schluß haben, zu einem Zeitpunkt, in dem die Funktionsweise des menschlichen Gehirns immer noch vollkommen rätselhaft ist, ist niemand bereit zu erklären. Wie sich das Gehirn der Primaten im Laufe von Millionen von Jahren zu menschlichen Dimensionen entwickelte, wirft ein Problem auf, das bisher niemand hat lösen können. Die Bücher, die zu diesem Thema geschrieben wurden, enthalten im wesentlichen Spekulationen, aufregende

Erzählungen über verschwundene Arten, über das Erhabene oder auch Binsenweisheiten.

Tatsächlich ist die gesamte Theorie der Evolution, wie sie von Darwin und seinen Nachfolgern entwickelt wurde, nur eine riesige Menge von beobachteten Fakten und Daten, die sich jetzt über einen Zeitraum von mehr als einem Jahrhundert erstrecken, ohne daß es auf die eigentlichen Fragen irgendeine Antwort gegeben hätte. Welche grundlegende Kraft war bei der Entwicklung des menschlichen Gehirns vom Primaten bis zum Menschen der heutigen Zeit wirksam, welche intelligente Instanz koordinierte die Funktionen des gesamten Systems, so daß Veränderungen auf jeder Stufe möglich wurden und daß die Fortschritte, die erreicht wurden, von Generation zu Generation weitergegeben wurden?

Im Rückblick auf die Ereignisse, die der ersten Erweckung folgten, erkenne ich, daß die Intensität der Konzentration, in der ich mich so viele Jahre lang geübt hatte, langsam einen kleinen Bereich im Gehirn, der sich direkt über dem Gaumen und unter dem Scheitelpunkt des Kopfes befindet, zur Aktivität stimuliert hatte. Die Empfindungen, die ich meine Wirbelsäule emporsteigen und langsam in den Kopf fließen fühlte, die dann aufhörten und verschwanden, wenn mein Geist abgelenkt wurde, bedeuteten den Anfang einer neuen Aktivität in diesem Bereich, die im Laufe der Zeit von der Wissenschaft näher bestimmt werden wird.

Zwei deutlich voneinander unterschiedene Wesenheiten bewegten sich das Rückenmark hoch und vermittelten mir zugleich ein intensives Wohlgefühl. Eine war eine Art Strahlung, die zu Anfang organgefarben war und später eine silberne Farbe mit leicht goldener Tönung annahm. Das zweite war ein organischer Extrakt, der zur selben Zeit wie die Strahlung in das Gehirn eintrat.

Das Einfließen des organischen Extrakts war im ersten Fall nicht so deutlich wahrnehmbar wie im zweiten, der sich einige Jahre später ereignete. Aber es gibt nicht den geringsten Zweifel daran, daß diese subtile organische Substanz die äußerst angenehmen Gefühle, die mit dieser Erweckung einhergehen, verursacht. Bis jetzt haben wir noch nicht mit Sicherheit feststellen können, wodurch das intensive Entzücken auf dem Höhepunkt des Liebesaktes von einem Menschen empfunden wird. Welche Art von biochemischer Reaktion oder elektrischer Entladung verursacht das Glücksgefühl, das uns der Orgasmus bereitet?

Moderne Forschungen haben bewiesen, daß es im Gehirn einen bestimmten Bereich gibt, der bei elektrischer Stimulierung dieselben Gefühle hervorruft, die wir bei einem Orgasmus empfinden. Es muß eine Art von chemischer oder elektrischer Aktivität wirksam werden, die ein momentanes Entzücken verursacht, für das es bei den anderen angenehmen Gefühlen, die der Mensch haben kann, keine Parallele gibt. Wegen dieses außerordentlich beseligenden, sinnenbetörenden Gefühls, das die geschlechtliche Vereinigung zweier Menschen begleitet und ihnen Glück und Entspannung verschafft, hat der Geschlechtstrieb über uns eine so große Macht.

Die Gelehrten sind sich nicht bewußt, daß dieses intensiv hinreißende Gefühl der erotischen Vereinigung auch an anderen Stellen als in den Genitalien empfunden werden kann. Diese Behauptung wird bei Wissenschaftlern Ungläubigkeit und sogar Spott hervorrufen. Aber in der gesamten mystischen Literatur der Welt und in Tausenden von noch erhaltenen Sanskritschriften über Kundalini, einschließlich der Tantras, finden sich Tausende von Berichten, die zweifellos ehrlich und wahr über dieses Phänomen berichtet haben.

Es ist unmöglich, die Intensität des orgasmischen Gefühls zu beschreiben, das bei der Erweckung der Kundalini im Rückenmark und im Gehirn empfunden wird. Abgesehen von der fast identischen Erfahrung des Samenergusses gibt es keinen Vergleich zwischen dem

Höhepunkt der ehelichen Vereinigung und dem Entzücken, das durch das Strömen dieses göttlichen Feuers von der Basis des Rückenmarks bis in den Kopf hervorgerufen wird. Das erstere hält nur ein paar Sekunden lang an, und es folgt ein Gefühl der Erleichterung und Entspannung. Letzteres kann mehrere Minuten lang andauern und ein Entzücken bis hin zur Ohnmacht hervorrufen, und zwar solange der Mensch dies möchte oder solange es im Körper genügend Energie gibt, um diese Erfahrung hervorzurufen. Wenn man zum normalen Zustand zurückkehrt, dann gibt es kein Gefühl der Müdigkeit oder Sättigung. Vielmehr fühlt man sich geistig belebter und frischer als vorher. Dies ist das bisher unentdeckte Geheimnis der Kundalini.

Der Gehirn-Rückenmarksbereich des Menschen kann eine neue, erstaunliche Aktivität entwickeln, die bisher der Wissenschaft noch unbekannt ist. Meditationsübungen, die in der richtigen Art und Weise ausreichend lange durchgeführt werden, können einen normalerweise stilliegenden Bereich im Gehirn zu einer erstaunlichen Aktivität anregen.

Wie durch einen elektrischen Strom wird dadurch das Nervensystem zu einer Tätigkeit gebracht, wie sie der Mensch im Normalzustand nicht erlebt. Aus jeder Faser und aus jedem Gewebe des Körpers wird durch die Nervenfibrillen, die überall im Körper verzweigt sind, eine feine organische Substanz herausgezogen und durch den Rückenmarkskanal zum Gehirn gelenkt. Dadurch werden ekstatische und visionäre Zustände hervorgerufen, die seit frühesten Zeiten mit der Religion in Zusammenhang gebracht worden sind.

Der menschliche Samen ist nicht allein das Produkt der Geschlechtsdrüsen. Er ist die Mischung eines subtilen organischen Extrakts, der von den Nerven aus dem Körper herausgezogen wird. Die Flüssigkeit, die die Hoden aus diesem feinen Nervenextrakt produzieren, ist im Grunde genommen konzentrierte Lebensenergie. Die Vorstellung des Altertums, daß der männliche Samen im Grunde im Kopf produziert wird und daß er von dort zu den Genitalien hinabfließt, hat deshalb eine gewisse Berechtigung.

Die in den Upanishaden enthaltene Vorstellung, daß der Samen aus allen Teilen des Körpers, einschließlich der lebenswichtigen Organe, herausgezogen wird, kommt der Wahrheit näher. Beim normalen Menschen finden im Nervensystem permanent Prozesse statt, die für uns alle nicht wahrnehmbar und auch von der Wissenschaft noch nicht entdeckt worden sind. Das subtile Element, das dem Samen seine Lebenskraft gibt, wird von den Nerven herangebracht, die die Geschlechtsorgane ebenso wie alle anderen Organe und Gewebe des Körpers umgeben, den Kopf, das Herz, die Lungen, die Leber, den Magen, die Eingeweide, die Milz, die Nieren, die Genitalien und alle anderen. Dieser organische Extrakt ist außerordentlich fein und wird von den Nerven in solchen winzigen Mengen herausgezogen und weitergetragen, daß er für uns nicht erkennbar ist.

Soweit ich feststellen konnte, gibt es spezielle Nerven, die die Geschlechtsorgane mit verschiedenen Organen im Körper verbinden und durch die der Extrakt, nachdem er durch große Netzwerke von Nerven herausgezogen worden ist, in den Sexualbereich fließt, um sich mit dem zu vermischen, was von anderen Organen und Teilen des Körpers kommt, letztlich, um einen Bestandteil des menschlichen Samens zu bilden. Der Extrakt aus dem Gehirn kommt auf irgendeine geheimnisvolle Weise durch das Rückenmark herunter und erreicht dann denselben Ort des Zusammenflusses der anderen Nervenkanäle, die demselben Zweck dienen.

Es ist ein Fehler anzunehmen, daß der erste Keim des menschlichen Lebens, das befruchtete Ei, beginnen würde, sich zu teilen und immer weiter zu teilen, wobei es Baustein auf Baustein und Block auf Block fügt, bis die wunderbare Struktur des menschlichen Organismus vollkommen ist und ein vollkommenes, winziges Menschenwesen das Licht der Welt erblickt. Anzunehmen, nicht-intelligente Atome und Moleküle, aus denen befruchteter Samen letztlich besteht, könnten durch eine auch noch so gewaltige chemische Reaktion und gegenseitige Interaktion so wunderbare Organ wie Gehirn, Auge, Ohr, Nase und Mund hervorrufen, hieße, Unmögliches für möglich zu halten. Die Tragödie besteht darin, daß die Wissenschaft bis jetzt keine Instrumente hat, um die Schwingungen der Lebensenergie und des Prana, die die eigentliche Quelle des Lebens sind, zu messen.

Prana gibt es in Atomen und in den Bestandteilen der Atome. Es befindet sich hinter den Energiefeldern, in die hinein die Materie sich schließlich auflöst. Es ist der Wirkstoff, der für die ungreifbaren chemischen Reaktionen in lebenden Körpern und auch für die unglaublich komplizierten Mechanismen, die hinter allen komplexen Bewegungen der Organe und hinter der Aktivität des Gehirns stehen, verantwortlich ist.

Im Prana gibt es eine übermenschliche, intelligente Kraft und ein Erinnerungsvermögen, das über den Bereich unseres Denkens hinausgeht. Es ist ein Element des Universums, das unendlich subtiler und komplexer ist als die Elemente, die wir Materie nennen. Das Studium des Lebens wird uns angesichts seiner Komplexität und seiner tiefen Geheimnisse immer wieder tief verwundern und verblüffen. Wir sind erstaunt, weil das Element, das zu erforschen wir uns aufgemacht haben, unendlich intelligenter und sehr viel tiefer ist als die, die versuchen, sein Geheimnis zu ergründen.

Die verschiedenen Stadien inneren Wachstums, durch die ich während meiner Transformation gegangen bin, haben mich, wie ich schon sagte, zu der Annahme geführt, daß es eine subtile organische Substanz im Körper gibt, die nach ihrer Extraktion aus den Organen und Geweben von den Nerven hier- und dorthin getragen wird, und daß diese Substanz das Vehikel ist, durch das die nicht-körperliche pranische Energie wirksam wird.

Es gibt einen bestimmten Grund, der mich zu dieser Schlußfolgerung hingeführt hat: Kurz nach jener Schreckensnacht, in der ich zwischen Tod und Wahnsinn schwebte und schließlich durch etwas, was fast wie ein Wunder erschien, vor einem schrecklichen Schicksal bewahrt wurde, bemerkte ich eine andere beunruhigende Veränderung in meiner Wahrnehmung. Es schien mir, als wäre jedes Objekt, das ich mir ansah, in eine dünne Schicht von Weiß eingehüllt. Dadurch wurden Farbe oder Form des Objekts nicht verändert. Es erschien lediglich so, als wäre eine sehr dünne Kalkschicht darüber gestäubt worden. Die Farbe des Objekts blieb unverändert, überzogen von einem feinen weißen Mantel.

Ich bemerkte die seltsame Veränderung in meiner Wahrnehmung, aber ich konnte keinen Grund dafür finden. Ich wunderte mich selbst darüber und habe mir sogar gelegentlich deshalb Sorgen gemacht, aber so sehr ich es auch versuchte, ich konnte keine befriedigende Erklärung dafür finden.

Als zweites stellte ich fest, daß eine Ausdehnung meines Bewußtseins stattgefunden hatte. Ich möchte das näher erklären: Jeder von uns nimmt, wenn er mit geschlossenen Augen in einem Raum sitzt, einen bestimmten Bereich der Bewußtheit um seinen Kopf herum wahr, der sich sogar bis zu seinem Körper hin erstreckt, wenn er seine Aufmerksamkeit auf das richtet, was er sein eigenes Selbst oder sein eigenes inneres Sein oder seine Persönlichkeit nennt. Zwar ist der Mensch nicht in der Lage, das Bewußtsein eines anderen Menschen wahrzunehmen oder zu messen. Aber jeder von uns ist sich seines eigenen Bewußtseins, seines eigenen Geistes bewußt.

Daraus ziehen wir nun den Schluß, daß das innere Sein anderer unserem gleicht: qualitativ wie quantitativ. Aber dies ist ein Irrtum, und wir haben kein Mittel, ihn richtigzustellen. Der Grund dafür liegt in der Tatsache, daß wir uns nur subjektiv unserer eigenen inneren Persönlichkeit bewußt sind, und wir haben keine Möglichkeit, dies zu einem Gegenstand objektiver Beobachtung zu machen. Daher kann es beim gegenwärtigen Stand unseres Wissens nicht möglich sein, die quantitativen und qualitativen Unterschiede im Bewußtsein zweier Menschen herauszufinden, mit Ausnahme dessen, was diese Menschen uns durch ihre intellektuellen, künstlerischen oder ästhetischen Leistungen zeigen.

Ich habe diese Zusammenhänge damals nicht verstanden. Aber soviel kann ich sagen, daß meine allererste Erfahrung mit der Erweckung der Kundalini das Ergebnis einer Erweiterung des kognitiven Zentrums im Gehirn war. Als ich nach der inneren Ausdehnung, die von so starken Glücksgefühlen begleitet wurde, zu meinem normalen Bewußtseinszustand zurückkehrte, war ich nicht mehr derselbe wie zuvor. Die Grenzen meiner Bewußtheit hatten sich ausgedehnt, und diese Ausdehnung war zu einem Bestandteil meiner Persönlichkeit geworden.

Während der gesamten Zeit der ersten Erfahrung hatte die Ausdehnung, die mir widerfuhr, zweifellos unermeßliche Dimensionen, und ich hatte das Empfinden, daß ich mich selbst in alle Richtungen hin ausgebreitet hatte und daß mein Bewußtsein die Grenzen des kosmischen Bildes, das in meinem Geist gegenwärtig war, überschritt. Als die enormen Ausmaße, auf die ich in meinem inneren Sein gewachsen war, wieder zu schrumpfen begannen und ich langsam zu mir selbst zurückkehrte, da war ich nicht derselbe Mensch, der ich vorher gewesen war. Ein Teil dessen, zu dem ich angewachsen war, blieb nämlich erhalten – ein Umstand, den ich damals noch nicht verstand.

Dieser Teil meiner Erfahrung ist sehr wichtig. Das letzte Ziel der Meditation ist es, einen schlafenden Bereich im Gehirn zur Aktivität anzuregen. Ich meine nicht die Zirbeldrüse und auch nicht die Hirnanhangdrüse. Die Erweckung der Kundalini bezieht sich nicht auf eine bloße Veränderung in den Drüsen oder eine Umstellung der hormonalen Aktivität im Körper. Sie bedeutet vielmehr das Wirken einer neuen Kraft im Körper und die Aktivierung eines Bereichs, der bis dahin brachgelegen hat, genannt *brahmarendra* oder die Höhle von Brahma (Gott). Diese Erweckung ist der Zustand, der mit Yoga-Übungen erreicht werden soll; sie ist überhaupt das Ziel spiritueller Übungen.

Mit der Aktivierung von *brahmarendra* wird der gesamte Gehirn- und Rückenmarksbereich in die Transformation einbezogen. Die Natur hat ein »Minigehirn« in das eigentliche menschliche Gehirn eingebaut, das einen Sterblichen zur Lösung des ihm umgebenden Rätsels führt. Dieses Minigehirn ist der *sahasrara* oder »tausendblättrige Lotus«, und durch diesen Bereich geht der einzige Kanal zum Wissen über das Selbst.

Tausende von Büchern über Yoga sagen sehr selten etwas über das wirkliche Geheimnis aus, das diesen Übungen zugrunde liegt. Eine ausdauernde Konzentration, die Tag für Tag angesichts eines göttlichen oder erhabenen oder edlen Objekts wiederholt wird, aktiviert, wie ich bereits sagte, einen organischen Mechanismus im Gehirn. Aber der Prozeß ist hier nicht zu Ende. Die Aktivierung von *brahmarendra* kann tausend Probleme schaffen, und diese Probleme müssen in Angriff genommen werden.

Wenn sie erst einmal aktiviert ist, dann braucht die hochempfindliche und komplexe Neuronenstruktur von *brahmarendra* eine überlegene Energie für ihre Tätigkeit. Der normale psychische Treibstoff, der in den anderen Teilen des Gehirns brennt, erweist sich hier als ineffektiv. Das Minigehirn muß, um in Aktion treten zu können, von einem potenteren Extrakt, der aus den Nerven herausgezogen und von ihnen konserviert wird, gefüttert werden. Ich litt unter Schlafmangel und an Appetitlosigkeit, wurde depressiv, unruhig und furchtsam, und ich verlor die Kraft, mich zu konzentrieren und das Gefühl der Liebe für meine Lieben und Verwandten, da *brahmarendra* zwar aktiviert worden war, ihm aber die

Energie fehlte, um richtig wirksam zu werden. Mein Bewußtheitsbereich hatte sich ausgedehnt, aber die Energie, die diesen ausgedehnten Bewußtseinszustand auf einer funktionstüchigen Ebene aufrechterhalten konnte, fehlte.

Aus diesem Grunde war ich monate- und sogar jahrelang nicht ich selbst. Die Kraft der Kundalini war nicht nur durch die *pingala* oder den Sonnennerv (bis einige Zeit später der Ausgleich geschaffen war) wirksam geworden, mein Körper konnte auch nicht dem aktivierten paranormalen Zentrum im Gehirn eine ausreichende Menge Energie zukommen lassen. Die Aktivierung dieses Zentrums, des *brahmarendra*, und die in umgekehrte Richtung gerichtete Aktivität des geschlechtlichen Bereichs, der zu dem nach oben gerichteten Fluß der organischen Extrakte führte, schaffte die Basis für die spirituellen und paranormalen Phänomene, deren Zeuge wir im Laufe der Geschichte wurden. Die Erfahrung des unendlich geweiteten Bewußtseins, die ich ganz zu Anfang gemacht hatte und die die Erweckung kennzeichnete, verbrauchte den gesamten Vorrat an Prana in meinen Geschlechtsorganen. Dieser Vorrat mußte, bevor eine andere, ähnliche Erfahrung gemacht werden konnte, wieder aufgefüllt werden.

Die zweite Erfahrung war im Vergleich damit weit weniger eindrucksvoll, aber danach konnte ich mich kaum auf dieselbe effektive Weise konzentrieren. Geistige und körperliche Störungen, die sich daraufhin einstellten, machten es sogar schwierig für mich, den Anschein des Normalen zu geben. Zweifel und Befürchtungen nagten an meinem Herzen.

Innerlich wurde ich zu einem bedauernswerten Wrack, obwohl ich nach außen hin alles versuchte, den Anschein geistiger Gesundheit aufrechtzuerhalten. Ich weiß nicht, welche Art von Kraft mich in dieser Prüfung schützte. Das Minigehirn, das jetzt meine gesamte Persönlichkeit kontrollierte, wurde seiner eigentlichen Nahrung beraubt, mit dem Ergebnis, daß das Subjekt der Umwandlung, nämlich ich selbst, ein Fremder in seinem eigenen Haus zu sein schien. Es mangelte mir an Kontrolle über meine Reaktionen, meine Gefühle und Emotionen. In jenen Tagen konnte ich nicht klar erkennen, was mir plötzlich geschehen war. Ich konnte nicht schlafen, denn meinem Körper fehlte es an Energie, den reinen Strom pranischer Strahlung zu erzeugen, den ich brauchte, um die aktivierte *brahmarendra* zu füttern.

Die Yogis, die beabsichtigen, die Kundalini zu erwecken, schaffen es während der ersten Sitzung nur selten, die Kraft bis zum *sahasrara* oder bis zum letzten Zentrum im Gehirn zu aktivieren. Dafür brauchen sie häufig viele Jahre. Die Energie steigt Chakra um Chakra nach oben, bis sie das *ajna* Chakra in der Mitte der Augenbrauen erreicht. Es bezeichnet die erste Pforte für den Eintritt dieser Energie ins Gehirn. Zuvor durchstößt sie die fünf niedrigeren Chakras, gewinnt auf diese Weise Zutritt zu verschiedenen lebenswichtigen Organen – den Nieren, den Verdauungsorganen, dem Herzen, dem Hals und den Lungen – und verbessert dabei ihre Wirksamkeit immer weiter, bis der Körper in der Lage ist, ein gleichmäßiges Fließen der überlegenen pranischen Energie aufrechtzuerhalten, um das Gehirn zu nähren. Die strengen Übungen der Hatha-Yoga, die darauf abzielen, den Magen und die Gedärme zu reinigen und das Blut in einem Zustand der Reinheit zu halten, sind alle auf dieses Ziel hin abgestimmt. Normalerweise ist es für einen normalen Organismus nicht möglich, die feine organische Substanz, die einen Teil des menschlichen Samens ausmacht, so reichlich zu erzeugen, daß dadurch das erweckte *brahmarendra* hinreichend ernährt werden kann. Neue Stoffwechselvorgänge vollziehen sich im Gehirn, um dieses Ziel zu erreichen.

Was wir als das Durchstoßen der Chakras bei Hatha-Yoga kennengelernt haben, bezieht sich auf das Hochströmen der Geschlechtsflüssigkeit von einem Zentrum zum anderen. Das orgiastische Gefühl, das ich beschrieben habe, begleitet das Hindurchfließen der Essenz durch den gesamten Rückenmarkskanal, wobei der Nektar, während er immer weiter nach oben steigt, an Volumen zunimmt und zugleich seine maximale Intensität im Gehirn erreicht.

Nach der Erweckung wird die Kundalini Schritt für Schritt in Richtung auf das *sahasrara* hingeführt. Unter den Hunderten von Menschen, denen es gelingt, die Kraft der Kundalini zu wecken und den organischen Extrakt im Rückenmark hochsteigen zu lassen, ist möglicherweise nicht ein einziger, der selbst durch größte Anstrengungen in der Lage wäre, die Substanz bis zum *brahmarendra* fließen zu lassen. Das ist der Grund, warum die Zahl derer, die zur echten mystischen Erfahrung gelangt sind, so klein geblieben ist.

In den Anfangstadien ist es schwierig, Kundalini an einem bestimmten Chakra mehr als ein paar Minuten lang festzuhalten. Danach nämlich rutscht es in seine ruhende Position an der Basis des Rückenmarks zurück, und das Licht im Kopf und die Töne in den Ohren sowie das wunderbare Gefühl, das seinen Aufstieg begleitet, sind ebenfalls nicht mehr wahrnehmbar. Aber wenn der Suchende einmal das Entzücken und die Seligkeit gespürt hat, dann wird er sein Äußerstes daransetzen, diese Erfahrung zu wiederholen, und zwar auf dieselbe Weise wie ein junger Mensch, der in dic Geheimnisse der Liebe eingeweiht worden ist, nun diese wunderbare Erfahrung immer wieder sucht. Der Unterschied zwischen beiden liegt darin, daß der erstere nicht die Erschöpfung oder die Schwäche spürt, die den jungen Menschen nach dem Liebesakt überkommt.

Die Anziehungskraft der Liebe in dem einen Fall und die Verlockung des Übernatürlichen oder des Göttlichen in dem anderen sind die motivierenden Anstöße für diese Erfahrung. Die organische Geschlechtsflüssigkeit, die wir ganz deutlich spüren, wenn sie in ein bestimmtes Chakra hineingeht, bewegt sich sehr schnell und breitet sich in konzentrischen Kreisen aus. Von innen betrachtet erscheint das Chakra wie ein glänzender Kreis in schneller Bewegung, der erleuchtet wird von einem strahlenden Strom, den man niemals vorher im Körper gesehen hat. Dieses Phänomen wiederholt sich immer wieder, bis das letzte der fünf Chakras durchstoßen ist.

Der ganze Bereich vom Hals bis zur Basis der Wirbelsäule wird nun zum Wirkungsbereich für eine strahlende Form psychischer Energie, die hier und dort an den Nerven entlangschießt wie ein Lichtstreifen, und zwar auf eine Art und Weise, die für den Beobachter außerordentlich verwirrend und rätselhaft ist. Aber es gibt absolut keinen Zweifel, daß die Bewegung des leuchtenden Stroms von einer höchsten Intelligenz gelenkt wird, die die Aktivität dieses Stromes entsprechend den in jedem Moment wechselnden Bedürfnissen des Organismus reguliert.

Der erstaunliche Anblick, den der glänzende pranische Strom bietet, während er sich mit blitzartiger Geschwindigkeit durch die Nervenbahnen bewegt, von einem Organ oder von einem Teil des Körpers zum anderen, ist so ehrfurchterregend, daß der Beobachter, der bei diesem Anblick zunächst vor Bewunderung verstummt, ein Bewußtsein von der wunderbaren, intelligenten Macht der Natur gewinnt, die seinen Körper am Leben erhält und sein Gehirn bis zum letzten Tag seines Lebens mit Energie versorgt.

Durch wiederholte Übungen, die über Jahre hinweg fortgeführt werden, gewöhnt sich das Nervensystem des Menschen, in dem die Kraft aktiv ist, mehr und mehr an die neue Rolle, die es spielen muß. Die Aktivität der Nerven beim Herausziehen der feinen Essenz aus dem umgebenden Gewebe und Blut wird immer intensiver.

Die Geschlechtsorgane sowohl bei Männern als auch bei Frauen steigern ihre Produktion von organischen Absonderungen, die die Substanz der Flüssigkeit bilden, die von Chakra zu Chakra hinauf ins Gehirn strömt. Die

Wirkung der Veränderungen, die bei der Aktivierung von *brahmarendra* eintreten, wenn das Gehirn-Rückenmarkssystem in so faszinierender Weise zu funktionieren beginnt, ist überwältigend. Der einzelne empfindet, daß er vollkommen der Gnade einer ehrfurchterregenden, intelligenten Kraft ausgesetzt ist, die die Macht über sein Leben und seinen Tod besitzt.

Wenn die Nerven und die Geschlechtsorgane sich besser an ihre nach der Erweckung veränderte Funktion anpassen, dann fließt fortwährend pranische Strahlung ins Gehirn, die dabei hilft, die veränderte Persönlichkeit zu stabilisieren. Für den Yogi, der die Kraft von Chakra zu Chakra hochzieht, ist häufig die Zeit, die es braucht, bis sie in das Gehirn eindringt, ausreichend, um die Geschlechtsorgane und die Nerven des Körpers an die neue Aktivität anzupassen.

In solchen Fällen – sogar dann, wenn die Kundalini hoch genug steigt, um das *brahmarendra* zu erleuchten –bleibt sie nur für ein paar Minuten im *sahasrara.* Danach werden die Lichter und Töne und alle möglichen Empfindungen wieder schwächer, da das Nervensystem nicht fähig ist, eine noch größere Menge dieser Substanz bereitzustellen – oder aber sie verschwinden ganz. Dies wird in schöner Umschreibung von den alten Schriftstellern als die Rückkehr der Göttin Kundalini zu ihrem Wohnsitz am Grunde des Rückgrats beschrieben.

Mit längerer Übung wird die Dauer der Erfahrung ausgedehnt, aber diese Ausdehnung, die zugleich in Einklang stehen muß mit den Möglichkeiten des Körpers, ist außerordentlich schwierig. Das Ideal der Übungen ist es, Kundalini im *sahasrara* zu halten oder, in anderen Worten, den Fluß der organischen Substanz ins Gehirn dauernd aufrechtzuerhalten. Dieser Zustand ist bekannt unter dem Namen *jivan-mukta* oder *sahaja.* Der Yogi, der dies erreicht, besitzt fortan ein andauerndes kosmisches Bewußtsein. Aber solche Fälle sind außerordentlich selten. Nur bei ungewöhnlichen Mystikern, die mit einer bestimmten Begabung geboren werden, ist Kundalini fortwährend aktiv. Das, was sie im spirituellen oder religiösen Bereich erreicht hat, ist geschichtlich belegt.

Kapitel 12

Die wissenschaftliche Erforschung der Kundalini

1975 nahmen fast vierhundert Yogis, Wissenschaftler, Philosophen und Erzieher an einem bis dahin einmaligen Seminar über Yoga, die Wissenschaft und den Menschen teil, das von der Regierung Indiens und von verschiedenen führenden Institutionen der Wissenschaft und Erziehung gefördert wurde. In seiner Eröffnungsrede rief Dr. Karan Singh, der damalige Minister für Gesundheit und Familienplanung, alle Yogis und Wissenschaftler zur Zusammenarbeit und Unterstützung eines besonderen Projekts zum Studium der Kundalini auf. »Das Projekt dreht sich vor allem um die Bücher über Kundalini von Pandit Gopi Krishna, der heute glücklicherweise unter uns ist« ,sagte er. »Könnte es vielleicht so sein, daß es die Entwicklung der Kundalini ist, die die neue Bewußtseinsveränderung auslöst und jene Bereiche des Gehirns stimulieren, aktivieren und erleuchten wird, die gegenwärtig im dunkeln liegen? Hier ist eine wahrhaft aufregende Herausforderung für die Wissenschaftler in der ganzen Welt.«

Obwohl das Projekt, zu dem er aufrief, von der indischen Regierung gebilligt worden war, wurden dafür niemals Geldmittel bewilligt. Dieses Kapitel ist eine gekürzte Fassung der Rede, die Gopi Krishna auf diesem Seminar hielt.

Das Studium der Kundalini ist der einzige Weg zur Erforschung des Prana, der Weg, auf dem die Erleuchteten Einblick in die Transzendenz erlangen und der geniale Menschen das ganz ungewöhnliche Aufblühen ihrer geistigen Fähigkeiten erleben läßt. Er ist der natürliche Eingang, durch den der menschliche Intellekt mit den göttlichen Kräften der Schöpfung in Kontakt kommen kann. Das Studium psychischer Phänomene oder irgendwelche Zauberkünste können uns keinen sicheren Weg dorthin weisen. Die über das Körperliche hinausgehenden Kräfte, die besonderen psychischen Phänomenen zugrunde liegen oder die der Magie ihre Kraft verleihen, könnten, wenn sie dem menschlichen Willen unterworfen werden, eine Waffe in die Hände der allzu Ehrgeizigen, der Wollüstigen oder der Größenwahnsinnigen legen, angesichts derer sogar die Bedrohung durch atomare Arsenale unbedeutend wäre. Kriege könnten dann auf telepathischem Wege ausgelöst und viele Menschen zu jämmerlichen Sklaven und Marionetten einiger weniger gemacht werden.

Aber die Natur hat Sicherungen eingebaut, die es für jede Art wissenschaftlicher Untersuchung unmöglich machen, die Beschaffenheit und Natur dieser mysteriösen Kräfte zu erkennen und zu kontrollieren, die im gegenwärtigen evolutionären Zustand der Menschheit in Erscheinung treten. Der Grund dafür ist einfach. Wir wissen, welch erstaunliche Vorrichtungen das Leben auf der Erde schützen. Das gesamte Schauspiel der organischen Evolution von seinen Anfängen bis heute ist ein Wunder göttlichen Schutzes, der Milliarden Jahre lang gegen fast unüberwindliche Hindernisse fortbestand: eine Chance von eins zu einer Milliarde, und das immer wieder. Dennoch hat sich diese winzige Chance gegen alle Hindernisse durchgesetzt, und dieser Tatsache verdankt die Menschheit ihre Existenz.

Wir wissen auch, daß es Mechanismen gibt, die die Erde wie einen Schirm beschützen. Dazu gehört beispielsweise die Ozonschicht, die das irdische Leben vor den tödlichen Wirkungen der kosmischen Strahlung bewahrt. Es gibt Schutzvorrichtungen, die die Kräfte der Natur – Ebbe und Flut, Sturm und Regen, Hitze und Kälte – davor bewahren, eine Stärke zu erreichen, die vielleicht tödlich für das Leben sein könnte. Es gibt

Schutzvorrichtungen, durch deren Wirken wir sorglos und ungestört leben können, während die Erde mit rasender Geschwindigkeit durch den Raum wirbelt und während zugleich riesige feurige Ozeane in ihrem Inneren wüten. Es gibt ebenso in unserem Körper Vorrichtungen, die uns immer wieder vor den Angriffen bestimmter Bakterien schützen.

Es gibt psychologische Gesetzmäßigkeiten, ebenso wie es bestimmte Verhaltensweisen bei Ameisen und Bienen gibt, die das soziale Zusammenleben von Menschen regeln und den instinktiven Hintergrund jeder menschlichen Sozialordnung bilden. Es gibt Wegweiser, die die Gemeinschaft der Menschen nach jeder Abweichung und jedem Irrweg wieder zurück auf den Pfad der Evolution führen, und zwar durch religiöse Lehrer, Revolutionäre oder Reformer.

Es gibt Schutzvorrichtungen, die im Zeitpunkt eines anscheinend alles vernichtenden Atomkrieges zum Tragen kommen werden, um die menschliche Rasse vor der völligen Vernichtung zu bewahren, denn die Entwicklung der Menschen führt hin zu einem erhabenen Ziel. Wir werden also, kurz gesagt, auf wunderbare Weise von jeder Seite und zu jeder Zeit bewahrt und beschützt. Aber wie oft gestehen wir es uns selbst ein, daß wir unser ganzes Leben lang Kräften ausgesetzt sind, derer wir uns in keiner Weise bewußt sind? Häufig erkennen wir nicht einmal, daß alles, was auf dieser Erde geschieht, sinnvoll ist. Der Umfang und die Dimension dieser kosmischen Ordnung sind in Begriffen von Raum und Zeit so unvorstellbar riesig, daß unsere schwach gerüsteten Sinne und unser kümmerlicher Intellekt dies nicht erfassen können. Es bedarf daher eines weiteren Wahrnehmungskanals, um uns die nicht faßbaren Kontrollkräfte der Schöpfung zur Kenntnis zu bringen.

Ein Anstieg der durchschnittlichen Erdtemperatur von einem halben Grad im Laufe der letzten dreißig Jahre hat in der wissenschaftlichen Welt Sorge ausgelöst über die noch nicht vorausszusagenden Auswirkungen auf die klimatischen Bedingungen an verschiedenen Orten, wenn diese Entwicklung weiter geht. Dies zeigt, daß die Umwelt sich in einem – allerdings sehr empfindlichen – Gleichgewicht befindet, das das Leben auf der Erde fortbestehen läßt. Immer noch unbekannte und bisher nicht beachtete Kräfte tragen dazu bei, dieses Gleichgewicht zu bewahren.

Es gibt ähnliche Vorkehrungen, die die gesamte Welt der Wissenschaft daran hindern werden, in das Geheimnis der Kräfte einzudringen, die über der physischen Welt liegen, und sie zu zügeln, wie wir die physikalischen Kräfte der Natur gezügelt haben, und zwar einfach deshalb, weil die Menschheit noch einen weiteren Schritt auf der Leiter der Evolution voranschreiten muß, bevor dies möglich werden kann. Die Meisterschaft kann erst dann erlangt werden, wenn die Vorbedingungen für einen weiteren Aufstieg auf der evolutionären Leiter erfüllt worden sind.

Die wichtigsten Zeugen einer aktiv gewordenen Kundalini – erleuchtete Männer und Frauen und mit Genialität und Talent begabte Menschen – sind diejenigen, die für jeden Fortschritt, den die Menschheit bisher gemacht hat, verantwortlich sind. Seit langem ist es bekannt, daß es vor allem die Erbeigenschaften sind, die den Grad der Intelligenz und des Talents beim Menschen bestimmen. Diese Ansicht ist jetzt durch intensive Tests bestätigt worden, die man mit Zwillingen und mit anderen Kindern an verschiedenen Orten durchgeführt hat. In einem vor einiger Zeit im *National Observer* erschienenen Artikel schreibt Joan Rodgers:

> Selbst wenn ein Kind von seinen Eltern hervorragend versorgt wird, wenn es ein gutes Elternhaus hat, exzellente Schulen und ein günstiges kulturelles Umfeld, wird es wahrscheinlich dennoch niemals außergewöhnlich intelligent werden – es sei denn, es ist schon klug geboren worden. Dies ist für einige Men-

schen eine wirklich entsetzliche Vorstellung, aber es ist genau das, was verschiedene amerikanische und europäische Wissenschaftler in Rom auf dem ersten internationalen Kongreß zur Zwillingsforschung behauptet haben … Es gibt jetzt eine Antwort, so sagten die Wissenschaftler, auf die alte und häufig sehr emotional getönte Frage danach, ob es genetische oder aber Umweltfaktoren sind, die im wesentlichen die Lernfähigkeit eines Menschen bestimmen. Sie sagen, es sei die Natur.

Rodgers unterstützt diese Schlußfolgerung und bezieht sich dabei auf die Studien, die von Dr. Joseph M. Horn von der Universität Texas und von anderen Wissenschaftlern durchgeführt worden sind. »Unsere eigenen Studien und die von anderen Wissenschaftlern zeigen ganz deutlich«, sagt Horn, »daß individuelle Unterschiede in der Intelligenz bei Menschen des westlichen Kulturkreises im wesentlichen durch genetische Faktoren determiniert sind. Wir wissen, was es heißt, derartige Aussagen zu machen, aber wir haben keine Wahl. Dies sind die Fakten. Wenn man entdeckt, daß ein Persönlichkeitszug wie die Intelligenz im wesentlichen durch genetische Faktoren determiniert ist, dann bedeutet dies nicht, daß wir nicht irgendeine Umgebung entwerfen können, die diese Schranken überwindet. Tatsache aber ist, daß wir jene Umgebung erst ermitteln müssen und, was noch wichtiger ist, daß wir möglicherweise jetzt an der falschen Stelle suchen.«

Zur häuslichen und schulischen Umgebung, die traditionellerweise das Ziel von verändernden Eingriffen durch Ärzte, Lehrer und Psychologen ist, bemerkt Horn, wenn er nach der bestmöglichen Umgebung für die Entwicklung eines Kindes sucht: »Aber was wir jetzt tun müssen, ist, irgendwo anders, nach anderen zu ändernden Umgebungen zu suchen.« Die Veränderung der inneren Umgebung vor der Geburt, etwa durch das Verhindern von vorgeburtlichen Schäden, könnte nach Ansicht von Dr. Horn sehr viel mehr bewirken als die Manipulation der äußeren Umgebung.

Die Kundalini bietet den einen und einzigen Weg, um die erblich bedingten Mängel im Gehirn zu überwinden. Hier wird die überragende Bedeutung des Studiums der Kundalini sehr deutlich. Darin liegt die einzige Hoffnung für die geistig Zurückgebliebenen oder die mit geistigen Mängeln behafteten Menschen. Mit fortschreitender Einsicht in diesen Mechanismus könnte es für Wissenschaftler möglich werden, das zu erreichen, was bis jetzt unmöglich war – Hoffnung, Freude und das Licht der Intelligenz zu Millionen von geistig behinderten Menschen überall auf der Welt zu bringen. Es könnte auch möglich werden, andere von Geburt an bestehende Mängel, die gegenwärtig unheilbar scheinen, zu beheben. Die Evolution des Körpers und die Möglichkeit, ihn gegen den Tod immun zu machen, bauen auf diesen potentiellen Kräften der Kundalini auf. Sie hat eine regenerierende und erneuernde Wirkung auf unseren Körper. Aber intensive Forschungen sind nötig, um sichere Methoden für ihre Erweckung zu finden, die mit den Gesetzen des Körpers in Einklang stehen.

Der gesellschaftliche Aspekt der Kundalini-Forschung ist sogar noch wichtiger. Revolutionäre Veränderungen der gegenwärtigen Ansichten gesellschaftlicher Probleme und politischer Ideologien könnten die Folge sein. Die unter der Oberfläche schwelende Unzufriedenheit in einigen der reichsten Länder des Westens und die starke Beschneidung freier Meinungsäußerung in kommunistischen Ländern bieten insgesamt einen unbezweifelbaren Beweis für diese Tatsache. Es gibt heute auf der Erde kaum ein Land, das nicht unter der Oberfläche ein brodelnder Herd von Unruhe und Staatsverdrossenheit wäre.

Feuer und Blut kennzeichnen jede Phase der sozialen Evolution, beginnend mit dem Dämmern der Geschichte bis zum heutigen Tag. Es gab nur selten, wenn überhaupt, einen friedlichen Übergang von einer sozialen Ordnung oder politischen Struktur zu einer anderen. So lange der eigentliche Grund für das Bedürfnis nach Veränderung in der sozialen Umgebung des Menschen nicht verstanden wird und so lange die Menschheit über diesen vitalen Aspekt ihrer politischen Entwicklung im dunkeln tappt, solange wird Blutvergießen sein.

Eine fortgesetzte Unkenntnis dieses wichtigen Wissens wird in künftigen Zeiten größte Gefahren für die Menschen mit sich bringen. In ein paar Jahrzehnten werden alle relativ dicht bevölkerten Länder und sogar die reichen kleinen Länder nukleare Arsenale haben, um sich vor bereits existierenden Nuklearmächten zu schützen. Die Kerntechnik wird es möglich machen, Miniwaffen zu konstruieren, die von terroristischen Organisationen und frustrierten Einzelgängern dann auch eingesetzt werden. Dies kann zu jeder Zeit geschehen, und es kann dazu führen, daß die Welt zu jeder Zeit in einen Alptraum von Furcht und Angst gestürzt wird.

Bei allen Lebewesen schreiben tief verwurzelte Instinkte das soziale Verhalten vor – außer bei den Menschen. Die evolutionäre Dynamik des menschlichen Gehirns bedarf einer flexiblen Sozialordnung, die von Zeit zu Zeit einer Revision unterworfen wird. Aber konservative Tendenzen blockieren sehr hartnäckig den Weg der Veränderung und des Aufstiegs von einer Ordnung zur anderen. Die Gegenkulturen in Amerika und die Revolte der Jugend in anderen Teilen der Welt sind alle ein Zeichen dafür, daß die Zeit, in der die jetzt bestehende Ordnung noch einen Sinn hatte, vergangen ist und daß Veränderung dringend notwendig ist.

Die moderne Psychologie ist sich dieses starken Impulses im menschlichen Gehirn nicht bewußt. Der eigentliche Regisseur im Drama des Lebens fehlt in den gelehrten Abhandlungen über den menschlichen Geist vollkommen. Das alarmierende Ansteigen psychischer Störungen ist das Ergebnis einer durch ungesunde Sozialverhältnisse fehlgeleiteten Evolution. Aber statistische Daten und das Studium von anormalen geistigen Reaktionen können nicht dabei helfen, diesen verborgenen Akteur ans Licht zu heben. Es bedarf einer anderen Art von Studium, um dem Geheimnis auf den Grund zu kommen. Das größte Potential für eine vollständige Revolution in der Sphäre des modernen Denkens liegt in der psychischen Struktur des Menschen verborgen.

Propheten, Philosophen und politische Revolutionäre haben es nicht geschafft, eine Ära andauernden Friedens herbeizuführen, weil der göttliche Bereich, der für den Menschen vorgesehen ist, und der göttliche Mechanismus, der darauf angelegt ist, ihn dorthin zu führen, niemals empirisch bewiesen worden sind. Das Wissen über den menschlichen Körper und die Methoden, die eine solche Demonstration ermöglichen würden, waren niemals so weit fortgeschritten wie heute. Dennoch wäre eine solche Demonstration ein gewaltiges Unterfangen. Wenn sie einmal in die Wege geleitet worden ist, dann wird sie sich wahrscheinlich zu einer nie endenden Suche entwickeln.

Die Erforschung der Kundalini ist im Grunde die Erforschung der eigentlichen Wurzeln des Lebens. Die Daten, die die Theorie der Evolution unterstützen, sind mehr als ein Jahrhundert lang ermittelt und überprüft worden. Dennoch sind die überzeugenden Beweise nicht gefunden worden, und es gibt unterschiedliche Meinungen über einige der wichtigsten Aspekte der Lehre. Die Theorie der Schwerkraft ist ein anderes Beispiel. Die Zusammensetzung des Atoms ebenso. Psychische Phänomene sind ein weiterer Bereich, in dem ein Widerstreit der Meinungen seit jetzt ungefähr einem Jahrhundert zu beobachten ist. Wir würden daher allzuviel erwarten, wenn wir meinten, daß eine Erforschung der Kundalini oder, in anderen Worten, der kosmologischen Kräfte des Lebens von heute auf morgen zu entscheidenden Ergebnissen führen könnte.

Aber der mögliche Gewinn, um dessentwillen man

all dies trotzdem in Kauf nimmt, ist hoch. Eine Einsicht in die Phänomene der Religion und der mystischen Ekstase, Beweise für die Unsterblichkeit der Seele, Erkenntnis des Ziels des Lebens und des Schicksals der Menschen, die Kraft hinter den Ausdrucksformen des Psychischen, die vorsätzliche Förderung eines genial begabten Menschen, ein Vermeiden destruktiver Kriege und blutiger Revolutionen, eine Einsicht in die Gründe von Wahnsinn und erleuchtende Antworten auf andere Probleme des Lebens werden die goldene Ernte ausmachen, die diese Nachforschungen Schritt für Schritt und im Laufe der Zeit erbringen werden.

Von all diesen Bereichen ist der wichtigste und zugleich der phantastischste die alles verwandelnde Kraft der Kundalini. Der Bereich dieser Aktivität ist so weit entfernt von unseren gegenwärtigen Vorstellungen, daß keine theoretische Abhandlung die Möglichkeiten darstellen kann, die darin enthalten sind – bis ein solcher Fall wirklich einmal beobachtet wird. Ein junges Mädchen aus Maharashtria in Nagpur, Indien, so wird berichtet, hatte sich vollständig in eine bengalisprechende, schüchterne Hausfrau verwandelt, die zu einer Zeit von vor mehr als 125 Jahren lebte. Das Mädchen, Sharanda, wie es sich selbst nennt, trat für eine kurze Zeit in Erscheinung und machte später dem Mädchen aus Maharashtria Platz. Später dauerten die zauberhaften Umwandlungen länger an, und der gegenwärtige Zustand besteht seit einem Monat. Das Mädchen, das sehr gebildet ist, kannte vor dieser Umwandlung kein Bengali. Nach Aussage ihrer Eltern begann die Verwandlung vor ungefähr einem Jahr, und das Mädchen begann plötzlich Bengali zu sprechen – eine Sprache, die es bis dahin überhaupt nicht gekannt hatte.

Eine Veränderung der Persönlichkeit ist, wenn sie den Menschen bis in seine Wurzeln ergreift, Ausdruck einer Veränderung seines pranischen Spektrums. Die Veränderung kann entweder sporadisch für kurze oder längere Zeiträume eintreten oder dauerhaft sein. Psychologen ist dieses Phänomen durchaus bekannt, aber bisher ist dafür keine befriedigende Erklärung gefunden worden. Ich war selbst Zeuge jeder Phase der Umwandlung meiner eigenen Persönlichkeit. Es gibt sehr viele medial begabte und sehr viele besonders feinfühlige Menschen, bei denen sporadisch Ähnliches zu Tage tritt. Während der Zeit, in denen diese Umwandlungen stattfinden, legen diese Menschen ungewöhnliche geistige Fähigkeiten an den Tag, oder sie zeigen Talente, eine bestimmte Art zu sprechen und sich zu verhalten oder künstlerische Begabungen, die sie im normalen Leben nicht haben. Das Phänomen hat sich im Laufe der Geschichte sehr häufig wiederholt.

Spezifische Bereiche des immer noch ungenutzten Potentials des Gehirns werden eingesetzt, um die andere Persönlichkeit aufzubauen. Der Architekt, der dies alles leitet, ist die Kundalini. Psychologen geben sich damit zufrieden, solche Menschen als Fälle einer verdoppelten oder mehrfach gespaltenen Persönlichkeit zu betrachten und lassen es dabei bewenden. Eine vollkommene Metamorphose, bei der zwei vollkommen verschiedene Menschen aus ein und demselben Gehirn entstehen, ist ein so erstaunliches Phänomen und weicht derart stark von den augenblicklich gültigen Vorstellungen von Geist und Gehirn ab, daß es erstaunlich ist, daß seiner Erforschung so wenig Aufmerksamkeit gewidmet wurde. Es zeigt, wie eng die Grenzen der modernen Psychologie gezogen sind. Es gibt keine allgemein akzeptierte Erklärung für irgendeinen ungewöhnlichen oder anormalen Geisteszustand, einschließlich des Wahnsinns. Dennoch vermittelt die Berufsgruppe der Psychologen den Eindruck, sie sei aufgrund ihrer akademischen Ausbildung dazu befähigt, die gesamte Welt in Hinblick auf ihre geistig-seelische Verfassung mit ihrer eigenen, wissenschaftlich bislang nicht hinreichend abgesicherten Nomenklatur beurteilen zu können.

Der Prozeß, der in seltenen Fällen von selbst in

Gang kommt, um eine mehrfach gespaltene Persönlichkeit aufzubauen, kann auch willkürlich durch die Erweckung der Kundalini in die Wege geleitet werden. Darin liegen deren erstaunliche Möglichkeiten. Es gibt gut bekannte und gründlich dokumentierte Fälle von Menschen, die, in einem Zustand von Trance oder Halbtrance, zu großen Heilern, Hellsehern, Verkündern religiöser Wahrheiten, Propheten, Orakeln und ähnlichem wurden. Wenn wir die Entwicklung und Erweckung der Kundalini vorsätzlich pflegen, dann gibt es unbegrenzte Möglichkeiten für eine solche Metamorphose. Mit einem gründlicheren Wissen um die Mechanismen und mit der Entdeckung von sichereren Methoden, sie zu aktivieren, kann die angewandte Kundalini in jedem Bereich des menschlichen Wissens hochbegabte Persönlichkeiten hervorrufen, außerordentlich geniale Menschen, Propheten, Seher, Heiler und Hellseher mit hervorragenden Fähigkeiten, die alles andere, was wir uns gegenwärtig vorstellen können, übertreffen. Sie werden in jedem Wissens- und in jedem Aktivitätsbereich der künftigen Welt die Führer sein.

Das Studium kann unterteilt werden in fünf breite, parallel verlaufende Felder. Die erste dieser Einheiten bestünde aus einer gründlichen Untersuchung der mündlichen und schriftlichen Überlieferung. In Indien gibt es Tausende von Büchern über Kundalini und Yoga. Die alten esoterischen Abhandlungen, einschließlich der Tantras, enthalten wertvolle Hinweise zu diesem Bereich. Die Veden, die Upanishaden und die Puranas geben weitere fruchtbare Aufschlüsse. Eine Untersuchung durch eine Gruppe von Gelehrten kann wertvolles Material ergeben, um eine empirische Untersuchung des Phänomens in die Wege zu leiten. Weiterhin gibt es eine riesige Menge schriftlicher Quellen in Form der Selbstdarstellungen und anderer Äußerungen der mittelalterlichen Heiligen Indiens. In ihnen sind gelegentlich auch sehr wertvolle Hinweise zu finden; die Information, die in dem schriftlich niedergelegten Material enthalten ist, ist untermauert. Die Schriften der westlichen Mystiker, der Sufis, der Taoisten und tibetanischen Yogis bieten ebenfalls eine sehr wertvolle Informationsquelle. Religiöse Überlieferung aller Glaubensrichtungen und die Bücher über Alchemie, Magie und das Okkulte, die es schon seit alten Zeiten gibt, können auch wertvolles Material zu diesem Thema enthalten. Die Studien sollten mit den wohlbekannten Dokumenten über Kundalini beginnen und dann ganz allmählich ausgedehnt werden, so daß letztlich alle für dieses Studium verfügbare Quellen einbezogen werden.

Das Studium der mündlichen Überlieferung ist gleichermaßen wichtig. Der Hinweis, den ich selbst zu der Gefahr einer Erweckung der *pingala* oder des Sonnennervs erhielt, folgte einer mündlichen Überlieferung. Diese Fakten werden normalerweise in den Büchern nicht erwähnt. Die Hinweise werden mündlich vom Lehrer an den Schüler weitergegeben und, wenn dies notwendig ist, entsprechend berücksichtigt.

So besteht beispielsweise das Gegenmittel, das verschrieben wird, wenn bei einer Erweckung sehr viel Hitze im Körper entsteht, darin, daß eine Schicht von feuchtem Ton auf den Körper gelegt wird oder aber daß er bis zum Hals in ein Bad getaucht wird. Was die Hitze im Scheitelbereich oder im Bereich zwischen den Augenbrauen anbetrifft, so wird das Einreiben mit Sandelholzpaste empfohlen. In der Tat ist das Zeichen, das die Hindus auf ihrer Stirn tragen, ein Zeichen der Verehrung des *ajna*-Chakras. Erst wenn die Kundalini in diesen Bereich eintritt, kommen die höheren geistigen Fähigkeiten zum Tragen. Das Zeichen, das auf die Stirn aufgemalt wird, das man so häufig als Zeichen der Gottesverehrung oder auch als schmückendes Zeichen in Indien sehen kann und das Fremden manchmal als Ausdruck von Aberglauben erscheint, hat eine esoterische Bedeutung und ist Zeichen des Wissens von den körperlichen Aspekten dieser Kraft.

Der zweite Bereich, der erforscht werden sollte, würde sich auf jene Fälle beziehen, bei denen Kundalini von Geburt an aktiv ist. Es gibt fünf Kategorien von Menschen, die zu dieser Gruppe gehören – der geborene Mystiker, der genial veranlagte Mann oder die geniale Frau, die Wunderkinder, die Medien und die Psychotiker. Letzere sind der Forschung am leichtesten zugänglich. Neben den Fällen, wo Kundalini in der Folge bestimmter Übungen oder später auch spontan im Leben aktiv geworden ist, ist der Bereich psychotischer Erkrankungen für diese Forschungsbemühungen außerordentlich fruchtbar. Die alte Ansicht der Psychoanalytiker, Wahnsinn sei ein subjektives Phänomen, das durch Verdrängung oder ähnliche Ursachen – vor allem in der Kindheit – hervorgerufen werde, kann heute nicht mehr fraglos akzeptiert werden. Die letzten Forschungsergebnisse zeigen, daß Schizophrenie, manisch-depressives Irresein und andere ernste Formen von Wahnsinn ihre Wurzeln in der organischen Beschaffenheit des Körpers haben.

Aber häufig dringen diese Wurzeln in bestimmte feinere Schichten des Organismus ein, die jenseits dessen liegen, was mit Hilfe eines Mikroskops erfaßt werden kann. Die entsetzlichen Visionen und die quälenden Geräusche, die Geisteskranke sehen und hören, sind, dies weiß man bereits, nicht nur Aspekte ihrer Vorstellungskraft, sondern sie können durchaus real vorhanden sein und ihre Opfer bis zum Wahnsinn treiben; ihr Ursprung ist in bestimmten erregten und veränderten Zuständen bestimmter Bereiche des Gehirns zu suchen.

Sogar im Normalzustand sind unsere Nerven die Generatoren und Träger der Bioenergie oder des Prana in seiner individuellen organischen Form. Die moderne Biologie und Psychologie kennt diese Aktivität des Nervensystems nicht, da das Medium, das hier eine Rolle spielt, kaum mit den jetzt verfügbaren Instrumenten gemessen werden kann. Ein Anfang ist mit der Kirlianfotografie gemacht worden, aber die Untersuchungen müssen noch weiter getrieben werden, um diese flüchtige Substanz der Forschung zugänglich zu machen. Die Aktivierung der Kundalini wird von einer sehr starken Steigerung der Bioenergieproduktion begleitet; zudem wächst deren Wirksamkeit. Die ekstatischen Visionen der Mystiker, die Schöpfungen des genialen Menschen, die Darstellung des Wunderkindes, die übersinnlichen Fähigkeiten des Mediums und die alptraumartigen Erlebnisse des Wahnsinnigen sind alle, ohne Ausnahme, Ausdruck eines stärkeren Zuflusses einer potenteren Form von Bioenergie in das Gehirn.

Im Falle des geborenen Mystikers, des genialen Menschen, des Mediums und des Wunderkindes sind die Gehirnzellen bereits auf den Zufluß einer höherpotenten Form von Bioenergie eingestellt. Aber im Fall derer, bei denen diese Kraft als Ergebnis bestimmter Übungen erweckt wird, braucht es eine bestimmte Zeit, um das Gehirn den veränderten Bedingungen anzupassen. Dies ist beim Yoga und bei anderen spirituellen Übungen ein stark krisenanfälliger Zeitraum. Sogar dann, wenn Menschen mit dieser besonderen Gabe geboren werden, kommt es in ihrem Leben immer wieder zu Krisen. Die Anfälligkeit für geistige Verwirrung und geistige Erkrankungen im Falle einiger der hervorragendsten Anhänger dieser Yogaübungen, wie etwa Newton, ist ebenfalls auf diese Tatsache zurückzuführen. Die Erforschung der Kundalini muß es möglich machen, diese Krisen im Leben der kreativsten Menschen abzuwenden. Die Krisen im Leben der großen Mystiker und Heiligen – ihre quälende Sehnsucht nach spiritueller Erfahrung bis hin zum Wahnsinn – sind ebenfalls auf die Einwirkung dieser psychischen Strahlung auf das Gehirn zurückzuführen.

Der Mystiker kann einen derartigen Zustand von Versenkung in diese Erfahrung erreichen, daß er vollständig die Welt und seine Umgebung vergessen kann. Die Wörter »Trance« oder »Ekstase« bezeichnen einen solchen Zustand intensiver Hingabe. Diese Hingabe ist auch eines der Charakteristika des *samadhi*-Zustands.

Der Mensch ist für die Welt, die ihn umgibt, verloren. In einem geringeren Maße ist dies auch beim schöpferischen Genius der Fall. Ein intensives Aufgehen in einem Forschungsbereich oder auch in der künstlerischen Arbeit ist schon immer ein deutliches Zeichen des schöpferischen Geistes gewesen. Die Anekdoten, die sich um die »Geistesabwesenheit« von Newton ranken, sind, in größerem oder geringeren Maß, auch auf andere genial begabte Menschen anwendbar. Im Falle eines medial begabten Menschen macht der Geisteszustand während der produktiven Perioden ebenfalls eine Wandlung durch. Während das Medium aktiv ist, kommt es häufig zu Zuständen von Verzückung oder auch zu Anzeichen einer ganz intensiven Konzentration.

Auf andere Weise ist das besondere Kennzeichen für den Geisteszustand des Wahnsinnigen ebenfalls der Rückzug von der Welt. Der Psychotiker ist in bestimmter Weise der Welt entfremdet, vollkommen gefangengenommen von seinen inneren Welten, die auch sein äußeres Verhalten bestimmen. Aber in diesem Fall ist die visionäre oder akustische Erfahrung in keiner Weise verführerisch oder hingebungsvoll. Vielmehr hat er Truggebilde ungeordneter Vorstellungen vor Augen, er hat unvorhersehbar sprunghafte und absurde Gedanken und Handlungen im Sinn, und er leidet unter Furcht, Angst und Entsetzen. Sein Zustand ist giftig und bösartig, er beschert ihm Aufregung oder Depression, aufgepeitschte Aktivität oder Lähmung, tiefe Melancholie oder wahnsinniges Gelächter, und es kommt zu all den anderen Manifestationen, die für den Wahnsinn charakteristisch sind.

Die alte Persönlichkeit verschwindet, und eine vollkommen verzerrte Persönlichkeit tritt an die Oberfläche, die den allgemeinen Normen menschlichen Verhaltens und menschlicher Vernunft in keiner Weise mehr entspricht. Das in Unordnung geratene pranische Spektrum spiegelt in diesem Fall ein entstelltes Wesen wider, das vollkommen oder teilweise mit der Welt in Disharmonie geraten ist.

Die Studien, die heute und in der Vergangenheit bei den Mystikern gemacht wurden, und die Bekenntnisse der Mystiker selbst sprechen von Heiligenscheinen, von Licht, von Tonharmonien, davon, daß Visionen gesehen und ungewöhnliche Einsichten gewonnen werden, sie sprechen von neuen Tiefen des Wissens, von Einblicken in andere Ebenen der Existenz oder auch vom Zustand spirituellen Rausches, während die Ekstase andauert. Es kommt auch zu einer Steigerung kreativer Aktivität, der Beredsamkeit und der literarischen oder künstlerischen Talente – entsprechend den Neigungen des Menschen, der von diesen Zuständen erfaßt wird. Mit dem Hineinfließen der verschmutzten pranischen Strahlung in das Gehirn werden die Lichter zu blendend gleißenden Scheinwerfern, die Töne werden zu ohrenbetäubendem Lärmen und Schreien, die Visionen werden zu Alpträumen, tiefe Einsichten werden zu verrückten Launen, die Einblicke in eine neue Existenz werden zur Phantomwelt des Wahnsinns, und Gefühle geistigen Entzückens nehmen die Form von Ideen der Grandiosität und des Größenwahns an. Die Steigerung kreativer Aktivität wird in ein wildes und hektisches Verhalten umgesetzt, Beredsamkeit wird zu Geschwätzigkeit, und literarische oder bildnerische Fähigkeiten äußern sich in wahnsinnigen Kompositionen und bizarrer Kunst.

Ich bin vollkommen sicher, daß eine unangemessene Aktivierung der Kundalini zu verschiedenerlei Psychosen führen kann. Ich selbst bin während der Periode meines Übergangs von einem Bewußtseinszustand in den anderen durch Phasen hindurchgegangen, die solchen Zuständen von Geisteskrankheit sehr ähnlich sind. Es dauerte Jahre, bis sich meine Verfassung stabilisierte. Ich habe dieselben Umschwünge bis an die Grenze der Geisteskrankheit in verschiedenen anderen Fällen beobachtet. Das extreme Risiko, das mit einer erzwungenen Erweckung der Kundalini einhergeht und das bereits seit langem in Indien bekannt ist, hängt mit einer solchen unangemessenen Erweckung zusammen. Bei Fehlentwicklungen kommt es zu Schizophrenie und manisch-depressivem Irresein, wobei diese Wahnsinnigen gelegentlich erstaunliche Fähigkeiten an den Tag legen. Die Erforschung der Kundalini ist zugleich die Erforschung der Bioenergie, und dies kann zu den Gründen führen, die verantwortlich sind für die Beeinträchtigungen der psychischen Ströme und für ihre Heilung. Die moderne Psychologie akzeptiert eindeutig die offensichtlichen Zusammenhänge zwischen Sexualität und geistiger Verwirrung, aber der eigentliche Mechanismus ist niemals klar herausgearbeitet worden.

Um die Entstehungsgeschichte dieser Form von Wahnsinn zu begreifen, muß man sich die Wirkungen der Kundalini ein wenig genauer anzusehen. Wie ich in meinen Büchern erklärt habe, wird die Aktivierung der Kundalini von zwei neuen und unterschiedlichen Aktivitäten im Körper begleitet. Das ganze große Netz der Nerven beginnt, eine potentere Form der psychischen Energie (des Pranas) herzustellen und es durch den Rückenmarkskanal in das Gehirn einfließen zu lassen. Das hervorstechendste Charakteristikum dieser veränderten Form der Bioenergie ist, daß sie als leuchtende Wolke im Gehirn erscheint. Die Energie beim Durchschnittsmenschen besitzt diese Eigenschaft nicht. Aus diesem Grunde sind die visionären Bilder der Mystiker fast immer in Licht getaucht. Dies ist der erste wichtige Punkt, der bei jeder Erforschung des Phänomens beachtet werden muß. Das ist auch der Grund, warum Kundalini immer mit der Sonne, dem Mond, mit einem Blitz oder mit Feuer verglichen wird. Lichtblitze oder andere Formen von Leuchtkraft und Helligkeit, deren viele Menschen während der Meditation und manchmal auch bei anderen Gelegenheiten gewahr werden, sind häufig auf ein plötzliches, kurzes Überfließen des höheren Prana ins Gehirn zurückzuführen.

Die andere Aktivität beginnt im Genitalbereich. Bei der Erweckung werden die Sexualsekrete in Form von Strahlung auf mysteriöse Weise hochgesogen und ergießen sich in den Rückenmarkskanal. Wie dies vor sich geht, wird die Wissenschaft sicherlich eines Tages herausfinden. Dieser Strom, der durch das Rückenmark hochsteigt, ist der »Nektar« oder das »Ambrosia«, die in den Abhandlungen über die Kundalini wiederholt erwähnt werden. Es ist das »Soma« der Veden, das »Rasa« der Alchemisten und das »Samarasa« der mittelalterlichen Heiligen Indiens.

In der gesamten mystischen Literatur Indiens wird immer wieder auf diese Säfte Bezug genommen. Ihr Einfließen ins Rückenmark und später ins Gehirn wird von außerordentlich angenehmen Gefühlen begleitet, die sogar die Glückseligkeit des Orgasmus übertreffen. Dieser Strom von organischem Extrakt verzweigt sich während seines Aufstiegs in den Schädel in kleinere Ströme, und diese kleineren Ströme nähren die Eingeweide über die darum herum liegenden Nervengeflechte oder Chakras. Der betreffende Mensch kann sehr deutlich spüren, wie sich die Flüssigkeit in die verschiedenen Organe ergießt – in den Magen, die Leber, die Verdauungsorgane, das Herz, die Lungen, den Hals.

Ein neuer Kanal, der die Organe darauf einstimmt, den zusätzlichen Bedürfnissen gerecht zu werden, und der als Ergebnis einer gesteigerten Wahrnehmungsfähigkeit entstanden ist, tritt jetzt in Aktion. Auf diese Weise werden der Körper und das Gehirn für eine Manifestation des Bewußtseins auf einer höheren Ebene vorbereitet. Der Zufluß von potenterem Prana und das Einströmen flüssiger Absonderungen in die Nervenzentren und in das Gehirn sind das, was in den alten Büchern mit den Worten »Penetration der Kundalini« ausgedrückt wird.

Im Falle einer fehlgeleiteten Erweckung beginnen die beiden Bewegungen nicht gleichzeitig, oder die Koordinierung zwischen beiden bleibt unvollständig. Die

Sekrete der Geschlechtsorgane strömen aus verschiedenen Gründen in diesem Fall nicht nach oben und zirkulieren nicht im Körper, um die Organe und das Gehirn an das Fließen des hochpotenten Pranas, das jetzt im Körper aktiv geworden ist, anzupassen. Ein lasterhaftes Leben oder Krankheiten der Geschlechtsorgane können dem zugrunde liegen.

Bisweilen sind die Folgen dann schrecklich. Da die Mechanismen zur Vorbereitung der Körpergewebe auf einen größeren Zustrom stärker konzentrierter psychischer Energie überhaupt nicht aktiv werden oder nicht auf die richtige Art und Weise, fehlt der Strahlung, die in das Gehirn einfließt, der Grad von Reinheit, der für das gesunde Funktionieren des Gehirns in dem veränderten Zustand notwendig ist. Ein unreiner, giftiger Strom fließt nun hindurch und erschafft einen chaotischen Zustand im gesamten Bereich des Denkens. Die Reizung, die im Gehirn durch die verseuchte pranische Strahlung verursacht wird, wirkt sich schon sehr bald in einer Anarchie des Denkens und Verhaltens des davon betroffenen Menschen aus.

Es ist kein Wunder, daß unter den Folterqualen dieses giftigen Stroms, der nun das Gehirn überflutet, der Wahnsinnige tobt, schreit, gestikuliert, wild herumrennt, lacht, Schaum vorm Munde hat, daß er gewalttätig wird oder in ein wildes Wüten verfällt. Er kann die Strahlung nicht wahrnehmen. Was er fühlt, ist eine Störung und Beeinträchtigung seiner Persönlichkeit, seines Denkens und seines Handelns. Der fehlgeleitete Fluß des Prana erzeugt einen fehlgeleiteten Menschen.

Das Leiden des in der Weise kranken Menschen kann schrecklich sein. Er kann in einen Zustand vollkommener Lähmung fallen, vollkommen unfähig dazu, seine Gedanken zu sammeln; er verliert möglicherweise jeden Appetit, da alle seine Reflexe abgestumpft werden, er kann unter schrecklichem Schlafmangel leiden, ein Brennen vom Kopf bis zu den Zehen spüren oder andere Symptome entwickeln.

Derzeit kann psychische Energie nicht mit wissenschaftlichen Methoden gemessen werden, und es gibt keine Methode, ihre Reinheit festzustellen. Wissenschaftler, die mit einem akuten Fall geistiger Verwirrung konfrontiert werden, die jedoch nichts über die subtile Kraft wissen, die dafür verantwortlich ist, erfinden weiterhin sehr phantasievolle Erklärungen, die jedoch die rätselhafte Kraft, die dahinter steht, in keiner Weise mit einbezieht. Wahnsinn ist das Ergebnis von unreiner pranischer Strahlung. Er kann verursacht werden durch die Erweckung der Kundalini oder aber durch ein Nichtfunktionieren des Organismus in den subtilen Bereichen, die bei der Produktion des Prana beteiligt sind. Der somatische Aspekt des Wahnsinns tritt jetzt für Psychologen immer stärker in Erscheinung, aber die grundlegenden Fakten sind immer noch nicht herausgefunden worden.

Es gibt noch andere Möglichkeiten. Die pranischen Ströme fließen möglicherweise durch die *ida* und *pingala* und rufen schreckliche, aufgeregte und depressive Zustände hervor. Die Formen von Wahnsinn, die durch eine bösartige Kundalini hervorgerufen werden, und ihre verschiedenen Manifestationen bei verschiedenen Menschen – dieses Thema ist so umfassend und so schwierig, daß ein ganzer neuer Forschungsbereich geschaffen werden müßte, um hier empirische Studien treiben zu können. Wissenschaftler konnten bisher nicht den wirklichen Grund für geistige und psychische Krankheiten feststellen, weil sie keine Kenntnis der Bioenergie und der Methoden und Mittel haben, die notwendig sind, um sie aufzuspüren. Kundalini stellt den einzigen natürlichen Kanal für die Erforschung dieser immer noch unidentifizierten schöpferischen Kraft dar. Diese Erforschung kann sowohl subjektiv als auch objektiv sein, vorausgesetzt, der Mechanismus wird in der richtigen Weise manipuliert. Sehr intensive Forschungsanstrengungen wären nötig, um die Parameter für eine objektive Beweisführung festzulegen. Dies würde zur

Entstehung einer neuen Wissenschaft führen. Diese neue Wissenschaft wäre unschätzbar wertvoll für die Heilung von Geisteskrankheiten. In der näheren Zukunft könnte es notwendig sein, geistige Verwirrungen durch die Entdeckung von Prana zu kontrollieren, genauso, wie es jetzt möglich geworden ist, Epidemien und Infektionskrankheiten aufgrund der Kenntnis der Mikroben, die diese Krankheit verursachen, in den Griff zu bekommen. Wilhelm Reich hatte recht, wenn er sagte, daß geistige Verwirrung der somatischen Struktur des Organismus entspringt. Dieser somatische Ankerplatz geistiger Verwirrungen ist das Prana.

Der Druck und die Spannungen des modernen Lebens, vor allem in den fortschrittlicheren Industrienationen, beeinträchtigen sehr ernsthaft das empfindliche Gleichgewicht des Prana und stellen eine sehr starke Belastung für den organischen Mechanismus dar, der für dieses Prana verantwortlich ist. Das Ergebnis ist, daß es manchmal mehr Patienten gibt, die unter geistig-seelischen Störungen leiden und in eine Klinik aufgenommen werden möchten, als Patienten, die unter allen anderen Krankheiten zusammen leiden. Dies ist eine alarmierende Situation, die sogar noch schlimmere Zukunftsaussichten in sich birgt, denn die Spannungen und der Druck wachsen immer noch an. Abgesehen von den offensichtlichen Fällen geistiger Störung gibt es überall auf der Welt Millionen von Menschen, denen es an der Kraft fehlt, sich angemessen an ihre Umgebung anzupassen. Dadurch wird ihren Partnern, ihren Familien und allen denen, mit denen sie jeden Tag in Kontakt kommen, unermeßliches Leid auferlegt. Der einzige natürliche Mechanismus zur Kontrolle dieser Zustände ist ebenfalls die Kundalini.

Gentechnologie wird, wenn man sie jemals wirklich in Angriff nimmt, schließlich zu denselben Schlußfolgerungen hinführen. Es ist die Verwirrtheit des pranischen Spektrums, die verantwortlich ist für alle die Fälle von Besessenheit, von Fixierungen, Perversionen und Verbogenheiten des Geistes. Der Kanal, um das Prana in den Griff zu bekommen, ist die Kundalini. Alarmierende viele Menschen leiden an geistigen Krankheiten oder sind in irgendeiner Weise gestört, Menschen, denen es an angemessener Selbstkontrolle und Anpassungsfähigkeit mangelt. Man kann sich gut vorstellen, wie umfangreich die Forschungsbemühungen sein müssen, die ein Heilmittel für alle Krankheiten des Geistes und des Nervensystems finden sollen.

Der dritte Forschungsbereich kann sich auf geborene Mystiker, genial begabte Menschen, Medien und Wunderkinder beziehen, bei denen Kundalini mehr oder weniger von Geburt an aktiv ist. Die Daten, die aus der Beobachtung der Fälle geistiger Verwirrung und aus einer unangemessenen Erweckung gewonnen werden, können helfen, einen Plan zu entwickeln, wie mit dieser Begabung geborene Menschen untersucht werden können. Bestimmte Parameter werden immer vorhanden sein. Die wesentlichen Forschungsbereiche sollten die Gehirn- und Rückenmarksflüssigkeit und der Geschlechtsapparat sein. Im Falle der medial begabten Menschen ist bereits eine Tendenz zum Orgasmus während der Trance festgestellt worden. Die erotischen Aspekte der mystischen Ekstase werden schon ganz klar erkannt. Das sexuelle Leben genial begabter Menschen oder von Männern und Frauen mit einem ungewöhnlichen Talent muß ebenfalls derartige Hinweise erbringen.

Die Gelehrten sind als Berufsgruppe häufig nicht geneigt, sich aus dem eng umgrenzten Bereich der Gedanken, an den sie sich gewöhnt haben, hinauszubewegen. Nur sehr wenige zeigen Bereitschaft, sich in unbekanntes Territorium hinauszuwagen. Die Leiden, die auf sich nehmen mußte, wer die Irrlehre eines geozentrischen Universums anfocht, sind wohlbekannt. Der empirische Nachweis der Kundalini wird sicherlich eine Revolution hervorrufen, die diejenige, die von Kopernikus verursacht wurde, bei weitem übertrifft. Aber es wird eines harten Kampfes bedürfen, bevor die Vorurteile der Gelehrten überwunden werden können.

Die moderne Vorstellung, was Leben sei, geht davon aus, daß eine bestimmte Konstitution und Zusammensetzung von Atomen und Molekülen dem Phänomen Leben zugrunde liegt. Es gibt keine Vorstellung von bis jetzt unbekannten und immateriellen Kräften im Universum. Obwohl die Beschaffenheit der Gedanken und des Bewußtseins dieses irrtümliche und rein materialistische Konzept fortwährend in Frage stellt, ist doch jeder Versuch, durch diese selbst auferlegte Barriere hindurchzubrechen, immer wieder ein schwieriges Unterfangen. Wir müssen uns deshalb von Anfang an über die Schwierigkeiten, die mit einer Erforschung der Kundalini einhergehen, klar sein. Ein solches Forschungsvorhaben würde den Versuch bedeuten, die selbst errichteten Grenzen der modernen Wissenschaft zu durchbrechen. Ein Jahrhundert lang haben kompetente Forscher und hervorragende Wissenschaftler das Phänomen PSI erforscht. Dennoch haben diese Bemühungen bisher noch nicht ausgereicht, diese Grenze zu überschreiten. Aber eine sinnvoll organisierte Erforschung der Kundalini wird meiner Meinung nach sicherlich diese große Aufgabe in weniger als einem Fünftel dieser Zeit bewältigen können.

Wenn erst einmal die zugrunde liegenden Prinzipien bekannt sind, wird die Untersuchung von Menschen mit einer erweckten Kundalini sehr leicht durchzuführen und zu organisieren sein. Es müssen dabei ganz bestimmte biologische Unterschiede im Blut, in der Rückenmarksflüssigkeit und in der Zusammensetzung der Gehirnsubstanz in ihren feinen Schichten erkennbar sein. Die jüngsten erstaunlichen Entdeckungen atomarer Teilchen sollten uns vorsichtig sein lassen, wenn wir versuchen, die Zusammensetzung der organischen Zelle genau zu definieren. Ihre feineren Schichten entziehen sich immer noch unserer Kenntnis. Unsere gegenwärtigen Konzepte bauen auf bestimmten Annahmen auf, die zeigen, daß sich jede neue Entdeckung als falsch erweisen kann. Es liegt eine ganze Welt von subtilen Energien in jedem lebenden Organismus verborgen. Diese Energien leben wiederum von subtilen biologischen Wirkstoffen, die der Organismus produziert und die er in jedem Gewebe und in jeder Zelle speichert. Diese Wirkstoffe werden von der kosmischen Lebensenergie oder dem Prana Shakti benutzt, um das individuelle Prana oder die individuelle Lebensenergie herzustellen. Bei diesem Vorgang spielen Neuronen eine aktive Rolle.

Die ausgebildeten Yogis in Indien konnten voller Überzeugung über die pranischen Ströme im Körper schreiben, weil das Prana auf den höheren Bewußtseinstufen sehr leicht wahrzunehmen ist. Eine wissenschaftliche Erforschung dieses subtilen Mediums mit Instrumenten, die eigens zu diesem Zweck entwickelt wurden, kann für die Menschheit unschätzbare Vorteile bringen. Eine genaue Studie von Menschen, in denen die Kundalini aktiv ist, muß schließlich bestimmte Hinweise ergeben, mit deren Hilfe es möglich sein könnte, den Unterschied zwischen der Mikrobiologie eines normalen und eines genial begabten Menschen oder Mystikers oder irgendeines anderen derart ungewöhnlichen Menschen zu erkennen. Man wird die Tatsache nicht leugnen können, daß es bestimmte Unterschiede gibt zwischen dem Gehirn eines Einstein und dem eines Mannes mit durchschnittlicher Intelligenz. Aber trotz wiederholter Anstrengungen in dieser Richtung hat man doch bis jetzt diese Unterschiede nicht herausfinden können. Der Grund dafür liegt darin, daß die außerordentlich feinen Körpergewebe, die dabei eine Rolle spielen, bis zum heutigen Tag nicht wirklich entdeckt und erforscht werden konnten.

Die vierte Gruppe von Fällen, die erforscht werden müssen, sind die Menschen, bei denen die Aktivierung der Kundalini später im Leben eintritt, ohne daß in irgendeiner Weise ihre geistige Gesundheit beeinträchtigt würde. Diejenigen, bei denen entsprechende Symptome auftreten, leiden häufig unter Spannungen und verschiedenen Beschwerden, weil sie den Faktor, der dafür verantwortlich ist, nicht kennen. Ich habe Briefe von Menschen überall auf der Welt erhalten, die das Studium eines meiner Bücher darauf gebracht hat, welche mysteriöse Instanz für die seltsamen und gelegentlich bizarren Erfahrungen verantwortlich war, die sie durchmachten, oder für die ungewöhnlichen Symptome, die sie bei sich selbst beobachteten. Die Aktivierung der Kundalini kann spontan auftreten, aber häufiger sind Meditation, Yogapraktiken oder andere geistige Übungen der Auslöser. Die Erfahrungen können manchmal erhebend und manchmal auch sehr bedrückend sein. Sie wirken oft so unterschiedlich, daß es häufig schwierig wird, sie auf denselben Grund zurückzuführen.

Für ein Studium der Fälle, die zu dieser Gruppe gehören, könnten ein weit verbreiteter Aufruf und eine Sammlung von Fallgeschichten sich als guter Anfang erweisen. Es ist wahrscheinlich, daß von überall in der Welt Reaktionen kommen werden. Man könnte dadurch statistische Daten gewinnen, die sicherlich für einen unvoreingenommenen Wissenschaftlicher ausreichen würden, den ganzen großen Bereich, in dem dieses Phänomen sich manifestiert, deutlich zu sehen. Von den Menschen, die diesem Aufruf folgen, sind vielleicht sogar einige bereit, sich freiwillig für weitere Forschungen zur Verfügung zu stellen. Dies könnte die Forschung zur Entdeckung neuer Möglichkeiten führen. Die große Vielfalt von Symptomen würde auch den forschenden Wissenschaftlern Aufschluß geben über die jeweilige Wirkung der Kundalini bei Menschen unterschiedlichster Konstitution.

Die Studie kann auch Hinweise zur Erforschung des Wahnsinns geben, der von einer auf unangemessene Weise aktiv gewordenen Kundalini verursacht wurde. Da es den Erzählungen der Psychotiker selbst immer an

Klarheit und Präzision mangelt, könnten sich die Grenzfälle, die noch in diesen Bereich gehören, für ein Studium der entsprechenden Symptome als ergiebiger erweisen.

Der fünfte und wichtigste Forschungsbereich wäre der, wo Menschen sich freiwillig und mutig für die Aktivierung dieser Kraft zur Verfügung stellen. Unter denjenigen, die so eifrig nach der Erleuchtung suchen, muß es sicherlich einige geben, die zu einem derartigen Unternehmen bereit sind. Dazu bedarf es der Einrichtung einer gut geleiteten Institution, in der die entsprechenden Übungen zur Aktivierung dieser Kraft gelehrt werden können. Hundert wohlausgewählte Kandidaten wären das Minimum, das notwendig ist, um relevante Ergebnisse zu zeitigen, denn das Phänomen der Erweckung ist doch recht selten. Die Institution sollte sich in einem gemäßigten Klima befinden, und sie sollte gut mit allen Annehmlichkeiten und Hilfsmitteln des Lebens versorgt sein. Sie sollte denen, die sich dorthin begeben, ein Umfeld sichern, in dem die edleren Instinkte ihren höchsten Ausdruck finden können. Im Verwaltungsbereich dieser Institution müssen kompetente Wissenschaftler und engagierte Yogaspezialisten sitzen. Eine vorurteilsfreie wissenschaftliche Vorgehensweise, ohne auch nur die geringste dogmatische Einfärbung, sollte bei allen Forschungen gewährleistet sein.

Die Aktivierung der Kundalini auch nur in einem Fall dieser großen Gruppe kann eine Erfahrung sein, bei der es zu wahrhaft erleuchtenden Erlebnissen kommt. Plötzlich beginnen der Körper und der Geist in unterschiedlicher Weise zu funktionieren. Es kommt zu einer Intensivierung der Stoffwechselvorgänge, einer Steigerung des Pulsschlags und so weiter, um den Körper an die vermehrte Produktion der neuen Form von psychischer Energie anzupassen. Der psychische Wirkstoff, mit dem das Gehirn eines Mystikers während seiner ekstatischen Zustände versorgt wird, ist nicht dieselbe Energie, die das Gehirn eines Durchschnittsmenschen nährt. Dies ist das grundlegende Faktum, das eine Erforschung der Kundalini beweisen soll. Im Falle einer kraftvollen Erweckung gibt es im Energiesystem des Körpers einen Aufruhr, der sowohl von außen als auch subjektiv durch den Menschen selbst zu beobachten ist. Diesen sehr stark beschleunigten Fluß psychischer Energie in allen Teilen des Körpers haben die Gelehrten der Antike als Erweckung der Shakti (Energie) bezeichnet. Ein wahrer Wirbelsturm psychischer Kräfte scheint sich dann im Körper zu entfesseln.

Neben meinem eigenen Fall sind mir noch drei weitere Fälle dieser Art begegnet. Die Symptome sind unverwechselbar. Ein großer Teil von Information über die Körperreaktionen auf die Erweckung kann in den Ashrams der Yogis gewonnen werden, und von Menschen, die mit der vorhandenen Literatur und Tradition, die mit dem Thema in Zusammenhang stehen, vertraut sind. Der Zeitraum, in dem der Körper mit einem beschleunigten Tempo arbeitet, unter dem Streß der neu entfesselten Energie, kann sich über Monate oder auch Jahre erstrecken. In den erfolgreichen Fällen kommt es zu einer Metamorphose des Bewußtseins, und die geistigen Fähigkeiten des Eingeweihten können zu einer Blüte gelangen, die bei dem betreffenden Mann oder der Frau niemals zuvor erreicht worden ist. Sogar wenn diese äußerste Vollendung aufgrund irgendeines körperlichen Mangels nicht eintritt, reichen die physiologischen Prozesse, die durch die Aktivierung in Gang gebracht worden sind, aus, um das Phänomen zu erhellen.

Dieser kurze Überblick genügt vielleicht, um eine Vorstellung von dem überwältigenden Umfang dieser Forschungsarbeit zu vermitteln. In dem riesigen Feld der Wissenschaft gibt es keinen Forschungsbereich, in dem so viele ungeahnte Möglichkeiten stecken wie hier. Kundalini ist der göttliche Mechanismus für die Transformation des gesamten Menschengeschlechts. Am Anfang steht eine ziellose Menschenmenge, die sich gegenseitig hin- und herschubst, die miteinander kämpft und sich ihrer selbst nicht bewußt ist, und am Ende steht eine harmonische Gruppe erleuchteter Persönlichkeiten, die an sich selbst die erhabenen Möglichkeiten der Seele erfahren haben. Nur dieses Wissen kann einer in sich zerstrittenen Menschheit Frieden und Glück bringen. Kundalini zeigt den einzigen Weg, um den bereits seit Jahrhunderten bestehenden Konflikt zwischen Verstand und Glauben, Wissenschaft und Religion, zu lösen. Es gibt keinen anderen Kanal außer diesem, um die Wahrheit der großen Religionen zu beweisen und um die ruhmreichen Möglichkeiten der Yogatradition bekannt zu machen.

Nur mit Geduld und Demut können wir in dieser Unternehmung erfolgreich sein. Eine Erforschung der physikalischen Phänomene zielt darauf ab, Wissen über die toten Kräfte der Natur zu erlangen, aber eine Erforschung der Kundalini wird dazu führen, zu den intelligenten Kräften der Schöpfung Zugang zu gewinnen. Diese Forschungsarbeit legt deshalb auf die Schultern derer, die sie auf sich nehmen würden, eine sehr große Verantwortung. Die vom Schicksal bestimmte Stunde für die empirische Erforschung dieses einzigartigen Phänomens und die Stunde der Enthüllung des bis jetzt immer noch geheimen Wissens, das damit zusammenhängt, ist, dessen bin ich sicher, gekommen. Aber wer den Erfolg bei diesem Unternehmen davontragen wird, das müssen wir noch herausfinden. Laßt uns, mit den Worten der Veden gesprochen, um göttliche Führung bitten, für die Einigkeit der Herzen und die Einigkeit des Denkens für diese Aufgabe, denn Kundalini bietet die einzige Lösung für die brennendsten Probleme unserer Zeit.

Kapitel 13

Professor von Weizsäcker: Ein Denker der Zukunft

Dieses Kapitel wurde für ein Buch zu Ehren von Professor von Weizsäcker, damals Direktor eines Max-Planck-Instituts, zu seinem siebzigsten Geburtstag geschrieben. Eine Reihe hervorragender Wissenschaftler, einige davon Weizsäckers Kollegen und frühere Studenten, waren eingeladen worden, zu dem Buch, das in München im Jahre 1982 veröffentlicht wurde, einen Beitrag zu schreiben. »Ich stelle von Weizsäcker im Licht meiner eigenen Vorstellung vom Wissenschaftler der Zukunft dar«, schreibt Gopi Krishna, »da er dem Bild dessen am nächsten kommt, der den Wissenschaftler, den Philosophen und den Mystiker auf das glücklichste in sich vereint. Mit unseren Treffen sind für mich sehr schöne Erinnerungen verbunden.«

Einige meiner Freunde hatten mir nahegelegt, Professor von Weizsäcker aufzusuchen. In seinem Heimatland wurde er in einer Weise anerkannt und respektiert, wie es mir zu jener Zeit einzigartig erschien. In gewisser Weise erinnerte mich dies an die Verehrung, die Mahatma Gandhi in Indien genoß. Dieses war meine erste Reise nach Europa. Das Land, in dem ich zuerst Station machte, war Deutschland.

Ich war bis zu jenem Tag nie aus Indien herausgekommen, und ich war nicht wenig erstaunt über die Pracht und den Wohlstand, den ich, im Gegensatz zu den Verhältnissen in meinem eigenen Land, überall um mich herum sah. Die technischen Erleichterungen, wie sich automatisch öffnende Türen an den Flughäfen und Rolltreppen, waren mir alle neu. Das gesamte Heizsystem erschien mir ebenfalls erstaunlich und faszinierend.

In Kashmir können sich nur wenige Menschen den zweifelhaften Luxus leisten, Wärme aus einem riesigen, rauchenden Eisenofen zu gewinnen, in dem Holz, Sägemehl oder Holzkohle verbrannt werden, und die große Mehrheit beschränkt sich darauf, sich einen qualmenden *kangri* unter den *pharan*, eine schwere Wolldecke, zu stecken. Das bietet natürlich nur einen sehr schlechten Schutz gegen die eisigen Winterwinde. Die Sauberkeit und Ordentlichkeit der Wohnungen, der Geschäftszentren und der Straßen im Westen versetzten mich in Erstaunen.

Gemeinsame Freunde hatten das Treffen arrangiert. Ich hatte einiges über die Ereignisse und Vorfälle erfahren, die Professor von Weizsäcker zu einer weithin bekannten und geachteten Persönlichkeit in seinem Land gemacht hatten. Sein Name war 1968 überall bekannt, und man sprach sehr respektvoll über ihn. Daran wurde ich erinnert, als mich bei einem späteren Deutschlandbesuch, zu einer Zeit, als gerade ein Flugzeug entführt worden war, am Flughafen ein Polizeioffizier festhielt, um mich genauer zu durchsuchen. Ich erwähnte, daß ich mit von Weizsäcker bekannt war und zeigte ihm eine Kopie von *Die biologischen Grundlagen der Religion* mit seiner Einführung zu dem Buch, die ich bei mir hatte. Dies hatte eine geradezu magische Wirkung auf den Beamten. Er war sofort außerordentlich respektvoll und geleitete mich eine ganze Strecke bis hin zur Gepäckabteilung.

Zunächst war ich von der Einfachheit der Lebensgewohnheiten von Professor von Weizsäcker tief beeindruckt. Im Gegensatz zu den reich möblierten Häusern, die ich zuerst besucht hatte, wohnte er in einem einfachen Appartement. Die Treppe war mit einer schlichten Jutematte bedeckt, und die Wände des Raumes, in dem er saß, waren mit Büchern ausstaffiert. Nirgendwo wurde Reichtum oder Luxus zur Schau gestellt. Als ich ihn ansah, erschien mir sein Gesicht vertraut wie das Gesicht meiner Freunde in Kashmir, nur, daß eben die Haut heller war. Nach einer kurzen Begrüßung begannen wir, über den Zweck meines Besuches zu sprechen. Ganz anders als bei den Gesprächen mit anderen Gelehrten und Wissenschaftlern in Deutschland berührten seine Fragen sofort den eigentlichen Kern des Themas, über das ich gerne mit ihm sprechen wollte. Es war offensichtlich, daß er sehr gut über die mystischen Traditionen Indiens Bescheid wußte, daß er wußte, worüber ich sprach.

Als ich mich verabschiedete, gab er mir freundschaftlich die Hand, und diese Freundschaft hat bis zum heutigen Tage angehalten. Ich habe nur wenige Menschen getroffen, die ihr Wort, das sie einem Fremden beim ersten Treffen gegeben haben, hielten – so wie er es in allen diesen Jahren tat. Seine Einführung zu meinem kleinen Werk *Die biologischen Grundlagen der Religion* war ein Höhepunkt in meiner Karriere als Schriftsteller.

Es war diese Einführung, die viele westliche Leser und noch mehr die Gelehrten dazu führte, meiner Arbeit Aufmerksamkeit zu schenken. Vom Standpunkt des Westens aus gesehen war das Thema, über das ich schreibe, zu jener Zeit vergleichsweise unbekannt und schmeckte für einen rationalen Denker mehr nach Aberglauben und Phantasie als nach einem authentischen Bericht über ein wirklich vorhandenes Potential im menschlichen Körper.

Bevor von Weizsäcker die Einführung schrieb, hatten Spiegelbergs Vorwort und Hillmanns Kommentar das Eis gebrochen und meiner ersten Arbeit »Kundalini. Erweckung der geistigen Kraft im Menschen« das Siegel der Glaubwürdigkeit aufgedrückt. Aber dennoch konnten wir in Europa lange Zeit keinen Verleger für die englische Ausgabe finden – trotz großer Anstrengungen, die ein Freund, F. J. Hopmann, hier unternahm. Aufgrund dieses Fehlschlags in Europa haben Hopmann und einer seiner Freunde in Delhi, Ramadhar, schließlich mit ihrem eigenen Geld dazu beigetragen, daß die erste Ausgabe in Indien herausgebracht wurde.

Ich habe dieses kleine Detail erwähnt, um zu zeigen, daß der Zugang zu meinem Werk von einer Mauer von Vorurteilen blockiert worden war. Man kann an diesen Tatsachen leicht sehen, wie schwierig es sein muß, einen neuen Faktor als mögliche Erklärung für eine bestimmte Gruppe von Phänomenen zu akzeptieren, ja dies auch noch einzugestehen, und wie groß der Mut und der Respekt vor der Wahrheit war, den von Weizsäcker bewies, als er eine Einführung zu einem Werk schrieb, das vom streng wissenschaftlichen Standpunkt aus gesehen doch so bizarr erscheinen mußte.

Das Konzept der Kundalini ist inzwischen recht gut bekannt geworden, zumindest in den Kreisen derer, die am Spirituellen und Okkulten interessiert sind, und Dutzende von Büchern, einschließlich einiger, die von Wissenschaftlern geschrieben wurden, sind auf dem Markt erschienen. Die Bedeutung des Beitrages, den von Weizsäcker gemacht hat, um die Aufmerksamkeit auf eine neue Hypothese zur Erklärung bestimmter anormaler und paranormaler Phänomene zu lenken, wird erst die Zukunft erweisen.

Von Weizsäckers Einführung zum zweiten Buch spielte eine entscheidende Rolle, um den Gelehrten, die an Yoga und Mystizismus interessiert waren, meine Ideen vorzustellen. Die erste englische Ausgabe des Werkes wurde von Gene Kieffer auf dessen Kosten veröffentlicht – er ist ein engagierter Förderer meiner Gedanken. Die deutsche Ausgabe erschien später. Das Buch wurde, vor allem wegen seiner Einleitung, für die Reihe *Religious Perspectives* des Verlages Harper & Row ausgewählt.

Ich hatte mehrere Gelegenheiten, mich mit Professor von Weizsäcker zusammenzusetzen und mit ihm über das Thema Kundalini und mystische Erfahrung zu sprechen. Er besitzt sehr viel Intuition und Sensibilität, gleichzeitig aber den scharfen Verstand eines Wissenschaftlers. Seine tiefgründigen Studien der Philosophie und der orientalischen Traditionen haben in ihm die unnachgiebige Härte eines Empirikers, dessen Weltbild allein von den Ergebnissen seiner Experimente abhängt, ein wenig aufgeweicht.

Um zu ermessen, wie bedeutsam von Weizsäckers zentrale Vorstellung von der »Einheit des Universums« ist, wäre es nötig, ein ganzes Buch zu schreiben. Er hat einen wesentlichen Beitrag zu wissenschaftlichen, sozialen und politischen Themen geleistet; aber seine philosophischen Gedanken über die Einheit der Natur sind ganz sicher der Zeit voraus.

Um die eigentliche, grundlegende Einheit der kosmischen Phänomene wahrzunehmen, muß der beobachtende Geist selbst schon darauf angelegt sein, Verbindungsstücke aufzuspüren und den integrierenden Faktor zwischen den auseinanderstrebenden und unterschiedlichen Ereignissen und Objekten der Natur zu erkennen. Mit anderen Worten: Der Versuch einer Integration muß von dem »Beobachter« ausgehen, gleich, welche Phänomene er auch beobachten mag. Es ist nicht möglich, allein durch objektives Studium und Analyse zu einer Sicht zu gelangen, die das Universum als Ganzheit auffaßt.

Selbst wenn wir annähmen, nur eine einzige und bis jetzt nicht identifizierte Energie sei für alle Phänomene, organisch wie anorganisch, verantwortlich, wäre es noch immer nicht möglich, diese Einheit zu erfahren, zu beobachten oder auch nur die Frage zu beantworten, wie diese primäre Energie die unendliche Vielfalt der Formen annehmen kann, die das Universum zeigt. Aus Gründen, die auf der Hand liegen, ist es vom empirischen Standpunkt aus nicht möglich, den kartesianischen Dualismus von »Subjekt« und »Objekt« oder »Geist« und »Materie« zu überwinden. Für den strengen Empiriker können der »Beobachter« und das »beobachtete« Phänomen niemals eine Einheit bilden, weil dann weder Versuch noch Experiment möglich wären.

Die eigentliche Grundlage der modernen Wissenschaft ist die dualistische Auffassung vom Universum. Obwohl man heute der Ansicht ist, Materie sei in all ihren Ausformungen das Produkt eines Ozeans vibrierender Energie, und obwohl sogar zugegeben wird, daß der Beobachter und das beobachtete Phänomen nicht voneinander zu trennen sind, wird die gedankliche Trennung zwischen Geist und Materie doch noch immer weiter aufrechterhalten. Es scheint, als könnten wir, als bewußte Wesen, uns ihr nicht entziehen. Angesichts dieses unüberbrückbaren Abgrunds zwischen dem »Wissenden« und dem »Gewußten«, der die erste Grundvoraussetzung unserer Beobachtung ist, deutet die Suche nach der Einheit des Universums auf eine Tendenz des Geistes hin, die dieser beobachteten Position vollkommen entgegensteht.

Man mag die äußere Welt so intensiv untersuchen wie man will und kann so viele philosophische Spekulationen anstellen wie man will – die Trennungslinie, die zwischen dem subjektiven Bewußtsein und den von ihm beobachteten Objekten liegt, läßt sich nicht verwischen.

Die Vorstellung der Einheit der Schöpfung, einschließlich der Einheit von Subjekt und Objekt und Geist und Materie, muß deshalb einem latenten, instinktiven Bedürfnis des Geistes selbst entspringen. Ein drängendes Bedürfnis, diese »Einheit« zu erfahren, ist ein wichtiges Charakteristikum des »mystischen« Menschen. Das leidenschaftliche Bedürfnis, diese Einheit zu spüren, ist bei dem, der mit einem starken Drang danach geboren wurde, so überwältigend, daß dieses Bedürfnis stärker ist als alle anderen Wünsche und Ambitionen. Die Qualen der Selbstverleugnung, der Unterdrückung natürlicher Instinkte, der Einsamkeit und des Hungers, denen die Mystiker sich recht häufig ausgesetzt haben, sind im Licht dieser Tatsache sehr leicht zu erklären.

Die Liebe zu Gott erinnert auf merkwürdige Weise

an das erotische Verlangen. Es gibt bei beiden ein Element des Wahnsinns. Das Bedürfnis, ein Opfer zu bringen, um des Geliebten willen zu leiden und sich sein oder ihr Bild immer vor Augen zu halten, sich über Komfort und Vergnügen hinwegzusetzen und jede Art von Befehl auszuführen, um die Gunst des Angebeteten zu gewinnen, sind beiden gemein.

Im Falle des leidenschaftlichen Liebhabers scheint es so zu sein, als dränge das Ego danach, sich selbst auszulöschen und seine Identität mit dem intensiv begehrten Objekt seiner Liebe zu verschmelzen. Im Falle des Mystikers ist es die unbenennbare Realität hinter der Schöpfung, auf die sich die Sehnsucht richtet, die flüchtige, quälend-verlockende Quelle, die immer »hinter« den Dingen verborgen liegt. Es könnte ein Gott oder eine Göttin sein, eine heilige Persönlichkeit oder ein göttliches Wesen, ein Bild oder ein Idol – immer hat die Sehnsucht des leidenschaftlich Liebenden ähnliche Züge. Was immer das Objekt der Liebe und Verehrung auch sein mag: Die tiefe Sehnsucht des Mystikers erfüllt sich niemals, bis, auf dem Höhepunkt der Ekstase, der Schleier endlich zerrissen wird.

Bis zum beseligenden Moment der wirklichen mystischen Vereinigung muß die »Einheit« einfach als etwas Gegebenes vorausgesetzt werden. Die Vielfalt der Objekte und die massive, äußerliche Beschaffenheit des Universums nehmen den Geist fortwährend gefangen. Sie mögen letztlich eine essentielle Einheit darstellen, aber in der Welt der äußeren Erscheinungen kann die Vielfalt nicht geleugnet werden. Da jene essentielle Einheit niemals von uns »beobachtet« werden kann, kann sie auch nie Objekt der Erfahrung werden. Und ganz ähnlich ist es, wenn wir meinen, ein homogener See von Energie sei letztlich die Quelle aller physikalischen Phänomene und möglicherweise sogar des Lebens selbst. Wir sind dann nicht ganz überzeugend, da wir diese Homogenität gar nicht wahrnehmen können und die Identität unserer eigenen Wahrnehmungsfähigkeit mit der der wahrgenommenen Objekte nicht erfahren haben.

Wie kann dann diese Vorstellung von Einheit in unserem Geist überhaupt entstehen, wenn wir von allen Seiten nur mit Vielfalt konfrontiert werden? Wichtig bei diesem Thema ist auch diese Frage: Wie ist der Geist des Wilden auf das animistische Konzept gekommen, das Leben in die umgebenden Objekte – Bäume, Steine, Hügel, Flüsse, Teiche und Wälder – zu projizieren? Wie kommt es überhaupt, daß dieser Gedanke der »Einheit« immer wieder die Seele des Menschen, sei er nun gebildet oder nicht, fasziniert? Warum war zu allen Zeiten und überall der Geist der größten Wissenschaftler, Philosophen und Dichter immer wieder wie besessen von diesem Gedanken?

Die Vorstellung der Einheit ist nicht das Ergebnis von Gelehrsamkeit oder von ausgiebiger empirischer Erforschung der Welt. Trotz ähnlicher Beobachtungen und trotz eines ähnlich intensiven Studiums des schriftlichen Materials haben sich viele Denker, Philosophen und Wissenschaftler der Idee einer Einheit eben nicht angeschlossen. Für den Behavioristen und Materialisten zählen die Begriffe »Einheit« und »Vielfalt« nicht, denn für sie ist die letzte Realität gefühllose, tote Materie, bei der es, vom kosmologischen Standpunkt aus, gleichgültig ist, ob es sich um Einheit oder Vielfalt handelt. Welchem Zweck sollte es dienen, tiefer in das Geheimnis der Schöpfung einzudringen, wenn feststeht, daß unsere Anstrengungen letztlich doch wieder dem Vergessen anheimfallen werden?

Die Suche nach Einheit inmitten der Vielfalt, die hinter den Erscheinungen steht und die der intelligente Mensch schon immer anstrebte, ist eine Aufgabe, die notwendigerweise gelöst werden muß. Die Tatsache, daß zu allen Zeiten und überall den Erlebnissen der Mystiker als eines der deutlichsten Charakteristika das Gefühl der Einheit mit der Schöpfung und das Gefühl für die Existenz einer alles durchdringenden schöpferischen Intelligenz gemeinsam war, die sie mit den verschiedensten Namen benannt haben, sollte uns Hinweis sein auf das letzte Ziel, zu dem diese Sehnsucht führt. Unser Bestreben ist, den unsagbaren Zustand zu erfahren, in dem das Bewußtsein die Begrenzungen, die die Sinne und der Intellekt ihm auferlegen, überschreitet und seiner Einheit mit dem Kosmos und der kosmischen Intelligenz, der Schöpferin des Universums, gewahr wird. Wir können daraus schließen, daß ein Teil von uns immer danach strebt, die verborgene Realität hinter der Schöpfung zu enthüllen. Unsere Suche nach der Einheit war der Nährboden für jedes metaphysische System, für die okkulte Philosophie, die Religion, das Glaubensbekenntnis oder den Kult.

Die Vorstellung von Gott als dem Vater und der Quelle des Lebens, das Konzept von Brahman, dem Gedanken der Einheit der Seelen und die monotheistischen oder pantheistischen Ideale, sogar die Vorstellung von der Homogenität der Materie – alles das ist auf diese nicht zu unterdrückende mystische Tendenz im Menschen zurückzuführen, auf jene Idee, die sich hartnäckig im Hinterkopf hält, daß es hinter der Vielfalt der Phänomene einen gemeinsamen Faktor gibt, eine gemeinsame Quelle, aus der alles entspringt. Diese mystische Sehnsucht ist ebenso ein Teil unseres Geistes wie der Verstand, und ihre Existenz können wir zurückverfolgen bis zum ersten Auftauchen der Fähigkeit zum rationalen Denken.

Von dem Tag an, an dem er als ein mit Vernunft begabtes Wesen geboren wurde, hatte der Mensch immer eine Neigung zum Göttlichen oder auch ein mystisches Gefühl, mit dem er seine essentielle Einheit mit den Objekten und Phänomenen, die ihn umgaben, zu erfahren suchte. Die Erscheinungsformen dieser Sehnsucht waren vielleicht sehr verschieden, aber es gab sie in jedem Fall. Der primitive Mensch der Vorzeit hatte ebenso das Bedürfnis, das Geheimnis seines eigenen Seins auszuloten, wie die Intellektuellen unserer Tage.

Und auch die Wissenschaft ist Ausdruck dieses Forschergeistes, ist Ausdruck derselben Sehnsucht. Das, wonach der Mensch sucht, ist das Verborgene, das Unbekannte, das Unerklärliche, das Mysteriöse, das Übersinnliche und das Göttliche. Wenn sich diese Sehnsucht auf das objektive Studium der Phänomene der Natur und der Welt richtet, dann handelt es sich um Wissenschaft; wenn der Mensch nach den letzten Erkenntnissen und Prinzipien oder nach der Weisheit sucht, die durch menschliche Erfahrung gewonnen werden, dann ist es Philosophie, und wenn er den außerordentlich sensiblen Bereich der Seele zu ergründen sucht, dann ist es Religion. Der grundlegende, instinktive Impuls aber ist immer derselbe.

Wenn wir die Natur studieren, verlieren wir oft die besondere Beziehung aus den Augen, die zwischen dem beobachtenden Geist und den Phänomenen, die er beobachtet, besteht. Die Phänomene sind unterschiedlich, aber der Beobachter ist immer derselbe. Die Identität des Beobachters als geschlossene Einheit bleibt von der Geburt bis zum Tode unverändert. Wo diese Identität verändert oder zersplittert wird, da ist sie unweigerlich ein Anzeichen für eine Unordnung des Geistes. Das Identitätsgefühl, sei dies nun bei einem Menschen, einem Tier oder einem Vogel, ist immer das Gefühl von Einheit. Es gibt niemals und bei keinem Lebewesen zwei oder mehr Empfänger der Wahrnehmung. Sogar bei gespaltenen Persönlichkeiten hat jede einzelne Persönlichkeit ihre eigene Identität und ist niemals Teil oder Segment einer anderen. Wenn es im einzelnen Lebewesen eine Vielfalt von Beobachtern gäbe, dann wäre sein Überleben, angesichts widerstreitender Reaktionen, wie sie aus verschiedenen kognitiven Einheiten heraus entstehen müßten, unmöglich.

Also ist Einheit die eigentliche Grundlage von Erkenntnis und somit auch des Wissens um das Universum. Der Beobachter ist immer ein- und derselbe und ist deshalb fähig, einen Zusammenhang und Zusammenhalt in die unerklärlich unterschiedlichen Phänomene, die er beobachtet, hineinzuinterpretieren. Wäre die Identität des Beobachters zersplittert, dann wäre totale Verwirrung die Folge, was eine systematische oder regelmäßige Erforschung des Kosmos unmöglich machte. Es ist dieser Zustand von Einheit im Bewußtsein, der Wissenschaft, Philosophie oder Kunst erst möglich macht. Ansonsten verlören die Erscheinungen und die Ereignisse jeden inneren Zusammenhang und ließen für den fragmentierten Geist jede Bedeutung und jeden Sinn vermissen.

Wir sind mit der Erforschung der physikalischen Welt, den Kräften und den Gesetzen, die darin wirksam werden, so sehr beschäftigt, daß wir es versäumen, dieser wichtigen Integrationsfunktion, die unser Bewußtsein übernimmt, den ihr gebührenden Stellenwert einzuräumen. Auch hier ist es das eigentliche Ziel wissenschaftlicher oder philosophischer Forschung, Kompliziertes zu vereinfachen und Geheimnisvolles auszuloten. Wir sind zwar eifrig bemüht, die Gesetze der Natur zu erkunden oder ihren Geheimnissen auf den Grund zu kommen, denn wir wollen auf die Rätsel, die uns ratlos lassen, Antworten finden. Doch die Entdeckung eines physikalischen Gesetzes erstreckt sich unweigerlich auf eine große Anzahl von Phänomenen, die ohne das Wissen um das Gesetz zusammenhanglos und unterschiedlich erscheinen müssen. Diese ganze eindrucksvolle Schöpfung mit ihrer verblüffenden Vielfalt, ihren unterschiedlichen Lebenszeiten und den unterschiedlichen Entfernungen kann auf das Wirken einiger weniger Naturgesetze reduziert werden, die uns teilweise noch immer unbekannt sind.

Dasselbe gilt für die Welt der Biologie. Das außerordentlich komplizierte System des menschlichen Körpers und die verwirrende Vielfalt des Gehirns könnten eines Tages mit bestimmten Gesetzen, die wir heute noch nicht kennen, erklärt werden. Auch hier ist es die Rolle der Wissenschaft, das Komplexe in einfache Begriffe zu kleiden, die Vielfalt mit einigen wenigen Gesetzen zu erklären und die verwirrende Mannigfaltigkeit des objektiven Universums auf eine begrenzte Menge von Gesetzen und Kräften zurückzuführen, die, bei einer weiteren Forschung in naher Zukunft, vielleicht zu einem allgemeinen Gesetz und zu einer von einem Zentrum ausgehenden Kraft verschmelzen könnten.

Es ist daher offensichtlich, daß der mystische Impuls und die empirische Wissenschaft die Neigung haben, sich in dieselbe Richtung zu bewegen. Der außerordentlich bedeutungsvolle Schluß, der daraus zu ziehen ist, wäre, daß der einzelne, ungeteilte Beobachter in jedem Menschen sein eigenes Bild auf die Schöpfung projiziert und daß er versucht, im Kern der unendlich vielfältigen Phänomene des Universums dieselbe Einheit zu finden, die er auch in sich selbst wahrnimmt. Mit anderen Worten: Die Tendenz zur Einheit im subjektiven Geist hat die Neigung, als vereinheitlichendes Prinzip gegenüber all den Objekten und Ereignissen, die er beobachtet, aufzutreten. Oder, noch deutlicher: Das beobachtende Bewußtsein, das der eine, einzige Spiegel ist, der das gesamte Universum reflektiert, und zwar auf eine Art und Weise, die wir nicht verstehen können, sucht instinktiv nach einer ähnlichen Quelle hinter der Vielfalt der Phänomene – nach einer einzigen Kraft oder einem zentralen Gesetz, aus dem alles in derselben Weise entspringt, so wie unsere Erfahrung und unser Wissen aus ein und derselben Einheit, dem Geist, entspringen.

Bei der Beobachtung der Phänomene läßt die moderne Wissenschaft die »Seele« vollkommen außer acht; sie begrenzt ihr Studium auf nur einen Teil der Schöpfung – nämlich ausschließlich auf den objektiven Teil. Dies hat tendenziell dazu geführt, daß das Bewußtsein auf einen unwichtigen Platz verwiesen und so der Wert der mystischen Erfahrung aus den Augen verloren wurde. Dabei reicht ein einziger Moment des Nachdenkens aus, um den Irrtum zu erkennen, der einer solchen Betrachtungsweise der Natur zugrunde liegt. Wir wissen sehr gut, daß das Wissen in seinen ursprünglichen Formen, sowohl im Bereich der Wissenschaften als auch der Künste, von dem Wirken der Priester, oder, in anderen Worten, aus dem religiösen Impuls des menschlichen Herzens herrührte. Das erste abstrakte Denken im Geiste des Wilden war, abgesehen von dem Nachdenken darüber, wie er seine Grundbedürfnisse befriedigen konnte, ganz eindeutig religiös gefärbt. Geschah dies aus reinem Zufall oder geschah es aufgrund einer Tatsache, die so tiefgreifend ist, daß die moderne Psychologie sie auf jeden Fall auch noch heute berücksichtigen muß?

In der jüngsten Vergangenheit war ganz deutlich ein Trend zu erkennen, die jüngsten wissenschaftlichen Theorien über die physikalische Welt in die ontologische Gedankenwelt der Religion zu integrieren. Dies ist das Zeichen für eine deutliche Abkehr von der rigiden Haltung der Wissenschaftler im achtzehnten und neunzehnten Jahrhundert. Einer der Gründe für diese Veränderung ist die Revolution, die sich im Bereich der klassischen Vorstellungen von der Natur und der Materie selbst ereignet hat. Die umfassenden Theorien von Max Planck, Einstein und Heisenberg haben dem Menschen eine neue Sicht des Universums geschenkt. Mit der Erweiterung ihrer Grenzen gleitet die physikalische Welt langsam in eine unbegrenzt-nebulöse Form hinein, die den Visionen der Mystiker sehr viel näher ist als dem Denken der Physiker in den vergangenen zwei Jahrhunderten.

Mit einer noch größeren Ausweitung der Grenzen der Physik, unterstützt durch weiterführende Studien psychischer Phänomene, die den bekannten physikalischen Gesetze zu widersprechen scheinen, könnte die moderne Wissenschaft jetzt jener unglaublichen und unauslöschlichen Kraft ganz nahe kommen, die in der indischen Tradition Shakti genannt wird – die allem zugrunde liegende schöpferische Energie, die Quelle sowohl des subjektiven Geistes als auch des objektiven Universums. An diesem Punkt würden Formulierung und Artikulierung verschwinden, die Zunge würde still stehen und der Intellekt würde einfrieren, denn der Ozean von Energie, auf den man hier stößt, ist vollständig jenseits der Wahrnehmungsmöglichkeiten des menschlichen Geistes.

Das Gehirn muß sich verändern, und es ist nötig, daß sich für die Erforschung dieser erstaunlichen Welt eine neue Fähigkeit entwickelt. Dies ist der Zweck des menschlichen Lebens, letztendlich das Objekt aller geistigen und intellektuellen Suche, das Ziel des instinktiven Dranges des Menschen, sich selbst zu kennen – diesen Ozean von ursprünglicher, superintelligenter Energie kennenzulernen, den Archtitekt des Universums. Parallel dazu wird sich bei den Menschen dann langsam ein neues Wahrnehmungsorgan entwickeln.

Wissenschaftler mit mystischer Neigung zeigen eine offenere und gesündere Haltung zum Problem der Existenz, im Gegensatz zu der engstirnigen Einstellung derjenigen, die nicht auf diese Weise gesegnet sind. Es sind diese hervorragenden Wissenschaftler, die den höchsten intellektuellen Scharfsinn mit aufkeimender mystischer Wahrnehmungsfähigkeit verbinden und so Lösungen für Probleme finden können, die sich durch die letzten revolutionären Entdeckungen ergeben haben. Möglicherweise sind sie sich nicht bewußt, daß sie eine mystische Ader haben oder daß ihr Denken durch das Einwirken einer höheren Instanz beeinflußt ist, die der Wissenschaft bisher noch unbekannt war. Die Vorläufer zukünftiger Repräsentanten der Erfahrungswissenschaften sind harmonische Mischungen aus Philosoph, Wissenschaftler und Mystiker. Nur diese erhabene Klasse begabter Männer und Frauen wird in der Lage sein, das Geschick der technologisch und intellektuell weit vorangeschrittenen Menschen künftiger Zeitalter sicher und präzise zu lenken.

Dogmatische Einstellungen und Hybris bei den Gelehrten beruhen auf der mangelnden Kenntnis der Tatsache, daß Wissen unendlich ist und daß es von der Fähigkeit des Wissenden abhängt, dieses Wissen aufleuchten zu lassen. Werden Fortschritte im Wissen erzielt, dann ist es, als entstehe ein Ozean tropfenweise, ein Ozean, der im Wissenden längst verborgen liegt, als das Heim allen Wissens, wie es seit jeher existiert. Es ist gleichgültig, ob jemand, der sein ozeanisches Selbst entdeckt, gelehrt oder ein Analphabet, ob er Wissenschaftler oder Dichter ist. Mit der Entdeckung des »Selbst« kommt seine Suche zu einem Ende.

Wenn die Quelle allen Wissens entdeckt sein wird, dann werden der Hunger, immer mehr von der sichtbaren Welt oder von den okkulten Bereichen kennenzulernen und der Durst, das eigene Geheimnis zu lösen, der sich bei einigen Menschen schon vom frühesten Alter an so stark bemerkbar macht, nicht länger quälen. Es scheint zwar unglaublich, aber die Erzählungen der Mystiker machen deutlich, daß der Geist möglicherweise nur mit einer einzigen Erfahrung des inneren Selbst zur Ruhe kommt. »Nur der erste Buchstabe des Alphabeths, Alif, wird gebraucht, um ihnen ihren Namen zu geben«, sagt Bhulla Shah, der berühmte Mystiker des Punjab. Die Bhagavad Gita spricht davon, »das erlangt zu haben, jenseits dessen nichts Größeres mehr erreicht werden kann«; die Upanishaden sprechen von dem »Licht, das das Universum erhellt.«

Aus diesem Grunde ist das Wissen, das von den Upanishaden überliefert wird, als Vedanta, das »Wissen, das an sein Ende gelangt ist«, bekannt. Das Wunder der mystischen Erfahrung liegt darin, daß das gesamte Wissen, das im Laufe eines Lebens durch andauerndes Studium und Nachdenken angesammelt wird, wie ein Glühwurm ist verglichen mit der erstaunlichen Sonne, die sich jetzt den Augen enthüllt. Der Anblick ist so überwältigend und so faszinierend, daß das Herz sich danach sehnt, in diesen Ozean des Wissens und des ewigen Lebens einzutauchen und das schäbige Ego ein für alle Male beiseite zu werfen. Die Tatsache, daß die großen Mystiker der Erde sich nicht danach sehnten, Ruhm und einen großen Namen zu erlangen, daß ihnen Vergnügungen und sogar der Tod gleichgültig waren, ist im Licht dieser Tatsache leicht zu erklären. Die Erfahrung ist so tiefgreifend und so überwältigend, daß alles auf der Erde, sogar das Leben selbst, im Vergleich dazu trivial erscheint. Warum sollte jemand weiter in einem Gefängnis leben, wenn er die Tür zur unbegrenzten Freiheit gefunden hat?

Diese Erfahrung kann auf die intellektuellen Riesen unserer Tage genauso wirken wie auf die einfacheren Geister der Vergangenheit. Der einzige Unterschied wird sein, daß die Intellektuellen unserer Tage sich stärker begeistern über das unglaubliche Wunder eines kurzlebigen, erstaunlichen Wahrnehmungszustandes. Es wird der Eindruck entstehen, als werde die gesamte Schöpfung, von der nicht einmal eine Millionen dicker Buchbände auch nur einen kleinen Bruchteil beschreiben können, wie von einem dimensionslosen Punkt aufgeschluckt, von dem alles Wissen und alle Erfahrung ausgeht, so wie alles Licht von der strahlenden Sonne ausgeht.

Die wunderbaren Produkte der Technologie beeinflussen oder verbessern nicht wesentlich das Potential der Menschen, diesen wunderbaren Zustand der Einheit mit dem Absoluten zu erfahren. Die Weisen, die in den weit entfernten Einsiedeleien der Indus-Ganges-Ebene Indiens vor fast dreitausend Jahren meditierten, besaßen dasselbe Potential und nutzten es besser, als wir es heute tun. Die Entdeckungen und Erfindungen der Wissenschaft helfen jedoch dabei, jeden Menschen für diese einzigartige Erfahrung vorzubereiten, indem sie ihm Freizeit ermöglichen und das Leben erleichtern. Aber wenn die Technologie als Selbstzweck behandelt wird, so, wie dies heute geschieht, anstatt daß man sie als Mittel zum Zweck benutzt, dann muß es eine Revolution geben, um die Menschen zurück auf den richtigen und von der Natur vorgeschriebenen Pfad zu bringen: damit die Menschheit wieder zu der höchsten Erfahrung, für die sie geboren wurde, geleitet wird. Die Wissenschaft kann, wenn ihr jede Spiritualität fehlt, nur sehr beschränkte und bornierte Menschen hervorbringen, die zwar von mechanischen Wundern aller Art umgeben, für das ewige, ruhmreiche Königreich der Seele jedoch verloren sind.

Es war wohl die jahrtausendelange Erfahrung, aufgrund derer das alte Indien bloßes weltliches Wissen als Orientierungshilfe für menschliches Verhalten als ungenügend erachtete. Die Begriffe »Rishi« oder »Muni« waren denjenigen vorbehalten, die in sich sowohl weltliches Wissen als auch Weisheit und spirituelle Einsichten vereinigten. Dies ist es auch, was Plato mit seinem Bild vom Philosophen-König im Sinn hat. Janaka aus der alten indischen Überlieferung ist der Prototyp dieser Klasse von Herrschern.

Wissen und Gelehrsamkeit allein wurden in Indien niemals als eine ausreichende Leistung für ein sinnvoll erfülltes Leben betrachtet. Ozeane des Wissens, sei dies nun im Bereich von Wissenschaft oder Kunst, können keinen Ausgleich schaffen für den Mangel an Weisheit, die wir nur durch die Erfahrung des Übernatürlichen und des Weltlichen erlangen können, und alle Wunder der Technologie können uns nicht zur Vollkommenheit verhelfen. »Allein der Yogi soll die Vollkommenheit erreicht haben, dessen Selbst gesättigt ist mit dem Wissen um die inneren und die äußeren Welten, der unerschütterlich ist wie ein Felsen, der seine Sinne vollkommen beherrscht und für den ein Stein, ein Klumpen Erde und ein Stückchen Gold dasselbe sind.« (Bhagavad Gita 6:8)

Möglicherweise war zur Zeit Platos die Vorstellung eines Philosophen-Königs nur ein Traum. Aber jetzt, mit Hilfe der Wissenschaft und des Wissens um das kultivierbare Potential im menschlichen Gehirn, können ungewöhnliche Menschen dieser Art Wirklichkeit werden.

Die Notwendigkeit, die Menschen daran zu hindern, sich mit den Produkten der fortwährend voranschreitenden Technologie selbst zu zerstören, wird die Staaten dazu zwingen, nach Männern und Frauen eines solchen Formats zu suchen, wenn in den zukünftigen Katastrophen erst einmal die Inkompetenz der jetzigen Führungsschicht deutlich geworden ist.

Vor dem Hintergrund meiner eigenen Vision ist von Weizsäcker ein Wissenschaftler der Zukunft, da er dem Bild einer Persönlichkeit, die eine glückliche Mischung von Wissenschaftler, Philosoph und Mystiker darstellt, am meisten entspricht. Unsere Zusammenkünfte verbinde ich mit sehr glücklichen Erinnerungen. Ich fühlte mich trotz meiner begrenzten Kenntnis von Wissenschaft und westlicher Philosophie immer wohl mit ihm, und niemals ließ er es sich anmerken, daß er mehr studiert hatte und mehr wußte als ich. Wann auch immer ich in seiner Gegenwart mit einer kleinen Gruppe von Freunden sprach, pflegte er mit seinen eigenen Worten das zu unterstreichen, was ich gesagt hatte, das umfassender auszudrücken, was ich nur sehr unvollkommen artikulieren konnte, das hinzuzufügen, was ich unausgesprochen ließ, und die wesentlichen Punkte meiner Aussage in einer Weise zu erklären, die dem westlichen Verständnis eher entsprach.

Einmal, während wir in unserem Appartment in Neu-Delhi die Möglichkeit eines Atomkrieges diskutierten, sah ich die Zeichen von Angst und Sorge in seinem Gesicht, und er sagte mit zögernder Stimme: »Der Gedanke an einen nuklearen Holocaust verfolgt mich wie ein Alptraum, und sogar in der Nacht gerate ich manchmal in einen Zustand tiefer Traurigkeit, wenn ich daran denke, was mit der Welt geschähe, käme es zu einem Krieg, in dem Atomwaffen eingesetzt würden.« Sein Schmerz war so groß, daß ihm Tränen in die Augen traten. Ich konnte das Licht eines Mystikers aus ihnen leuchten sehen. Er spürte seine nahe Verwandtschaft mit den vielen Bewohnern der Erde und fühlte ihren

Schmerz, ihre Sorge und ihr Leiden genauso stark, als würde er selbst ihre Höllenqualen erleiden.

Dieses Gefühl, an der Freude und dem Schmerz seiner Mitmenschen und sogar dem von Tieren und Vögeln teilzuhaben, wird desto ausgeprägter, je weiter sich der Geist entwickelt. Bei den Mystikern ist dieses Gefühl am intensivsten. Ramakrishna fühlte den Schlag auf den Rücken eines anderen Menschen, der sich in seiner Hörweite befand, so deutlich, daß sich auf seinem Rücken ein Bluterguß zeigte. »Der Yogi, der in seiner Identität vereint ist mit dem alles durchdringenden, unendlichen Bewußtsein und der sich alles mit gleichem Auge betrachtet, findet das Selbst in allen Menschen wieder und sieht alle Menschen im Selbst lebend.« (Bhagavad Gita 6:12)

Bei anderer Gelegenheit, während von Weizsäckers Aufenthalt in Kashmir, arrangierte ich für einige Freunde zu seinen Ehren ein Treffen auf dem Gelände unseres Forschungsinstituts in Nishat, Srinagar. Als wir alle im Schatten von Bäumen saßen und die Schönheit des Dal-Sees betrachteten, der sich vor uns ausbreitete, begann eine lebhafte Diskussion. Einige der Gäste waren mit der indischen Philosophie gut vertraut. Von Weizsäckers Antworten auf ihre subtilen Fragen zum indischem Denken waren so treffend, daß viele der Zuhörer sich bis heute an diese faszinierenden Diskussionen erinnern. Einige bemerkten hinterher sogar, daß es so schien, als hätte einer von ihnen und nicht ein Fremder aus dem Westen in ihrer Mitte gesessen.

Trotz seiner vielfältigen Verpflichtungen erklärte sich Professor von Weizsäcker bereit, einer neu gebildeten Organisation in Starnberg vorzustehen, die den Namen *Östliche Weisheit und westliche Wissenschaft* trug – rein als Geste der Freundlichkeit mir gegenüber. Er wollte mir helfen, Unterstützung und Mittel zu finden, die ich für meine Forschungen brauchte, und er versuchte, andere kompetente Wissenschaftler zur Mitarbeit bei diesem Unternehmen zu gewinnen.

Der verstorbene C. F. Basedow, ein eifriger Förderer einer spirituell orientierten Wissenschaft, wurde zum Generalsekretär der Gruppe ernannt, und einige hervorragende Wissenschaftler, angezogen von dem Beispiel von Professor von Weizsäcker, trugen sich als Mitglieder ein. In Starnberg hatten wir verschiedene Treffen, während derer mir immer wieder Gelegenheit geboten wurde, die anderen Mitglieder der Gruppe für das Thema Kundalini zu interessieren. Die Gründung dieser Gruppe bildete einen Ansporn für die Bildung ähnlicher Gruppen an anderen Orten, sowohl in Indien als auch in Übersee.

Ich besuchte Professor von Weizsäcker mehrfach in seinem Starnberger Haus, und jedes Mal beobachtete ich dieselbe bescheidene Lebensführung, die ich 1968, während meines ersten Besuches, schon wahrgenommen hatte. Einmal, als die anderen Familienmitglieder nicht zu Hause waren, servierte er mir selbst in Tontassen und aus einer Tonkanne den Tee – ein Zeichen für die Freundlichkeit und Demut, die für große Geister charakteristisch sind. In den vergangenen Jahren trafen wir uns ein paarmal in Zürich, im Hause von Madame Kobelt, einer anderen engagierten Fördererin meiner Gedanken und einer Bewundererin von Weizsäckers. Ich spüre immer noch die Atmosphäre unserer Treffen, sowohl in Starnberg als auch in Zürich: Sie waren für mich immer ein intellektuelles Vergnügen, an das ich mich mit Freuden erinnere.

Seine Bemühungen um einen dauerhaften Frieden in der Welt, mit denen sich Professor von Weizsäcker im politischen Leben seines Landes engagierte, sind eindrucksvoll und werden in ihrem eigentlichen Wert erst richtig eingeschätzt werden können, wenn die gegenwärtige Krise vorüber ist. Häufig ist unser Erinnerungsvermögen nur kurz und unser Verhalten irrational und unlogisch. Was wir heute genießen, erscheint uns morgen als unangenehm, und was diese Woche populär ist, wird nächste Woche unpopulär. Gelehrte und Politiker, die ihre Haltung nur von den schwankenden Bedürfnissen der Menge abhängig machen, um eine vorübergehende Popularität zu gewinnen, werden auch entsprechend eingeschätzt, sobald die populäre Flutwelle abebbt. Es sind nur die großen Geister, die sich kühn den Versuchungen von Ruhm und Bewunderung entgegenstellen und die ihren Standpunkt auf ihren eigenen Prinzipien aufbauen und nicht auf dem schwankenden Beifall der Menge.

Ich möchte deutlich machen, daß ich in dem Porträt, das ich von Professor von Weizsäcker zeichne, nicht beabsichtige, ihn besonders zu glorifizieren oder ihn auch nur einen Zentimeter größer zu machen als er eigentlich ist – und zwar aus Respekt für ihn ebenso wie als Tribut an die Freundlichkeit, die er mir erwiesen hat. Ich beschreibe hier nichts als Fakten. Ich schätze ihn so sehr, weil er mit meinem Modell des hochentwickelten Menschen übereinstimmt, der sich am Rande einer wahren spirituellen Erleuchtung befindet. Ich hatte dasselbe Gefühl, als ich mit Heisenberg in seinem Zimmer im Max-Planck-Institut sprach oder als ich beobachtete, wie sich Mahatma Gandhi in Lahore aus einer Kutsche heraus zur Menge verbeugte.

Es gibt bestimmte Charakteristika, die ein weiter entwickelter Geist besitzen muß, wenn er in einer gesunden Umgebung aufgewachsen ist und gesunde Erbeigenschaften mitbekommen hat. Diese Charakterzüge, so nehme ich an, müssen in geringerem oder größeren Maße allen großen Geistern und Intellektuellen der Geschichte gemeinsam gewesen sein. Auch bei den großen schöpferischen Geistern unserer Tage müssen solche Eigenschaften zu finden sein. Wenn sie fehlen, dann deutet das auf eine Entfremdung von dem ursprünglichen Modell hin, auf eine aus irgendeinem Grund vorhandene Fehlentwicklung. Die Tatsache, daß geniale Menschen oft auch zu Geisteskrankheiten neigen, zeigt den Grad der möglichen Gefährdung eines höher entwickelten Gehirns. Es sind die demütigen

Menschen mit edlem Charakter, einem produktiven Gehirn und einem brillanten Verstand, deren Leidenschaft das »Dienen« ist und deren Ehrgeiz die »Bezwingung des niederen Selbst«, die als die eigentlichen Adligen des Menschengeschlechts angesehen werden sollten.

Der allzu clevere Politiker, der bombastische Magnat, der ruhmreiche Schauspieler und der großsprecherische Gelehrte sollten heute der Vergangenheit angehören. Das, was wir im nuklearen Zeitalter brauchen, ist ein geistig zur Reife entwickelter, einfacher, bescheidener, selbstloser und humaner Mensch als Führer in allen Bereichen der menschlichen Aktivität und des menschlichen Denkens. Die Tage der besitzgierigen, aggressiven, verschlagenen und ehrgeizigen Führerpersönlichkeit sind gezählt. Je eher wir dies erkennen, um so größer ist die Chance, daß die Menschen in Zukunft in Sicherheit leben können. »Gewaltlosigkeit, Ehrlichkeit und eine sanfte Sprache, ein Fehlen von Wut und Ärger und bösartiger Klatschsucht, Ausgeglichenheit, Freundlichkeit gegen alle Lebewesen, eine distanzierte Einstellung zu den Objekten sinnlicher Lust, Milde, ein Gefühl von Scham, wenn wir etwas tun, was den Vorschriften der religiösen Lehren entgegensteht, Enthaltsamkeit gegenüber sinnlosen Zerstreuungen, Erhabenheit, Demut und Bescheidenheit, dies sind die Kennzeichen, oh Abkömmling von Bharata, von jemandem, der mit göttlichen Eigenschaften versehen ist.« (Bhagavad Gita 16:2 und 16:3).

In den vorwissenschaftlichen Zeiten lösten die Aufzeichnungen der Erfahrungen der großen Mystiker und der Gründer der großen Glaubensrichtungen von Zeit zu Zeit Revolutionen im Leben und Denken der Menschen aus, die mit den Wirkungen der Erfahrungswissenschaften bei weitem nicht vergleichbar waren, trotz all ihrer Entdeckungen und Triumphe. Zugleich kann niemand leugnen, daß die Wissenschaft das äußere Leben des Menschen verändert hat. Sie hat erreicht, was sogar die größten Propheten und Seher nicht haben erreichen können – bis dahin unvorstellbare Hilfen für das tägliche Leben, eine Kontrolle über Krankheiten, über Dürre und Hunger, den Sieg über Zeit und Raum. Und sie hat große Triumphe errungen, durch die das Leben der Menschen, verglichen mit den Härten, die sie in der Vergangenheit erlitten, wie auf Rosen gebettet scheint.

Die Suche nach Utopien und idealen Existenzformen ist eines der Grundbedürfnisse des Menschen. Der Fortschritt, den die Menschheit durchlaufen hat, beginnend mit dem rauhen Leben eines primitiven Wilden bis hin zum gegenwärtigen Stand von Luxus und Komfort, ist die Folge davon. Wenn es in irgendeiner Gesellschaft zu einer Stagnation kommt und wenn diese Gesellschaft weiterhin fanatisch an bereits überlebten Gewohnheiten festhält, an Sitten und Lebensformen, die inzwischen längst über Bord gehören, dann deutet das darauf hin, daß das Feuer fehlt, das leuchten muß, um diese Gesellschaft zu einer neuen Ebene des Lebens zu tragen, die stärker mit ihrem inneren Wachstum in Harmonie ist.

Die heutige, hoffnungslos verfahrene Situation der Welt ist eine laute Warnung der Natur, daß eine sofortige Änderung und Reform eintreten muß. Die Anstrengungen, die von engstirnigen Politikern unternommen werden, von Denkern und Gelehrten, die noch immer Vorstellungen anhängen, die inzwischen veraltet und nutzlos sind, verschlimmern, zusammen mit den Fortschritten der Wissenschaft, die Situation eher noch, statt sie zu verbessern. Eine vereinte Menschheit, die der Bedrohung durch den nuklearen Holocaust Widerstand entgegensetzt, spielt in den Plänen und Konzepten für Abrüstung, die die Führer der Nationalstaaten im Munde führen, kaum eine Rolle – und zwar aus dem einzigen Grunde, weil sie sich auf ausgetretenen Pfaden fortbewegen. Es fehlt ihnen an Vorstellungsvermögen zu begreifen, daß es überhaupt keine andere Alternative gibt, wenn die Sicherheit der Menschheit in den möglicherweise finsteren Zeiten, die uns bevorstehen, garantiert werden soll. Es ist ihnen überhaupt nicht klar, daß es heller Wahnsinn ist, unzählige Menschen ständig und zu jeder Zeit der möglichen Vernichtung auszusetzen, die letztlich unvermeidlich ist, wenn zerstrittene Nationen, bis an die Zähne mit Atomwaffen bewaffnet, weiterhin »Krieg« miteinander spielen.

Die aufgeklärten Propheten, Reformer und Revolutionäre sind die eigentlichen Instrumente der Natur, wenn es gilt, Veränderungen in Gang zu setzen, damit die religiösen Institutionen, die Sozialordnungen und die politischen Systeme mit den sich dauernd verändernden Bedürfnissen der psychosozialen Evolution des Menschen und mit den neuen Idealen, die von seinem sich weiter entwickelnden Intellekt aufgestellt werden, in Einklang kommen. Angesichts des außerordentlich beschleunigten Lebenstempos unserer Zeit muß das Bedürfnis nach dem Erscheinen dieser spirituellen Führer, dieser Reformer und Revolutionäre schneller befriedigt werden, als dies in der Vergangenheit der Fall war. Aber so seltsam dies klingen mag: Während der vergangenen beiden Jahrhunderte gab es keinen geistigen Riesen von dem Format eines Buddha oder Christus, weder im Westen noch im Osten, der eine so dringend benötigte Revolution des alten Glaubens der Menschheit hätte in die Wege leiten können. Die Menschheit scheint heute nicht in der Lage, der Flut skeptischer Gedanken, die von den Eröffnungen und Entdeckungen der Wissenschaft ausgelöst wurden, etwas entgegenzusetzen. Die Gelehrten haben noch nicht erkannt, daß die Geburt von Erleuchteten, von genialen Menschen, von Reformern und von Revolutionären nicht zufällig geschieht, sondern daß sie ausgeht von demselben geheimnisvollen geistigen Impuls, der das Gleichgewicht der Geschlechter erhält, das Verhältnis zwischen normalen und anormalen Menschen in jeder Generation. Die Tiefen des Lebens sind für die Wissenschaft noch immer ein unerforschter Ozean.

Da akzeptable spirituelle Ideale nicht vorhanden waren, waren die Veränderungen, die von den Revolutionären und Reformern der jüngsten Vergangenheit in die Wege geleitet wurden und bei denen der spirituelle Aspekt nicht einbezogen wurde – mit einigen Ausnahmen wie etwa bei Gandhi – schief oder nur einseitig. Das Ergebnis war, daß keine Kirche, keine Sozialordnung und kein politisches System in der Lage ist, mit den großen Fortschritten der Wissenschaft Schritt zu halten, so daß die am weitesten entwickelten Länder der Erde immer noch Sitten und Gewohnheiten, Vorstellungen und Glaubensrichtungen anhängen, die unvereinbar sind mit den *heutigen* Bedürfnissen. Die Veränderung des Denkens, die, mit den Worten Einsteins gesprochen, notwendig ist, um das Überleben der Menschen im Atomzeitalter zu sichern, ist nicht eingetreten, denn es fehlt das Talent, das für diese große Aufgabe nötig wäre.

Nicht nur radikale Veränderungen im Denken und Verhalten, in den Gewohnheiten und Sitten, sondern auch in den sozialen und politischen Ordnungen sind nötig, so daß die Menschheit die Gefahren des nuklearen Zeitalters sicher überstehen kann. Aber wo sind die geistigen und intellektuellen Riesen, die diesen gesunden Wandel bewirken könnten? Sie sind sehr rar, denn die menschliche Rasse ist, soweit es den spirituellen und reformerischen Genius anlangt, karg und unfruchtbar geworden: zu groß das Gewicht, das sie allein auf den sinnlich erfahrbaren Bereich legt.

Aus diesem Grunde brauen sich am Horizont dunkle Wolken eines zerstörerischen Krieges zusammen. Und deshalb haben sensitive Menschen überall auf der Erde Katastrophenahnungen, die jeden Tag düsterer werden. Es ist diese Abkehr von spirituellen Idealen der letzten tausend Jahre, die der Krise zugrunde liegt. Sie wird möglicherweise mit der erzwungenen Einführung revolutionärer Veränderungen im Denken und in der Struktur der menschlichen Gesellschaft enden, die die Führerpersönlichkeiten eigentlich zur rechten Zeit und mit friedlichen Mitteln hätten einleiten müssen.

Aus diesem Grunde sind sich nur solche Wissenschaftler und Denker, die das spirituelle Element im Menschen wirklich anerkennen, der Tatsache bewußt, daß weltliches Wissen allein nicht mehr ausreicht, um der Menscheit sicheren Schutz zu bieten. Nur sie können die Menschheit jene ausgeglichene Form menschlichen Denkens lehren, die notwendig ist, um den gegenwärtig einseitigen Forschritt auszugleichen. Wir brauchen jetzt und in Zukunft Wissenschaftler und Denker eines Formats wie Emerson, Toynbee, Einstein, Max Planck, Tolstoy, Gandhi, Tagore, Jung, Bergson, Jeans, Eddington, Schroedinger, Heisenberg und von Weizsäcker, die über die engen Perspektiven von heute hinausblicken, um die neue Ära einzuführen, in der dem Geist und der Materie gleichermaßen Aufmerksamkeit gezollt wird und wo spirituelle Erneuerung für Individuen und Staaten als ebenso wichtig angesehen wird wie intellektuelle Fortschritte.

Es ist dieser Zustand wohlausgewogenen Fortschritts, der allen führenden Persönlichkeiten aller Staaten den intellektuellen Scharfsinn und die moralische Statur verleihen kann, um die Kräfte des Guten und Bösen, die die Wissenschaft immer wieder in ihre Hände legt, sicher zu handhaben. So, wie die Dinge jetzt liegen, hat man mittelmäßige und wenig hellsichtige Politiker an die Spitze von Staaten gestellt, die nur das Potential haben, die Welt zu zerstören, und menschlichen Zwergen wird die Kontrolle über gigantische Machtsysteme in die Hand gegeben, die eigentlich von geistigen Riesen kontrolliert werden müßten.

Dieses schiefe Verhältnis ist der Grund für den alarmierenden Zustand, in dem sich heute die Welt befindet. Solange, wie dieser Zustand anhält und solange, wie eine moralische Evolution nicht mit den schnellen Fortschritten der Wissenschaft Schritt hält, wird die Menschheit weiter am Rande des Abgrunds leben, immer in Angst um ihr Leben, trotz allen materiellen Wohlstands. Die Welt ist in Aufruhr, denn wir haben mit den Menschen, die wir an die Spitze gestellt haben, eine falsche Wahl getroffen. Nicht Wissen oder Maschinen oder Geräte, sondern nur ausgeglichene, gesunde »Gehirne« können den Himmel auf Erden schaffen.

Kapitel 14

Übernatürliche Kräfte und die Physiologie des Menschen

Fast unmittelbar nach Vollendung seiner Autobiographie im Jahre 1967 begann Gopi Krishna sein zweites Buch, *The Secret of Yoga* (Das Geheimnis des Yoga), zu schreiben, in dem er seine Ansichten über Kundalini mit Zitaten aus den alten, maßgeblichen Werken zu diesem Thema abstützt. »Es ist leicht ersichtlich, daß nichts einer weltweiten spirituellen Erneuerung förderlicher sein könnte als ein empirischer Beweis der Existenz dieses göttlichen Kräftereservoirs im Menschen«, schrieb er zu der Zeit, als er sein Manuskript 1970 zur Veröffentlichung einschickte. Zwei Jahre später wurde das Buch von Harper & Row in New York publiziert. Dieses Kapitel wurde daraus entnommen.

Jeder kann erkennen, daß wir in zwei Welten leben, von denen die eine von grob materieller Beschaffenheit und die andere sehr subtil ist. Die sichtbare Welt und unsere Körper sind von grober Struktur, aber unsere Gedanken und unser Bewußtsein werden von einer Substanz gebildet und getragen, die nur der Intellekt erkennen kann, eine Substanz, von der wir bis heute kaum etwas wissen. Diese subtile Welt der Gedanken, Wünsche und Träume ist eine so grundlegende Erfahrungstatsache wie das physikalische Universum, und sie ist uns mit Sicherheit vertrauter und näher als die Welt der Materie.

Zugleich ist diese Welt der Gedanken so untrennbar verbunden mit jeder Zelle und jeder Faser unseres Körpers, daß es so scheint, als sei sie zugleich ein Produkt unseres Körpers. Wenn Bewußtsein und Denken eigenständige Substanzen sind und nicht die Produkte der Zellaktivität, dann sollte ihnen eine unabhängige Existenz und auch ein eigenständiger Aktionsbereich zugesprochen werden. Diese Vorstellung ist jedoch sehr abstrakt, da wir uns Bewußtsein oder Gedanken nie ohne die Mittlerrolle des Körpers vorstellen können.

Genau an dieser Stelle spielt die Kundalini eine entscheidende Rolle. Als wäre sie auf einer bestimmten Stufe der intellektuellen Entwicklung empfänglich für menschliche Bedürfnisse, hat die weitblickende Natur einen göttlichen Mechanismus in den menschlichen Körper eingepflanzt. Dieser Mechanismus bewirkt eine Veränderung der vitalen Energie, die das Gehirn nährt, und bringt dadurch das erstaunliche Universum des Bewußtseins in den Wahrnehmungsbereich eines erweckten Mannes oder einer erweckten Frau.

Man stellt sich die Kundalini allgemein als mysteriöse und phantastische Kraft vor, die im Menschen schläft und die, wenn sie zur Aktivität erweckt wird, erstaunliche psychische Gaben verleihen und in übermenschliche Bewußtseinszustände hineinführen kann. Es gibt durchaus die Vorstellung, daß die, bei denen die Energie das siebte Zentrum im Gehirn belebt, von Grund auf verändert sind und daß sie eine unbegrenzte Herrschaft über die Kräfte der Natur erlangen. Dieser Glaube wird von den hohen Ansprüchen unterstützt, die in der alten Literatur über die Kundalini niedergelegt sind. Darin steht vieles über die unbegrenzten Möglichkeiten einer Entwicklung hin zu gottähnlichen Zuständen bei Menschen, die diese erhabene Macht für sich gewinnen können.

Es gibt ein unendliches Potential an übernatürlichen Kräften, so, wie es in den alten Schriften denen, die erfolgreich die Kundalini wecken, versprochen worden ist. Der Yogi, so wird behauptet, gewinnt einen unbegrenzten Einfluß auf Männer, eine große Faszination für Frauen und eine souveräne Herrschaft über die Kräfte der Natur. Im Bereich des Lernens wird er wie der »Guru der Himmlischen«, und im Bereich des Besitzes wie der »Gott der Reichtümer«. Seine Tiefe ähnelt der Tiefe des Ozeans und seine Stärke ist die des Windes. Er glänzt mit der blendenden Helligkeit der Sonne, und seine Persönlichkeit ist ebenso angenehm, wie der sanfte Schimmer des Mondes. Im Aussehen wird er wie die »Götting der Liebe«, und er bezaubert die Herzen der Frauen. Männer verbeugen sich mit Respekt, wenn sein Name nur erwähnt wird. »Er wird sogar von Königen verehrt, und gazellenäugige, hübsche Frauen begehren ihn mehr als jeden anderen«, heißt es im *Panchastavi*, einem eintausend Jahre alten poetischen Werk zu diesem Thema. Wir stellen hier nur einige wenige Auszüge aus einer ganzen Reihe anderer Texte vor, die in zahllosen alten Abhandlungen über Kundalini enthalten sind,. Die Möglichkeit, die von verschiedenen tantrischen Texten beschrieben wird, um langes Leben, Gesundheit und rätselhafte Kräfte zu erlangen, scheint von den frühen Kennern dieser Kräfte genutzt worden zu sein, um die Aufmerksamkeit der Menge auf sich zu ziehen und um Anhänger für die eigenen Lehren zu sammeln. Die ungewöhnlichen Versprechungen und Hoffnungen, die gemacht wurden, galten nicht allein für Männer, sondern auch für das schöne Geschlecht.

Die ganze Wissenschaft der Kundalini gründet sich auf die Manipulation von *prana-vayu*, auf die Nervenverbindungen, die Chakras genannt werden, und auf das Gehirn. *Vayu* bedeutet im Sanskrit »Luft«; das Wort wird mit Prana kombiniert, um seine feine Beschaffenheit zu beschreiben. Von den alten Schriftstellern werden manchmal *prana* und *vayu* wechselweise benutzt; sie meinen damit Nervenenergie oder Lebensatem. Obwohl Prana eine für sich alleinstehende Substanz ist, ewig-lebend und alles durchdringend, werden doch seine Manifestationen in den Körpern irdischer Geschöpfe sehr streng von den biologischen Gesetzen reguliert.

In der Tat ist das gesamte Tierreich das Produkt pranischer Aktivität und der aus den Atomen zusammengesetzten Materie gleichermaßen. Prana ist nichts, was grundsätzlich von der Materie verschieden wäre. Beides sind Produkte ein und derselben Grundsubstanz, der primordialen Energie.

Obwohl das, was in den Handbüchern über Kundalini erwähnt wird, offensichtlich häufig sehr übertrieben ist – Übertreibung findet sich bei den alten Schriftstellern recht häufig –, kann Yoga, wenn es erfolgreich ist, zu höheren Stufen des Bewußtseins hinführen. Diese Tranformation wird nicht nur durch unnatürliche Methoden hervorgerufen, nämlich durch ein Anhalten des Denkens und der Atmung, wie manchmal angenommen wird, sondern geschieht vielmehr auf dem Wege einer bisher noch außerhalb des Vorstellungsbereichs liegenden Umformung des Gehirns.

Das Rückenmark mit dem Geschlechtsapparat an einem Ende und der Gehirnkammer an dem anderen ist der größte Speicher der Lebensenergie oder des Pranas im Körper. Diese Lebenskraft ist eine biochemische Substanz von einer außerordentlich komplexen Zusammensetzung, sehr subtil und flüchtig, mit Wurzeln, die sich wahrscheinlich noch unterhalb des atomaren Bereichs der Materie befinden. Der Glaube an die Wirksamkeit von Yoga als bewährter Methode der Selbstverwirklichung bedeutet an sich schon den Glauben an Prana, denn die gesamte Wissenschaft von Kundalini-Yoga beruht auf der Möglichkeit, Prana als Instrument einzusetzen, um eine Metamorphose des Gehirns zu bewirken und es auf höhere Ebenen des Bewußtseins zu heben.

Bei jeder Form von Yoga, sei es nun durch meditative Techniken oder Atemübungen, ist das erste, was beeinflußt werden soll, das Prana. Die Tatsache, daß die moderne Physiologie dieses Medium nicht kennt, ist unerheblich, denn bis in die jüngste Vergangenheit hinein kannte sie auch keine Vitamine. Wenn die Wissenschaft bisher nicht in der Lage gewesen ist, Instrumente zu erfinden, die fein genug sind, um diese außerordentlich subtile Substanz zu messen, so bedeutet dies nicht, daß es sie nicht gibt.

Yogis hatten verschiedene Auffassungen über die Nützlichkeit der Methoden, die angewandt werden, um transzendentales Wissen zu erlangen oder ein Wissen über die Beschaffenheit der Welt, aber es gibt unter ihnen keine Meinungsverschiedenheit über die reale Existenz des Prana. Prana ist der Faktor, der bei jedem Versuch, eine höhere Bewußtseinsstufe zu erreichen, eine entscheidende Rolle spielt.

Die Art und Weise, in der der Bereich von Gehirn und Rückenmark mit den Geschlechtsorganen am unteren Ende als der Träger der Evolution korrespondiert, ist eines der erstaunlichsten Beispiele für den Erfindungsreichtum und die Ökonomie der Natur. Das große Netz von Nerven, die den ganzen Körper bedecken und die zu jedem Haar und zu jeder Pore der Haut hindurchdringen, zu jeder Zelle des Fleisches und der Knochen, zu jeder Muskelfaser und zu den kleinsten Bestandteilen jedes inneren und äußeren Organs – dieses Netz erfüllt auch die höchste Aufgabe, die evolutionären Impulse zu lenken und wirksam werden zu lassen.

Neben seiner außerordentlich komplexen Aufgabe als Kommunikationssystem des Körpers dient der Gehirn- Rückenmarksbereich auch als Instrument der Evolution, das den Menschen zu einem transzendentalen Bewußtseinszustand hinaufhebt. Dies wird dadurch erreicht, daß man das Gehirn zu einem Instrument formt, das höherer Bewußtseinszustände fähig ist. Die Methode, die das bewirkt, ist, wie alle anderen Mechanismen in der Natur auch, wenn sie erst einmal gründlich verstanden worden sind, außerordentlich einfach. Aber zunächst erscheint sie, wie alle anderen bisher verborgenen Geheimnisse des Lebens, auf verwirrende und komplizierte Weise fast unverständlich.

In Begriffen der modernen Physiologie besteht die Aufgabe des Nervensystems, im evolutionären wie im reproduktiven Bereich, darin, dem Gewebe, das jede Nervenfaser umgibt, eine extrem subtile, aber hochpotente Substanz zu entziehen. Diese Substanz können wir als konzentrierte Lebenskraft beschreiben. Wenn wir die Wege verfolgen, die uns die zahllosen Nervenfasern vorgeben, dann erreicht diese konzentrierte Lebenskraft am Ende den Rückenmarkskanal und das Gehirn, die beide gut geschützte Vorratskammern dieser hochkomplexen und erstaunlichen Substanz sind. Und sie durchdringt jedes Atom der Geschlechtszellen.

Vom oberen Ende des Rückenmarkskanals dringt langsam ein anderer Strom dieser lebendigen Energie in das Gehirn ein, als Antrieb für den evolutionären Prozeß, der fortwährend im Organismus arbeitet. Unterschiede in der Stärke dieses Stroms bestimmen die intellektuelle und ästhetische Entwicklung eines Menschen. Dieser Strom ist vergleichsweise größer bei genial begabten Männern und Frauen, meisterhaften Künstlern und intellektuell hochbegabten Menschen. Die vielfältigen Ausdrucksformen des Genius hängen ab von einem bestimmten Bereich im Gehirn, den dieser Strom nährt und entwickelt.

Eine sehr wichtige Rolle beim Erreichen eines höheren Bewußtseinszustandes kommt dem Rückenmarkskanal zu, der ein länglicher weißer Zylinder ist und im Querschnitt eine ovale Form hat. Seine innere Substanz ist grau und die äußere weiß. Ganz anders als der Rückenmarkskanal bestehen das Kleinhirn und die zerebrale Hälfte des Gehirns innen aus einer Menge weißer Zellen und außen aus einer dünnen Schicht von grauen Zellen. Das Rückenmark selbst ist von den Rückenmarkswirbeln eingeschlossen, die eine starke, knochige Umhüllung bilden. Beim Menschen besteht die Wirbelsäule aus dreiunddreißig Wirbeln, die auf so wunderbare Weise ineinanderpassen, daß das Rückgrad sogar flexibel ist.

Menschen, die meditieren, ziehen es im allgemeinen vor, in der Lotushaltung zu sitzen, um eine Verbiegung des Rückenmarks und des zentralen Kanals zu vermeiden. Dies ist wichtig, denn es treten dabei neue Prozesse und neue Kräfte auf. Dies geschieht in Folge des Drucks, der auf Gehirn und Nerven ausgeübt wird, eine Folge konzentrierter Aufmerksamkeit und des rhythmischen Atmens, genannt *pranayama*.

Entlang der beiden Seiten des Rückenmarks befindet sich eine Kette von Ganglien, die Sympathicus genannt wird. Diese Ganglien sind mit einer anderen Kette von Ganglien vor der Wirbelsäule verbunden, die den Plexus bilden und die als prävertebrale Ganglien bekannt sind. Die dritte Gruppe von sympathischen Ganglien, die sich im Organismus befinden, nennt sich Endganglien. Alle diese drei Gruppen von Ganglien sind miteinander verbunden und sind ebenfalls mit den Rückenmarksnerven verbunden.

Entlang des sympathischen Nervensystem befindet sich ein anderes Nervensystem, das als »parasympathisch« bekannt ist. Sowohl die sympathischen wie die parasympathischen Nerven bilden das autonome Nervensystem. Der wichtigste der parasympathischen Nerven ist der Vagus, der wandernde Nerv, der vom Gehirn kommt und auf der linken und rechten Seite des Rückenmarks entlangläuft. Die sympathischen Impulse beschleunigen das Schlagen des Herzens, und die parasympathischen verlangsamen es. Impulse aus den parasympathischen Nerven steigern das Bewegungsvermögen und die Sekretabsonderung des Verdauungstrakts, während die sympathischen sie insgesamt vermindern.

Der gesamte Bereich vom Dammbereich bis zum Nabel ist dicht versorgt mit Nerven sowohl der sympathischen als auch der parasympathischen Nervensysteme. Eine große Menge dieser Nerven läuft um die Geschlechtsorgane herum, bei Männern wie bei Frauen. Kurz gesagt: Dies ist der »göttliche Mechanismus« im menschlichen Körper, der mit der Erweckung eines spezifischen Machtzentrums, das sich am Grunde des Rükkenmarks befindet, plötzlich in Aktion treten kann, um die Befreiung der Seele und die Erleuchtung des Geistes zu bewirken.

Dieses Zentrum, das bei der spirituellen Erweckung jedes Menschen, der diese Leistung vollbringt, eine entscheidende Rolle spielt, ist mit dem Nervenzentrum identisch, das sich zwischen dem After und dem Ansatz des Sexualorgans befindet. Unter allen den Operationen, die vom evolutionären Mechanismus durchgeführt werden, befindet sich die empfindsamste und wichtigste an dieser Stelle. Das andauernde Vorhandensein von romantischen und verliebten Gedanken in unserem Geist und die Aktivität der Sexualorgane, rufen uns ganz deutlich die Aktivität dieses Mechanismus ins Bewußtsein, aber einen direkten Einfluß auf die Evolution unserer Gedanken können wir nicht wahrnehmen.

Wenn dieser Mechanismus aktivitiert wird, wird der Mensch in die Lage versetzt, die außerordentlich potente Lebenskraft, die in diesem Bereich gespeichert ist, für die wichtige Aufgabe einer Neuformung des Gehirns und des Nervensystems zu nutzen – bis zu dem Punkt voll entfalteter Vollkommenheit.

In dem vollendeten Yogi funktioniert das Nervensystem so, daß fast das gesamte subtile Prana, das von den Nerven herausgezogen wird, jetzt das Gehirn nährt, und zwar in Folge der Transformation des Bewußtseins. Ein großer Anteil des Prana wurde früher in Vermehrungsaktivität umgesetzt, aber jetzt nimmt der gesamte Körper, einschließlich aller lebenswichtigen Organe, an dieser Aktivität des Nervensystems teil; bei wem die Kundalini sich eine dauerhafte Heimstatt eingerichtet hat, im tausendblättrigen Lotus oder auch siebten Zentrum des Gehirns.

Eigentlich gibt es im Körper kein Organ, das isoliert der Evolution dient. Diese Funktion wird vom gesamten Gehirn- Rückenmarksbereich ausgeübt, durch die direkte Vermittlung des Geschlechtsapparats an der Basis und eines immer noch nicht identifizierten, stillen Zentrums im Gehirn, das von den alten Lehrern als Höhle des Brahma *(brahmarendra)* bezeichnet wurde. Der Ort, wo sich diese extrem sensitive Zone befindet und die außergewöhnlichen Gefühle, die sie hervorruft, sind von einigen der großen Mystiker Indiens genau beschrieben worden.

So wie der erste helle Streifen am Himmel, wenn die Morgendämmerung naht, um das Herannahen der Sonne anzukündigen, kommt das erste Zeichen für Erfolg bei jeder Form von religiösem Streben aus diesem Bereich. Er ist der Ort des Zusammenfließens des Kanals, der aus dem Rückenmark kommt, und der Ventrikeln des Gehirns. Diese Höhle und die, die daran anschließen, sind gefüllt mit Gehirn- und Rückenmarksflüssigkeit. Man sagt, daß sie aus dem Blut stamme und dem Blutplasma sehr ähnlich sei.

Für die, die nicht mit Anatomie vertraut sind, kann man nur den ungefähren Ort dieser Bereiche angeben, anhand der inneren Wahrnehmung der Region oder anhand der Gefühle, die dort empfunden werden. Die Wirkungen, die durch eine erweckte Kundalini hervorgerufen werden, sind so vielseitig, vom Anfang bis zum Ende der Entwicklung, daß dann, wenn sich erst einmal die Wissenschaft um eine gründliche Erforschung der Angelegenheit kümmern wird, eine Reihe von Möglichkeiten ins Blickfeld rückt, durch die ohne Zweifel die biologische Natur des Phänomens festgestellt werden wird.

Eine normale Erweckung ruft keine intensive Hitze hervor, wie einige der modernen Autoren, die zum Thema Yoga geschrieben haben, behaupteten. Es gibt nur ein angenehmes Gefühl von Wärme, ausgehend von dem am niedrigsten liegenden Bereich, genannt das Muladhara-Chakra, ein Gefühl, das sich, auf der ersten Stufe der Erweckung, weiter in den ganzen Körper hinein ausbreitet. Das Ansteigen der Kundalini in das Rückenmark ist wie das Einschießen einer flüssigen Flamme in die verschiedenen Chakras und schließlich in den Schädel, aber ohne Hitze. Jedoch wird eine brennende Hitze im Körper erzeugt, wenn die pranische Energie, die von Kundalini ausströmt, nicht durch den zentralen Nervenkanal, das Sushumna, hochsteigt, sondern teilweise oder ganz durch den Solarnerv oder die *pingala* auf der rechten Seite des Rückenmarks hindurchfließt.

Das Phänomen der Kundalini ist in sich so vielfältig, daß es mehrere Bände füllen würde, alle Aspekte detailliert zu behandeln. Für unsere Zwecke hier reicht die Feststellung aus, daß die Erweckung auch auf dem Wege über *ida* oder *pingala* erfolgen kann, statt über die Sushumna. Wo dies spontan und erzwungenermaßen eintritt, ist das Leben des unseligen Menschen in großer Gefahr. Die krankhafte Erweckung der Kundalini ist die eigentliche Ursache verschiedener Formen von Wahnsinn, über die die Psychiater nicht die geringste Klarheit haben.

Wir können sicherlich die Sushumna mit dem Rückenmark und mit seinem zentralen Kanal gleichsetzen und *ida* und *pingala* mit den sympathischen und parasympathischen Strängen rechts und links. Der ganze Bereich, vom Damm bis zum Nabel, wird vom zentralen und von den sympathischen und parasympathischen Nervensystemen dicht mit Nerven versorgt. Ein großer Teil dieser Nerven umgibt, wie wir bereits festgestellt haben, die Geschlechtsorgane. Diese Nervenstränge sind mit Nerven verbunden, die sich über den rechten und linken Oberschenkel, das Bein und den Fuß verteilen.

In einem erweiterten Bewußtseinszustand scheint die strömende Nervensubstanz, die sich durch den Nervenstrang fortbewegt und als *pingala* bezeichnet wird, deutlich heiß zu sein, und der Strom, der durch die *ida* fließt, erscheint als kalt. Die Wahrnehmung dieser beiden Strömungen durch konzentrierte, nach innen gerichtete Aufmerksamenkeit ist eine der ersten Entwicklungen, die sich mit der Erweckung der Kundalini einstellen.

Das erste Zentrum, das *muladhara*, spielt eine entscheidende Rolle bei der Erweckung. Es ist der sensitivste und wichtigste Bereich, der von den Wirkungen der erweckten Kundalini betroffen wird.

Das zweite Chakra wird *swadhisthana* genannt und befindet sich an der Wurzel des männlichen Organs. Die übrigen vier Chakras liegen im Bereich des Nabels, des Herzens, des Halses und zwischen den Augenbrauen. Man kennt sie unter den Namen *manipura, anahata, visudda* und *ajana*, und sie sind in der Tat Nervenverbindungen, die die Arbeit der lebenswichtigen Organe kontrollieren und die gesamte Aktivität der Kundalini mit dem Gehirn und mit anderen lebenswichtigen Organen verbinden. Die Nervenstränge, die wir als *ida* und *pingala* kennen, kreuzen sich an all diesen Zentren mit der Sushumna.

Das *sahasrara* oder der Lotus mit den tausend Blättern kann mit der zerebralen Kortex, dem höchsten Zentrum des Bewußtseins, gleichgesetzt werden. Die Zahl der Blätter dieses Lotus wurde mit eintausend angegeben, um seinen umfassenden und alles kontrollierenden Charakter herauszustellen. Hier ist die Stelle der Vereinigung der verkörperten Seele und des kosmischen Bewußtseins.

Die Vorstellung, Kundalini sei eine unbegrenzte Energiequelle, die in der Lage ist, den Eingeweihten mit der gesamten Kontrolle über die Kräfte der Natur zu versorgen, hat keine realistische Basis. Doch ist die Macht, auf die wir uns hier beziehen, eine hochpotente Lebensenergie, normalerweise in schlafendem Zustand, aber durchaus in der Lage, zu großer Aktivität anzuwachsen. Und wenn wir die Natur des Phänomens, das sie hervorruft, betrachten, dann können wir diese Energie mit einem kraftvollen elektrischen Strom vergleichen, den der Körper erzeugt.

So, wie jedes Lernen und jedes Studium das Zentrum der Intelligenz im Gehirn stimuliert und wie jede Form der Aktivität beim Malen, Zeichnen und Singen die

Muskeln der Hand, der Finger oder des Halses trainiert und dadurch zu einer besseren Koordination zwischen dem Organ und dem Geist führt, so haben religiöse Übungen, Yoga oder okkulte Praktiken die Tendenz, Kundalini zur Aktivität anzuregen. Wenn man auf der anderen Seite ein potenteres Prana benutzt und zudem die kostbaren Substanzen, die sich in den Geschlechtsflüssigkeiten befinden, einsetzt, beginnt die Kundalini mit einem erstaunlichen Umformungsprozeß, der darauf abgestimmt ist, einen supersensorischen Bereich im Gehirn zu entwickeln: das letzte Ziel des evolutionären Impulses, der im Menschen immer noch aktiv ist.

Swami Vivekananda sprach die Wahrheit, als er sagte: »Wann immer es eine Manifestation dessen gibt, was man gewöhnlich übernatürliche Macht oder Weisheit nennt, dann muß es einen kleinen Strom von Kundalini gegeben haben, die ihren Weg in das *sushumna* hinein gefunden hatte.« In jedem Fall von echter und tiefer mystischer Erfahrung und spiritueller Erleuchtung wird das Gehirn von dem hochwertigen, hochpotenten Prana genährt, das sich in den Rückenmarkskanal ergießt. Wenn es also keine höhere geistige Aktivität gibt und nicht die Entstehung eines höheren Bewußtseins, das die Evolutionsprozesse in die Weg leitet, dann wird die gesamte Erfahrung nur als Halluzination erscheinen.

Es ist auch eine Tatsache, daß für eine reguläre supernormale Aktivität des Gehirns eine potentere Form von Energie als Antrieb vonnöten wäre. Diesen Antrieb kann die Kundalini bereitstellen. Der Vorgang der Transformation, der nötig ist, um eine Versorgung mit dieser Energie in Einklang mit den Stoffwechselvorgängen des Körpers sicherzustellen, ist eine außerordentlich komplexe und komplizierte Operation.

Anwärter auf höheres Bewußtsein, die glauben, die Tore des Himmels mit dieser oder jener Methode zwingen zu können, sich zu öffnen, erkennen nicht die Größe und Schwere der Aufgabe, die sie in Angriff nehmen. Was auch immer die Methode sein mag, die benutzt wird, um transzendentales Wissen oder sogar okkulte Kräfte zu erlangen, was auch immer die Intensität der Anstrengung sein mag – letztlich ist es die Kundalini, die hilft, zum Ziel zu kommen.

Nach den Berichten über die transzendentalen Bewußtseinszustände, die von den Mystikern überliefert wurden, ist der Sinn jeder Form religiösen Strebens der Eintritt in einen neuen, erstaunlichen Daseinszustand, in dem man die Fähigkeiten erlangt, die Verstand und Gedanken überschreiten. Das Gehirn muß in sich das Potential zu einem anderen Bewußtsein schaffen, das sich selbst kennen oder, in anderen Worten, das sich als Bewußtsein bewußt werden kann. Es kann über Raum und Zeit hinausblicken und, was noch erstaunlicher ist, anstatt zu einer Schlußfolgerung durch Argumentation zu gelangen, so wie dies bei jedem normalen Geist der Fall ist, kann es in einen Ozean des Wissens hineintauchen, in dem alles, was überhaupt zu wissen ist, gewußt wird und wo alle Probleme, die auf eine Lösung warten, bereits gelöst sind.

Aus diesem Ozean sickern in das normale Bewußtsein Tropfen frischen Wissens hinein, entsprechend der Intensität, mit der das Gehirn darauf eingestellt ist. Es sind diese Tröpfchen seltenen Wissens, die durch empirische Methoden in der Lebenszeit eines Menschen nie aufgefangen werden können, die, herabkommend durch die Zeiten, immer als Erleuchtungen angesprochen worden sind. Jeder einzelne Mensch, dem dieser Bewußtseinszustand geöffnet wurde, fand es unweigerlich höchst schwierig – ja sogar unmöglich – die Erfahrung in Begriffen zu beschreiben, die für seine Zeitgenossen verständlich waren. Sogar die äußerst Redegewandten mußten mühsam nach Worten suchen und griffen zurück auf Parabel, Paradoxon und Metapher, um Unbeschreibliches zu beschreiben. Die Unbeschreiblichkeit ist seit undenklichen Zeiten ein immer wiederkehrendes Charakteristikum wahrer mystischer Erfahrung.

Bei Mystikern und Sehern der Vergangenheit war der Übergang vom menschlichen zum übermenschlichen Bewußtsein manchmal sehr plötzlich, weil intensive Meditation, brennende Sehnsucht und karge Lebensführung das höhere Zentrum unter Druck setzten, so daß es abrupt zu funktionieren begann und dadurch sozusagen eine Explosion im Bewußtsein verursachte. Daß ein solch abrupter Vorgang den Menschen erschütterte und sprachlos machte, war unausweichlich. Es blieb die innere Gewißheit einer erstaunlichen und vollkommen unerwarteten Transformation. Es ist kein Wunder, daß die supramentale Lebensrealität, die sich jetzt im Geist entfaltete, als der oberste Führer betrachtet wurde, als der eigentliche Schöpfer des Universums.

Die Entwicklung mystischer Einsicht, die dem ehrfürchtigen Verstand Einblick in die flüchtige Natur des inneren Selbst gewährte, sollte nicht als Luxus oder als Hobby angesehen werden oder als eine Laune derer, die solch ein Ziel verfolgen, sondern als unvermeidbare Notwendigkeit für das Überleben einer geistig gesunden und nüchternen Menschheit.

Dies ist deshalb so, weil das dringendste Bedürfnis unseres Zeitalters darin besteht, die inneren Horizonte des Bewußtseins zu erweitern. Diese Erweiterung ist notwendig, damit dem heute so außerordentlich großem Wissen um das Universum ein Gegengewicht entgegengestellt wird. Dieses Wissen, Produkt der Bemühungen der modernen Wissenschaft, verweist die Erde, unser Sonnensystem, ganz zu schweigen vom Menschen, auf einen Platz vollkommener Bedeutungslosigkeit in einem riesigen Ganzen.

Die Versicherungen von Philosophen und Wissenschaftlern über zukünftige Aufschwünge im materiellen Fortschritt reichen nicht aus, um ein Gegengewicht zu bilden gegen das Gefühl innerer Wertlosigkeit, das durch die riesig angewachsene Vielfalt der äußeren Welt erzeugt worden ist. Dieses Gefühl von Kleinheit und Bedeutungslosigkeit ist möglicherweise nicht so deutlich ausgeprägt bei denen, die führende Positionen in irgendeinem Bereich menschlicher Aktivität innehaben – Wissenschaft, Philosophie, Kunst, Industrie, Finanzen, Politik, Sport und ähnliches –, aber die Auswirkungen dieses Gefühls auf die Intelligenteren und Sensitiveren in der Masse der Menschen sind häufig verheerend. Die explosive Situation der Welt ist das direkte Ergebnis dieser äußeren und inneren Unausgewogenheit.

Alles, was wir sind, und alles, was wir wissen, wird von der Fähigkeit des Wissenden in uns begrenzt. Die Welt erscheint gigantisch und monströs, weil wir uns vollkommen mit dem Körper identifizieren und die Unendlichkeit des Universums an Hand seiner Größe messen. Aber aus irgendeinem Grund, den nur die Zukunft uns enthüllen wird, kann diese hinfällige, armselige Kreatur mit ihrer begrenzten Lebensdauer, mit ihrem so zarten Körper, daß sogar ein Schlag auf eine verletzliche Stelle ausreicht, um dem Tod herbeizuführen, mit ihrem Geist und ihrem Erinnerungsvermögen, die so beschränkt sind, daß sie nicht mehr als ein winziges Bruchstück des unendlich großen Kosmos erfassen können, durch göttliche Gnade und durch die Gunst des Schicksals zu einer Seinsstufe emporsteigen, auf der die erbarmungslose, riesige Welt zu einem flüchtigen Schatten und *sie* zu einer üppig strahlenden Sonne wird.

Dann verlieren Tod und Angst ihre Macht. Denn was könnte dem Ozean ewigwährenden Lebens Schaden zufügen, der sich doch jenseits der Reichweite irgendwelcher materiellen Einflüsse befindet? Es ist dieses Gefühl, Zugang zu finden zu einem Status des Bewußtseins, der von Unsterblichkeit und Unendlichkeit gekennzeichnet ist, der alte Schriften über Kundalini sagen läßt, der Schüler, der seine Lektion gelernt hat, könne die Welt nach seinem eigenen Willen erschaffen, erhalten und zerstören. Die hier zugrunde liegende Idee ist, daß in dem transzendentalen Zustand, den er oder sie mit voller Geistesklarheit erreicht, das Bild der Welt, das zuerst durch ein unrealistisches, an bloße Sinneseindrücke gebundenes Bewußtsein bestimmt wurde, in einen Zustand der Bedeutungslosigkeit zurücksinkt.

Transzendenz ist so weit entfernt von den halluzinatorischen Geisteszuständen, wie sie durch Drogen, Autohypnose, Selbstvergiftung und Veränderungen der Körperchemie hervorgerufen werden, wie das Bewußtsein der absoluten Macht und unvergleichlichen Fähigkeit eines gesalbten Königs, der ein riesiges Reich regiert, entfernt ist von den Halluzinationszuständen eines Psychotikers, der, unordentlich und verwirrt, lauthals von seinem Königreich und seinem Gefolge brabbelt.

Die alten Schriftsteller machten kein Geheimnis aus den göttlichen Attributen und aus den wunderbaren Kräften, die sich automatisch in jemandem, der die Vollendung erreicht, entwickeln. Sie erwähnen wiederholt das Wachstum des Wissens, die Entwicklung des Intellekts, das literarische Talent – sowohl in Prosaschriften als auch in gereimter Dichtung – als auch den Fluß der Rede.

Von alters her sind Offenbarung und Inspiration immer mit spiritueller Entwicklung in Verbindung gebracht worden. Die Heiligen und Weisen des Altertums haben häufig behauptet, sie seien inspiriert. Offenbarung ist das Kennzeichen aller großen Propheten und erleuchteten Seher gewesen. Wenn die wahre mystische Erfahrung auf eine wirkliche Entfaltung des Geistes oder auf eine Vision Gottes hinweist, dann wird sie notwendigerweise auch das Aufblühen des Potentials des einzelnen Menschen bewirken.

Wenn dies nicht geschieht und wenn der Mystiker nur in seinen eigenen hinreißenden Visionen schwelgt, ohne die Fähigkeit zu besitzen, seine Erfahrungen weiterzugeben, um sie mit der Welt zu teilen, dann wird die ganze Leistung auf eine Ebene von Phantasie oder Tagtraum zurückgeschraubt. Wie angenehm auch immer dies für den Tagträumer sein mag, es ist für andere ohne Bedeutung und Wichtigkeit.

Von welchem Winkel auch immer wir die Sache betrachten, die Schlußfolgerung ist unausweichlich, daß intellektuelle Klarheit und intellektueller Scharfsinn ein untrennbarer Begleiter geistiger Erleuchtung sind. Die enge Verbindung zwischen diesen beiden höchsten Ausdrucksformen des Geistes hat wiederum eine tiefe Bedeutung für die augenblicklich so gefährliche Weltsituation. Intellektueller Fortschritt muß das spirituelle Wachstum begleiten. Wenn es intellektuellen Fortschritt gibt, jedoch kein korrespondierendes spirituelles Element, dann ist dies ein Zeichen dafür, daß das Wachstum einseitig und deshalb abnorm ist.

Da spirituelle Vervollkommnung Ausdruck der höheren Persönlichkeit ist, die die Grenzen, an denen gewöhnliche Sterbliche sich stoßen, überschritten hat, muß notwendigerweise eine allumfassende Entwicklung der geistigen Fähigkeiten das Charakteristikum solcher Menschen sein. Die radikalen Umwandlungen, die einige Dutzend genial begabter Männer und Frauen im Laufe der Geschichte bewirkt haben, zeigen uns, daß sich sogar nur einige wenige Erleuchtete für die Menschheit von großem Nutzen erweisen können. Mystische Erfahrung sollte für keine Gruppe von Menschen isoliert betrachtet werden, oder auch vom Standpunkt irgendeiner bestimmten Religion her, sondern vielmehr als ein universales Phänomen.

Wenn erst einmal die Möglichkeit der Transzendenz empirisch bewiesen worden ist und wenn die Gesetze, die dahinter stehen, erkannt werden, dann werden das Wissen der Psychologie, der Heilkünste und der Physiologie sich von unschätzbarem Wert erweisen und die Wirksamkeit der Übungen steigern, die Risiken aber minimieren. Wenn die Wissenschaft erst einmal die biologischen Schwierigkeiten und Komplikationen kennt, die mit der Erweckung der Kundalini einhergehen, dann wird sich dieses göttliche Unternehmen als eine der am meisten in Frage gestellten und am meisten begehrten Ziele unserer Zeit erweisen.

Wir leben in einem Zeitalter der Überraschungen, aber es hat in der ganzen Geschichte niemals eine Zeit gegeben, die so voll war von Überraschungen und so voll von Katastrophen, die vom Menschen selbst verursacht wurden, wie das jetzige Jahrhundert. Die größte Überraschung und Verwunderung wird jedoch ausgelöst werden, wenn das Gesetz empirisch bewiesen werden kann. Und keine Katastrophe der Vergangenheit ähnelt auch nur annähernd dem, was die Menschheit beim gegenwärtigen Stand der Technik heimsuchen könnte, wenn das Gesetz immer weiter ignoriert wird.

Die Entwicklung des Gehirns und des Intellekts sind ein Ergebnis der Evolution, aber ohne spirituelle Disziplin und spirituellen Fortschritt wird diese Frucht nicht nur unbekömmlich sein, sondern kann die Menschen auch vergiften. In dem Moment, wo transzendentale Daseinsebenen erreicht werden, erblüht der Suchende nicht nur zu einem genial begabten Menschen höherer Ordnung, sondern andere Fenster im Geist öffnen sich ebenfalls. Und der Erleuchtete entdeckt zu seiner großen Überraschung, daß er über Kanäle der Kommunikation verfügt, die ihm, da sie unabhängig von den Sinnen funktionieren, ein Wissen über Ereignisse vermitteln können, die sich in großer Entfernung abspielen, und die ihm ebenso Visionen der Vergangenheit wie der Zukunft ermöglichen. Seine Äußerungen könnten prophetische Aussagekraft bekommen, und es ist möglich, daß er in sich heilende Kräfte entdeckt.

Die eine wichtige und für dieses Zeitalter ganz besonders relevante Lektion ist, daß das ungeheuer große Universum, in dem wir leben, nur ein Teilbereich eines riesigen Gebäudes ist, in dem die anderen Bereiche unseren Sinnen überhaupt nicht zugänglich sind. Diese zahllosen Bereiche mögen so groß sein oder sogar größer, als der eine, der für uns erkennbar ist. Und sie könnten einander gegenseitig durchdringen oder überlagern, ohne daß die Bewohner des einen sich der Nähe des anderen bewußt wären.

Genau wie ein Bild das Gesicht eines Menschen von einer Seite zeigt und ein anderes von der anderen Seite und ein drittes wiederum von vorne, so kann auf dieselbe Weise das Universum, das für unsere Sinne wahrnehmbar ist, vielgesichtig sein und sozusagen eine unterschiedliche Form der unterschiedlichen Ebenen des Bewußtseins darstellen. Auf der höchsten Stufe des Yoga, die wir *turiya* nennen, schwenken wir nur von einer Ebene des Bewußtseins zu einer anderen. Wenn dies geschieht, dann verliert die Welt, die wir normalerweise sehen, ihren Eindruck auf den Geist. Obwohl sie in einer Dimension des Bewußtseins real bleibt, wird sie in einer anderen Dimension zu einem Schatten oder verschwindet gar ganz.

Die Einteilung des menschlichen Bewußtseins in drei Zustände (des Wachzustandes, des Traumes und des traumlosen Schlafes), die von den alten Sehern gemacht wurde, soll den vierten Zustand, *turiya*, auslösen. Dieser Zustand beeinhaltet die drei anderen Zustände und ist dennoch über und jenseits von ihnen; in anderen Worten: *turiya* eröffnet eine weitere Dimension des Bewußtseins, in der für den Yogi, der jetzt mit anderen Ebenen des Seins in direktem Kontakt steht, die materielle Welt ihre Objektivität verliert.

Das Eintauchen in *turiya* ist das Eintauchen in eine andere Dimension, über die normale menschliche Ebene hinaus. Dies macht die Welt, die auf der menschlichen Ebene wahrgenommen werden kann, in gewisser Weise irreal oder illusionär. Doch wenn man dies behauptet, leugnet man die Realität von *turiya* ebenfalls. Nur wenn wir *turiya* vom Standpunkt des Menschen aus betrachten, kann es verstanden werden. Gäbe es keine menschliche Ebene des Bewußtseins, so gäbe es auch kein *turiya* oder *samadhi*.

Beim gegenwärtigen Stand der Wissenschaft, wo die

Transzendenz immer noch als unbewiesenes und anzuzweifelndes Phänomen angesehen wird und wo dieses Territorium dem normalen Geist immer noch so fremd ist wie die Landschaft eines bisher noch nicht gesehenen Planeten, ist das Vernünftigste sowohl für den Wissenschaftler als auch für den Mystiker, Ideen miteinander auszutauschen, um die grundlegenden Faktoren, die aller wahren spirituellen Erfahrung zugrunde liegen, zu erkennen. Dann können sie Methoden entwickeln, die die faktische Existenz des Phänomens feststellen, und zwar jenseits allen Zweifels und jenseits aller Meinungsverschiedenheit.

Aber ein solches Forschungsunternehmen muß in aller Demut in Angriff genommen werden. Denn bei der Annäherung an das, was jenseits des sinnlich Erfahrbaren liegt, kommen Wissenschaftler zum ersten Mal in bewußten Kontakt mit intelligenten Kräften, die sich menschlicher Kontrolle entziehen. Wer sich an diesem Forschungsunternehmen beteiligt, muß sich immer bewußt sein, daß seine Existenz vollkommen von dem Wohlwollen dieser intelligenten Kräfte abhängt.

Wenn sie dem Menschen geneigt sind, dann kann die Kundalini einen ganz gewöhnlichen, demütigen Menschen in einen Seher, einen Propheten oder in einen intellektuellen Riesen verwandeln – oder in einen Lehrer der Welt, der außergewöhnliche Talente und ungewöhnliche Fähigkeiten besitzt. Wenn wir uns der Kundalini aber hochmütig oder mit unklaren Motiven nähern, dann kann dieselbe Energie den klügsten Menschen in einen brabbelnden Verrückten verwandeln und ihm solche Qualen bereiten, daß der Tod im Vergleich dazu eine Gnade wäre.

Die Kundalini ist, als evolutionärer Instinkt und als Antriebskraft des Menschen, mit göttlicher Zielgerichtetheit begabt; sie deckt alle verschiedenen Facetten des menschlichen Lebens ab. In der gegenwärtigen erschreckenden Weltsituation kann nichts den Menschen so viel Wissen und Aufklärung bringen wie der Versuch, die Richtung der menschlichen Evolution herauszufinden und damit den Sinn und das Ziel des Lebens.

Wir müssen uns bewußt sein, daß der evolutionäre Impuls die Menschheit zu einem ruhmreicheren, erhabeneren und glücklicheren Leben hinführt. Der hochentwickelte Mann und die hochentwickelte Frau der Zukunft werden, fast genauso wie wir, blühen, leben und sich vermehren, mit einem Unterschied: All ihre Aktionen und Sehnsüchte, die einem unbeugsamen Willen gehorchen, werden sehr wohl überlegt, ausgewogen und lauter sein. Und sie werden ein friedliches Eden gebaut haben, das frei ist von jeder Spur von Gewalt, von Krieg, von Not und von Krankheit. Sie werden eine weit harmonischere und gerechtere Sozialordnung geschaffen haben, so daß es jedem Menschen möglich ist, ungestört und glücklich im inneren Paradies zu leben.

Kundalini ist die göttliche Macht sowohl im Individuum als auch im kollektiven Bewußtsein. Sie ist der Kontrolleur der Evolution, die den Menschen von einem winzigen Klümpchen Protoplasma nach oben trägt und die ihn langsam zu einem Menschengott formt, inmitten all des Aufruhrs und all der Unruhe, die unser Zeitalter charakterisieren. Sie stattet ihn mit besonderen Eigenschaften aus und verleiht ihm so viel Glanz und Ehre, wie wir es uns in unseren kühnsten Träumen nicht vorstellen können.

Kapitel 15

Das Leben währt ewig

Die Frage, ob es ein Leben nach dem Tode gibt, hat Gopi Krishna mehrfach gestellt, und bei wenigstens drei Gelegenheiten hatte er versucht, eine definitive schriftliche Antwort darauf zu geben. Einen 15seitigen Essay, den er im Jahre 1973 schrieb, begann er so: »Die Frage, die sich jetzt stellt, ist, ob es überhaupt möglich ist, auf das mächtige Rätsel des Todes eine überzeugende Antwort zu finden. Meine Antwort auf diese Frage ist ›ja‹.« Ein paar Jahre später schrieb er zweiundzwanzig Seiten, um die Frage zu beantworten: »Was geschieht, wenn ein Mensch stirbt?« Dort heißt es: »Im Gegensatz zu der allgemein verbreiteten Auffassung wird das bewußte Prinzip hinter dem Spiel des verkörperten Lebens in keiner Weise verändert, und es ist auch nicht sterblich.«

Dann, im März des Jahres 1980, und als direkte Reaktion auf eine Reihe von Telefonanrufen, die er von einem jungen Rechtsanwalt in Kalifornien erhalten hatte, der tief aufgewühlt war von seiner Furcht vor dem Tod, schrieb er den Essay, der hier zum ersten Mal veröffentlicht wird. Er erschien unter dem Titel »Das Leben ist ewig« und war mit »Lieber Freund« überschrieben.

Die Frage, ob es nach dem physischen Tod ein Überleben gibt, ist nicht so einfach zu beantworten, wie es einige Autoren versucht haben. Zur gleichen Zeit weist die Idee vom Fortbestehen des Bewußtseins nach der Zerstörung des Gehirns, so, wie sie von einigen kompetenten Wissenschaftlern entwickelt worden ist, auch nicht darauf hin, daß hier eine rationale Lösung gefunden worden ist. Es ist der Gipfel der Torheit zu glauben, unser Verstand einserseits und das Universum, das wir mit unseren fünf Sinnen wahrnehmen, andererseits seien schon die ganze Schöpfung. Dies gilt nicht einmal für die physikalischen Energien und Kräfte.

Wir können die Energiewellen, die von einem Radio oder von einer Fernsehstation ausgesandt werden, nicht mit irgendeinem unserer Sinne beobachten. Aber sie manifestieren sich durch jeden Apparat, der daraufhin angelegt ist, sie in Geräusche oder in helle, bewegliche Töne und Formen zu übersetzen. Gäbe es nicht den Apparat, dann wäre es für Menschen, die in einer entfernt gelegenen Gegend wohnen und nicht mit der modernen Welt in Kontakt sind, unmöglich, die Bewegung der Wellen zu spüren oder auch nur über Wahrnehmung oder Verstand ihre bloße Existenz zu vermuten. Für diese Menschen wären sie nicht existent, so, wie sie selbst für die Weisen der Vergangenheit nicht existierten.

Wir verlieren uns in Spekulationen über die Möglichkeit des Überlebens des Geistes oder des Bewußtseins nach der Auflösung des Gehirns, da der Geist ebenfalls eine Form von Energie ist, die zu einer anderen Ebene der Schöpfung gehört. Er ist so verschieden von allem, was wir über Materie wissen, und für unsere Vorstellung vom Sein so wenig greifbar, daß es uns unmöglich ist, ihn aufzuspüren – außer durch das organische Instrument, durch das er sich manifestiert. Wir haben nicht einmal eine klare Vorstellung von ihm, so, wie wir immerhin eine Vorstellung von der Materie und ihren Energien haben.

Die Seele, die in uns wohnt, ist der einzige Spiegel, der den Kosmos reflektiert und ihm Substanz verleiht, ist selbst unauslotbar und nicht anschaulich darzustellen. Sie ist aus einem »Stoff« gemacht, der im physikalischen Universum nicht seinesgleichen hat.

Wir brauchen gegenüber einem intelligenten Leser nicht auszuführen, daß es für uns, mit den uns verfügbaren Mitteln, unmöglich ist, in den Geist eines anderen Menschen hineinzublicken. Wir sind uns niemals der unendlich großen Gedankenwelt in einem anderen Gehirn bewußt. Wir sehen den einzelnen Menschen, seinen Körper, seinen Kopf und sogar sein Gehirn, und wenn wir den Schädel öffnen, dann erkennen wir zwar die Substanz des Kortex und die Neuronen bis hinein in ihre feinsten Verästelungen, sichtbar gemacht mit unseren Vergrößerungsinstrumenten. Aber wir sehen nicht die Spur von Geist oder Bewußtsein. Und doch gibt es Geist und Bewußtsein.

Wir wissen, daß wir ein Gehirn haben: extrem komplex und kompliziert, so, wie andere auch. Aber können wir jemals wahrnehmen, wie unsere Gedanken den Neuronen entspringen und welche Stürme von Aktivität in dem zerebralen Kortex entfesselt werden, wenn wir intensiv über ein bestimmtes Thema nachdenken oder uns auf ein Problem konzentrieren?

Der Grund, warum einige moderne Wissenschaftler und Denker das Leben mechanistisch interpretieren, liegt darin, daß das Wissen über das Gehirn immer noch sehr unvollständig und daß die Energie des Lebens so erstaunlich ist, daß wir uns überhaupt kein Bild von ihr machen können.

Wenn wir an uns selbst denken – an unser innerstes Wesen, an unser »Ich« – dann konzentrieren wir unseren Geist auf uns selbst: ein fruchtloser Versuch, unser eigenes Rätsel zu lösen. Aber wir bleiben immer ratlos zurück, denn wir versuchen, eine Tiefe auszuloten, die keine Dimensionen, keine Masse und keine Form hat und keine Eigenschaft, aufgrund derer wir, wie auf der materiellen Ebene, eines vom anderen unterscheiden können.

Das Rätsel des Lebens ist nicht zu lösen, weil der Tropfen, der Ausdruck unseres Bewußtseins ist, mit seinen fünf Sinnen und dem Intellekt niemals in der Lage wäre, den Ozean, zu dem er gehört, zu begreifen. Die Wand des Egos isoliert ihn von den anderen Tropfen und von der unendlichen Wassermenge des Ozeans. Erst wenn die Kommunikation zwischen dem Tropfen, der vom Gehirn isoliert wird, und der unendlichen Wassermenge des Ozeans wieder hergestellt ist, wird der einzelne Mensch den strahlenden Glanz und die Majestät des Bewußtseins kennenlernen. Da der Geist des Menschen mit seiner ego-verhafteten Individualität die letzte Grenze auf der Skala markiert, zu der das Leben auf unserem Planeten bisher hochsteigen konnte, haben wir überhaupt keine Vorstellung davon, was jenseits der Grenze liegt, an die zum gegenwärtigen Zustand der Evolution unser eigener Geist gestoßen ist.

In einigen Fällen, beispielsweise bei den Mystikern, wird die Grenze überschritten, und es eröffnet sich für den begabten einzelnen Menschen ein neues Panorama des Bewußtseins. Die führenden Intellektuellen unserer Tage sind dieser Grenze jetzt nähergekommen, und sie brauchen sich nur noch ein wenig mehr anzustrengen, um sie zu überschreiten. Es ist tragisch, daß die Wissenschaftler, trotz der Zeugnisse einiger ungewöhnlicher Menschen, die mit dieser Vorstellungskraft gesegnet sind, über das Potential, das wir in unseren sterblichen Hüllen beherbergen, immer noch im dunkel tappen.

Für die sogenannten rationalen Denker ist die Grenze, zu der das Leben hinaufgelangen kann, die, die vom normalen menschlichen Geist vorgeschrieben ist – ein Irrtum, aus dem der eigentlich explosive Zustand der heutigen Welt entstanden ist.

Das Vorhandensein von Aminosäuren in Meteoriten, die vor Millionen von Jahren auf der Erde einschlugen, ist ein klarer Beweis dafür, daß das Leben auf unserem Planeten kein isoliertes Phänomen ist, sondern Gegenstücke in anderen Bereichen des Weltalls besitzt. Die Wissenschaftler kommen immer stärker zu der Überzeugung, daß das Leben auf Millionen anderer Planeten sogar höhere Ebenen der Zivilisation erreicht haben könnte.

Wenn sie die Situation so einschätzen, dann orientieren sie sich jedoch erneut am Modell des menschlichen Bewußtseins und betrachten das menschliche Gehirn als die letzte Grenze, zu der die biologische Evolution voranschreiten kann. Es scheint keine Ader dafür vorhanden zu sein, daß andere Arten von Gehirn, die dem menschlichen Modell weitaus überlegen sind und in denen sich weitaus höhere Ebenen des Bewußtseins manifestieren, durchaus ein Lebensaspekt anderer Planeten sein könnten, oder daß andere unvorstellbare oder gar vollkommen fremde Formen des Lebens existieren könnten, zu denen es auf unserer Erde kein Gegenstück gibt.

Was unserer Position im Universum anbelangt, sind wir längst nicht mehr geozentrisch. Wir sollten aber auch die geozentrische Vorstellung vom Leben und vom Bewußtsein ablegen. Wie paradox, daß es jetzt die Elite unter den Wissenschaftlern ist, die die Erde zum Zentrum des Lebens machten, genauso, wie ihre Kollegen aus alten Zeiten sie zum Zentrum des Universums erklärten. In jedem Fall liegt dem Irrtum ein Mangel an Wissen zugrunde.

Die unberechenbar vielfältige und abgestufte Skala des Lebens auf der Erde, beginnend mit einer primären Zelle und endend mit dem extrem komplizierten Organismus des Menschen, sollte jeden nüchternen und unvoreingenommenen Beobachter davon überzeugen, daß auch weiter entwickelte Ausformungen des Lebens und des Bewußtseins möglich sind und heute im Universum existieren könnten.

Da im Laufe der vergangenen zwei oder drei Jahrhunderte die Menschheit keinen so überragenden Genius vom Format eines Christus, Buddha, Vyasa, Sokrates oder Shankara hervorgebracht hatte und auch keinen großen Wissenschaftler und Philosophen, der mit einem erleuchteten Bewußtseinszustand gesegnet gewesen wäre, haben die intelligenten Menschen, die nicht mit besonders intuitiver Vorstellungskraft begabt sind, weiterhin ihre Talente dafür eingesetzt und ihre Energien dabei verbraucht, die Frage zu lösen, ob der Geist eine unabhängige Existenz hat oder ob er nur ein Produkt des Gehirns ist, durch den er sich manifestiert. Die Frage ist deshalb bis zum heutigen Tage ungelöst geblieben, und sie wartet auf die Bearbeitung durch einen zukünftigen geistigen Riesen, so daß sie ohne Zweifel und Streit entschieden werden kann.

Über das Überleben der Seele

Wenn ich sage, daß wir den Geist nur in Formen antreffen, die durch das organische Instrument des Gehirns ausgedrückt werden, dann stütze ich mich auf die Wirklichkeit, die wir um uns herum erblicken. Wir können niemals den Geist eines lebenden Wesens beobachten, so wie andere Objekte im Universum. Wir sind auch nicht in der Lage, mit einem körperlosen Bewußtsein eine Verbindung aufzunehmen, beispielsweise mit dem Geist eines verstorbenen Freundes oder Verwandten, außer durch einen lebenden Geist, der wiederum sich nur über ein lebendiges Organ – das Gehirn – ausdrücken kann. Unser Gehirn und unser Geist sind, solange unsere irdische Existenz andauert, untrennbar miteinander verbunden.

Unsere Persönlichkeit mit all ihren Erinnerungen, mit ihren bestimmten Verhaltensweisen, ihren Ideen und Wünschen, ihren Neigungen und Geschmäckern, ist das Ergebnis dieser intimen Beziehung zwischen Gehirn und Geist. Wir müssen uns vor Augen halten, daß das Gehirn nur der Apparat ist, der, wie ein Fernsehgerät, die unglaublichen Energiewellen des Lebens, die aus dem Sender des kosmischen Geistes geschickt werden, in bewegliche Bilder und in Töne übersetzt. Ohne die Wellen würde das Instrument keine Aktivität an den Tag legen, es würde nicht denken und keine Töne von sich geben.

Zur selben Zeit würden ohne dieses Instrument die

Wellen, obwohl sie um uns herum aktiv sind, für keinen unserer fünf Sinne wahrzunehmen sein, und sie würden sich auch in keiner Form, die für unseres Geist erkennbar wäre, manifestieren. Wenn ein Körper stirbt, dann lebt der Funke des Lebens in seinem ursprünglichen Strahlen und in seiner ursprünglichen Form weiter. Nur der kaputte Apparat gibt jetzt keine Lebenszeichen mehr von sich.

Obwohl reine, nicht verkörperte Intelligenz das gesamte Universum durchdringt und sich sogar darüber hinaus erstreckt, obwohl sie uns überall und zu jedem Moment unseres irdischen Lebens umgibt, sind wir, aufgrund der Stumpfheit unserer Sinne, nie fähig, sie wahrzunehmen – es sei denn in ihrer verkörperten Form. Nie nehmen wir das Eigentliche in seiner unverkörperten Form wahr, sondern wir hegen nur die Vermutung, daß es existieren könnte, und zwar deshalb, weil wir äußere Anzeichen erkennen oder bestimmte Schlüsse ziehen.

Diese nicht faßbare, flüchtige und unbegreifliche Beschaffenheit des Lebens ist zugleich der unwiderlegbare Beweis dafür, daß wir es hier mit einer Substanz zu tun haben, die nicht irgendeiner der von unserem Geist erkennbaren Kategorien angehört. So müssen wir, bevor wir uns irgendein Urteil darüber erlauben, zuerst versuchen, die Kapazität unseres eigenen Geistes zu erweitern.

Welche Form das Bewußtsein im nicht-körperlichen Zustand annimmt, nachdem die Verbindung mit dem individuellen Gehirn unterbrochen ist, kann ein sich körperlich ausdrückender Geist nicht wissen. Dies ist der Punkt, wo einige der Beschreibungen, die sich in den religiösen Schriften oder den spirituellen Überlieferungen finden, die Zweifel nicht beschwichtigen können, die sich in einem kritischen Geist entwickeln. Können wir annehmen, daß unsere Fleisch gewordene Persönlichkeit unseren körperlichen Tod überlebt, und zwar mit all ihren Charaktereigenschaften und Besonderheiten, mit ihren Fehlern und kleinen Schwächen, oder mit den Verdiensten und Tugenden, durch die sie sich im Leben von anderen unterschieden hat?

Wir sollten diesen Punkt ein wenig weiter ausführen, um zu sehen, wie weit diese Annahme einer kritischen Überprüfung standhalten kann. Wenn wir uns einmal einen Säugling vorstellen, der bereits im Alter von wenigen Monaten stirbt, können wir dann annehmen, daß seine Persönlichkeit als Baby weiterlebt, selbst, nachdem es gestorben ist?

Und wie ist es mit einem Hundertjährigen, der, vom Alter gebeugt und von allerlei Krankheiten heimgesucht, zu dem Zeitpunkt, als er aus der Welt geht, vollkommen senil ist? Würde dieselbe altersschwache Persönlichkeit nach der Auflösung des eingeschrumpelten Körpers, den sie zuletzt bewohnt hat, ewig weiterleben? Was ist mit dem Blöden, dem Mongoloiden und anderen zurückgebliebenen oder in ihrer Entwicklung eingeschränkten Persönlichkeiten? Werden sie mit denselben Behinderungen im Jenseits weiterleben?

Was ist mit dem Schizophrenen, dem Manisch-depressiven, dem Neurotiker, dem Kriminellen, dem Drogenabhängigen oder dem Alkoholiker? Werden ihre abnormen Veranlagungen ihre Persönlichkeiten auch in der anderen Welt prägen? Wenn die Antwort auf diese Fragen negativ ausfällt, können wir uns dann ausmalen, welcher Teil unserer Persönlichkeit nach dem Tode weiterlebt und welcher Teil sich mit der Auflösung des Körpers ebenfalls auflöst?

Sollten wir zu dem Ergebnis kommen, daß es nicht möglich wäre, diese Frage wirklich genau zu beantworten, so bedeutet das, daß wir auf der menschlichen Ebene noch immer nicht in der Lage sind, das Problem des Überlebens auf dieselbe Weise zu lösen, wie wir die weltlichen Probleme des Lebens lösen.

Die, die an das Überleben der Seele glauben, sehen häufig das Bild ihrer Persönlichkeit in ihrem vollen Glanz und in der Kraft ihrer Jugend vor Augen und meinen, daß dies ihr ewiger Seinszustand im Leben nach dem Tode sei. Aber selbst, wenn dies als Möglichkeit akzeptiert werden würde, so kann sie doch nur für Leute gelten, die in der Blüte ihres Lebens sterben, im vollen Besitz all ihrer Kräfte. Für die anderen Gruppen, die ich bereits genannt habe, wäre diese Möglichkeit absurd. Was soll mit denen geschehen, die im hohen Alter sterben und damit meist in einem Zustand geistiger Schwäche und Senilität?

Wenn wir argumentieren, daß die Seele niemals die vollständige Unwissenheit des Kleinkindalters durchmacht und niemals den Zustand der Senilität, sondern daß sie in einem Zustand ewiger Jugendkraft weiter fortbesteht, dann stellt sich diese Frage: Was geschieht mit ihr im Laufe ihrer Verkörperung, daß ihr Glanz geschmälert und die Zeit ihrer vollen Kraft überschattet wird? Warum manifestiert sie sich als krähendes Baby, als plapperndes Kind, als verblödeter Idiot, als verhärteter Krimineller, als Mörder, Räuber, Wahnsinniger, als unsicheres Wrack ohne Urteilskraft und Verständnisvermögen am tristen Ende des Lebens?

Welche andere Antwort kann es auf dieses Problem geben, außer der, daß sich die Seele mit der wachsenden und wieder schwindenden Kapazität des Gehirns manifestiert? Und auch entsprechend ihrer Bildung oder Mißbildung, wie immer das im einzelnen der Fall sein mag?

Wenn man meint, Wachstum, Niedergang oder Mißbildung des Gehirns seien das Resultat von Karma, dann bedeutet das immer noch, daß sogar karmische Charakterzüge sich nur in dem organischen Rahmen, durch den sich das Leben auf diesem Planeten ausdrückt, manifestieren. Es bedeutet in anderen Worten, daß die Seele ihre irdische Form annimmt, geprägt durch die Rolle, die sie, durch das karmische Erbe der Vergangenheit, auf dieser Erde zu spielen bestimmt ist.

Die gegenwärtige Unsicherheit, was die eigentliche Beschaffenheit des Bewußtseins sei, ist ein Anzeichen für eine einseitige Evolution des menschlichen Geistes. Der Grund dafür ist nicht schwer zu finden. Die Konzentration der Wissenschaftler des achtzehnten und neunzehnten Jahrhunderts auf rein physikalische Phänomene und die agnostische oder skeptische Einstellung vieler begabter Intellektueller in dieser fruchtbaren Periode drängten Geist und Bewußtsein in den Hintergrund. Materieller Fortschritt nahm alle Aufmerksamkeit gefangen und schaffte auf der spirituellen Seite ein Vakuum, das nicht gefüllt worden ist. Erst jetzt wird dem Studium des Bewußtseins ein wenig Aufmerksamkeit gewidmet. Aber die tiefe Kluft zwischen der physischen und spirituellen Seite des Menschen besteht weiter fort.

Ich frage mich, ob überhaupt irgendein Gelehrter ahnt, daß die Menschheit auf eine Katastrophe zusteuert, weil einige ihrer begabtesten Köpfe in den letzten zweihundert Jahren nicht richtig einschätzten, welche der beiden Seiten unserer Persönlichkeit den größeren Teil unserer Aufmerksamkeit verdient. Die eine ist Materie, die den Bedürfnissen unseres vergänglichen Fleisches dient, und die andere ist Geist, die Quelle unseres Seins, die magische Qualität oder Substanz, durch die allein wir uns und das Universum um uns herum erfahren und kennenlernen können.

Die Natur richtet sich unerbittlich nach ihrem Zeitplan und nach ihren Programmen. Die Sonne und der Mond gehen genau in dem dafür vorgesehenen Moment auf oder unter. Die Jahreszeiten kommen und gehen zu den ihnen angemessenen Zeiten. Das gesamte, anorganische wie organische Universum gehorcht dem Rhythmus der Zeit. Ein gesundes Kind wächst, krabbelt, steht aufrecht, macht seine ersten Schritte, formt Laute, geht und spricht zu der entsprechenden Zeit seines Lebens. Kindheit, die Zeit des Heranwachsens, Jugend, die Zeit der höchsten Entfaltung, die Zeit des reifen Alters und das Greisenalter folgen so richtig aufeinander wie die Morgendämmerung, der Sonnenaufgang, der Vormittag, der Mittag, der Nachmittag, der Sonnenuntergang, der Abend und die Nacht.

Welcher schwere Denkfehler hat uns annehmen lassen, daß die Evolution des menschlichen Bewußtseins nicht an die Zeit gebunden sein könnte und daß es nur unsere Anstrengungen sind, die uns zur gegenwärtigen Höhe unseres Intellekts hinaufgebracht haben. Was würde geschehen, wenn wir ein heranwachsendes Kleinkind in seinen Versuchen, seine ersten Schritte zu machen, ermutigten und es zur selben Zeit in seinen ersten Anstrengungen, sprechen zu lernen, entmutigen würden? Eine schwere Behinderung, die zu einem späteren Zeitpunkt kaum überwunden werden könnte, wäre die Folge.

Dies genau geschah mit der Evolution des Bewußtseins, vor allem in den weiter entwickelten Staaten. Die häufig heftigen Angriffe gegen die religiösen Vorstellungen der Seele, gegen die Idee von der Unsterblichkeit, gegen Gott und Jenseits, und zwar von einigen der fähigsten Intellektuellen der jüngsten Zeit, und die an den Universitäten verbreitete Skepsis, durch die das Interesse am Spirituellen und am Paranormalen herabgewürdigt wird, mußten zwangsläufig zu dem gegenwärtigen Ungleichgewicht in der Entwicklung des Geistes führen.

Die Ablehnung religiöser Ideen, die die Menscheit bereits seit alten Zeiten gehegt hat, und zwar fast als ein instinktives Erbe, ohne irgendein gründliches Studium oder eine gründliche Erforschung, war immer einer der irrationalsten Aspekte in der kulturellen Geschichte des Menschengeschlechts.

Warum die sogenannten rationalistischen und positivistischen Kampagnen so lautstark begonnen haben, während die Geheimnisse des Gehirns noch immer nicht gelüftet sind und die Beschaffenheit des Bewußtseins ein nie gelöstes Rätsel bleibt – das ist auch ein Geheimnis. Welcher unbewußte Zwang hat es bewirkt, daß Gelehrte ihre Existenz auf ein bloßes Aufschäumen von Schlamm und Schleim reduzieren? Dieser Zwang ist in vielen akademischen Zirkeln immer noch vorhanden, und die, die ihm unterliegen, nehmen jede Anstrengung auf sich, die Welt davon zu überzeugen, daß die Menschen nichts anderes seien als fermentierte Erde, die zufällig und durch eine seltsame Alchemie eine Zeitlang zur Bewußtheit hochgerührt wird und wieder in den Zustand des Erdreiches zurückfällt, wenn das Ferment nicht mehr wirkt.

Diese unheilige Hast, über so wichtige Themen ein Urteil zu fällen, indem man den Enthusiasmus für die seelenerhebenden Erfahrungen der Religion dämpft, hat, zu einem kritischen Zeitpunkt in der Geschichte, die spirituelle Evolution sehr ernsthaft beeinträchtigt. Die materialistische Voreingenommenheit in der kommunistischen Ideologie und das Fortbestehen eines irrationalen Dogmas sind die direkten Ergebnisse des geistigen Chaos und der Ratlosigkeit angesichts der wirklichen Beschaffenheit spiritueller Erfahrung.

Die beiden am meisten entwickelten Nationen der Erde, jeweils Riesen im Bereich der Technologie und der intellektuellen Entwicklung, stehen einander für einen möglichen Vernichtungskrieg gegenüber, weil die spirituelle Statur der führenden Geister auf jeder Seite nicht mit dem Wachstum ihres Intellekts Schritt gehalten hat. Dieses Ungleichgewicht ist die Wurzel der gegenwärtigen Krise, und der unerbittlichen Natur muß ein Weg geebnet werden, damit sie diese Unausgewogenheit korrigieren kann, der zukünftigen Gesundheit und Sicherheit der Menschen zuliebe. Es ist paradox: Die führenden Geister, wahrhafte Riesen des Intellekts auf der einen Seite, verhalten sich auf der anderen Seite wie Kinder und messen solchen Spielereien wie Macht, Reichtum, Amt oder öffentlicher Anerkennung mehr Bedeutung bei als den Prinzipien der Wahrheit, der Gerechtigkeit und der Harmonie. Die Menschheit befindet sich am Rande des Abgrunds, weil es den Geistern an ihrer Spitze an spiritueller Einsicht fehlt, ihren Intellekt in der richtigen Weise zu nutzen.

Das Universum lebt in uns

Die Antwort auf die Frage nach einem Leben nach dem Tode ist jenseits dessen, was die Wissenschaft im Augenblick leisten kann. Die Menschheit wird noch Jahrhunderte brauchen, um das Rätsel von Leben und Tod zu lösen. Die Erforschung dieses (gegenwärtig) unergründlichen Geheimnisses wird in den zukünftigen Epochen der mächtigste Anstoß für einen Fortschritt des Wissens um den Geist sein.

Die Furcht vor dem Tode ist der Ansporn, der die zivilisierte Menschheit dahin führen wird, eine Antwort auf das Rätsel der Existenz zu finden, wenn erst einmal der Lärm, der von dem technischen Fortschritt ausgeht, verklungen sein wird. Der Mensch ist nicht geboren worden, um all seine intellektuellen und materiellen Ressourcen für den Bau von Pyramiden oder der Großen Mauer von China einzusetzen, so, wie dies in der antiken Welt geschah, oder dafür, zerstörerischste Waffen zu entwickeln oder kolossale Summen dafür zu verwenden, weit entfernte Planeten zu erforschen, während Millionen an Unterernährung sterben, sondern: um seine Kräfte darauf zu konzentrieren, eine Lösung für das Problem seiner eigenen Existenz zu finden.

Selten denken wir über die schwer zu fassende Beschaffenheit unserer eigenen Wahrnehmung nach. Die Bedeutung rein empirischer Studien der materiellen Seite der Natur wurde hochgespielt, der Wert des Bewußtseins dadurch aber herabgesetzt. Selten nehmen wir irgendeine Anstrengung auf uns, den allgemein verbreiteten Irrtum zu korrigieren, daß nicht wir es sind, die in einem Universum von gigantischen Ausmaßen leben, sondern daß das Universum in uns lebt.

Was auch immer wir über den Kosmos wissen, was auch immer wir sehen, hören, berühren, riechen oder schmecken, tritt in unseren Wahrnehmungsbereich aufgrund einer Eigenschaft unseres Geistes ein, über die wir kaum irgend etwas wissen.

Was immer auch die Wirklichkeit im Hintergrund des objektiven Universums sein mag, wir wissen darüber nur aufgrund der Bilder, wie sie sich unseren Sinnen darbieten und wie sie von unserem Geist interpretiert werden. Die Entfernungen zwischen den Sternen, die unglaublichen Dimensionen des Weltraums, die weit entfernten Milchstraßen und Nebel, die Sonnen, Monde und Planeten, die schwarzen Löcher, roten Giganten und weißen Zwerge – was immer wir auch über das Universum wissen oder was wir davon sehen, angefangen mit den subatomaren Energiefeldern bis hin zu den ungeheuren Spiralen aus Licht, mit all ihrer Vielfalt von Farbe, Geschwindigkeit, Form und Größe – all das ist eine Schöpfung unseres eigenen Geistes.

Können wir uns vorstellen, wie uns die Welt erschiene, wenn es keinen Geist gäbe, sie zu beobachten? Wir können es nicht. Wenn wir sagen, daß nur undefinierbare Energiesysteme oder irgendeine Art von Leere oder eine namenlose Realität übrigbliebe, dann benutzen wir wiederum unseren Geist, um die Antwort bereitzustellen oder das Bild des nicht zu wissenden »Etwas« zu zeichnen, das dann übrig bliebe.

Mit anderen Worten: Wir können nichts über das Universum wissen, und wir können keine Schlüsse oder Folgerungen ziehen, wir können keine Religion oder Philosophie oder physikalische Wissenschaft, keine Chemie, Astronomie, Medizin und so weiter aufbauen – außer mit Hilfe unseres Geistes. Unser Bewußtsein ist die Quelle all unserer Studien, unserer Beobachtungen, Entdeckungen, unserer Forschung und all unserer Ideen und Konzepte. Unser Gefühl für Gut und Böse, unser Glauben oder Unglauben, alles, was wir denken oder uns vorstellen, was wir ersehnen oder uns erträumen – kurz, alles, was das menschliche Leben und das Universum, in dem wir von einem Tag zum anderen leben, ausmacht, verdanken wir unserem Bewußtsein.

Dies dann ist das Wunder der scheinbar verletzlichen, unsichtbaren, unberührbaren, flüchtigen, nicht meßbaren Substanz, die wir »Geist« nennen. Nur sehr selten wundern wir uns über dieses außerordentliche Element der Schöpfung, da uns niemals beigebracht wurde, es mit staunenden Augen zu betrachten. Wir sind erstaunt über das Bild des Universums, wie es von der Astronomie entwickelt wird, und wir sind verdutzt über die Vielfalt und Komplexität des mikroskopischen Lebens. Aber zeigen wir irgendwelches Erstaunen über den rätselhaften Spiegel, der dieses Studium möglich macht? Sind wir jemals über dieses unauslotbare »Etwas« erstaunt – über unser eigenes Bewußtsein, in dem das ganze Universum mit all seinen Elementen und Kräften, mit all den Ausblicken und Landschaften und allem Wissen, das wir haben, enthalten ist?

Machen wir uns jemals die Mühe, die wirkliche Beschaffenheit dieses magischen Wissenden kennenzulernen, der von außen eine zahllose Menge von Eindrücken empfängt und sie als »das Universum« reflektiert, in dem wir leben und in dem wir sind? Sogar die Vorstellung, daß diese Eindrücke von außen kommen, ist wiederum eine Konstruktion unseres Geistes. Wir sind nicht verwundert über dieses Rätsel, denn wir sind uns nicht bewußt, daß ein »Tropfen« aus dem unbegrenzten Ozean der Intelligenz die Quelle aller Wunder im Universum ist. Dies ist das unvorstellbare Wunder der Seele.

Wir kennen nicht die wunderbare Beschaffenheit unserer Seele, da es uns normalerweise nicht möglich ist, auch nur einen winzigen Blick auf den Glanz und auf die erhabene Natur des Bewußtseins zu werfen. Ein mächtiger König, der im Schlaf davon träumt, arm und obdachlos zu sein und der über diese Lebenssituation sehr bekümmert ist, ist sich im Traum der eigentlichen Rolle, die er im Leben spielt, nicht bewußt. In dem Moment, wo er aufwacht, ist der Traum vorbei.

Auf dieselbe Weise schafft unser Bewußtsein, das im Gehirn zu lokalisieren ist, die Persönlichkeit, die auf der Bühne des Lebens agiert, die wütet und schreit, majestätisch geht und tanzt, weint und heult, lächelt und lacht, als kleines Menschenkind, das neben Millionen anderer Menschen, die ihm ganz ähnlich sind, kämpft und schwer arbeitet. Aber wenn wir es einmal seiner irdischen Roben berauben, dann nimmt dasselbe zerbrechliche, jämmerliche Wesen in erleuchteten Bewußtseinszuständen kosmische Dimensionen an, es erstaunt mit seinen glänzenden Fähigkeiten und macht den Beobachter vor Verwunderung und Ehrfurcht sprachlos angesichts der unvergleichlichen Majestät, die es enthüllt.

Die Größe des Rätsels

Wer eine mechanistische Interpretation des Lebens vorschlägt, wer versucht, den Prozeß, der sich im Gehirn abspielt, zu erklären, um dadurch das Bewußtsein zu erklären, handelt genauso wie ein Träumer, der versucht, die verschiedenen Begebenheiten des Traums zu erklären, während er doch immer noch schläft. In einfacher Sprache ausgedrückt versucht er das Problem des Geistes zu lösen, indem er den Mechanismus des Gehirns erklärt, oder, in anderen Worten, eines Organs, das schon an sich Produkt eben dieses Geistes ist. Der Konflikt der Auffassungen über das Gehirn, die Seele und das Leben nach dem Tode sind nichts anderes als ein Ferment des Geistes selbst. Alle diese Vorstellungen und die Logik, sie zu beweisen oder als falsch darzustellen, haben außerhalb des Bewußtseins keine Existenz. Die Spekulationen und die Polemik, die dadurch hervorgerufen werden, werden dann aufhören, wenn auch die Intelligenz verschwindet.

Diejenigen, die all ihre Kräfte darauf verwenden, zu beweisen, daß der Geist mit dem Gehirn beginnt und aufhört, bauen nur Luftschlösser. Denn wer könnte die Wahrhaftigkeit dieser Annahme beweisen oder auch widerlegen, als wiederum nur der Geist selbst?

Für den Materialisten ist der Geist nichts anderes als die biochemische Aktivität des Gehirns. Aber niemand aus dieser Schule des Denkens war je in der Lage, dieses Produkt zu definieren, es zu isolieren, seine Zusammensetzung zu analysieren oder seine Beschaffenheit zu beschreiben. Es bleibt ein Rätsel. Die, die dem Geist eine unabhängige Existenz absprechen, sind sich selten bewußt, in welch paradoxe Lage sie sich bringen. Ihr Versuch, zu beweisen, daß der Geist ein flüchtiges und nicht faßbares Produkt sei, muß notwendigerweise scheitern, denn bis jetzt hat es im Bereich der Bewußtseinsforschung keine Fortschritte gegeben.

Sogar nach zwei Jahrhunderten einer materialistischen Einstellung zum Phänomen des Lebens konnte die Wissenschaft doch nicht den instinktiven Glauben an eine unsterbliche Seele und an das Leben nach dem Tode aus den Herzen der Menschen verbannen. Und jetzt reagieren die meisten Menschen sehr aggressiv auf diese beschränkte Sichtweise. Das Wiederauftauchen des tief verwurzelten Dranges nach spiritueller Erfahrung – und zwar trotz der Skepsis an den Universitäten – ist der Beweis dafür, wie die Natur zurückschlägt.

Die Rückkehr Millionen intelligenter Männer und Frauen zum religiösen Fundamentalismus, die dann die herzerwärmenden, wenn auch naiven Erklärungen der Schöpfung in den religiösen Schriften akzeptieren, ist den weitschweifigen, wenn auch unfruchtbaren Theorien der Wissenschaft vorzuziehen, und dieser religiöse Fundamentalismus ist für den, der jeglichen Glauben ablehnt, ein Schlag ins Gesicht.

Wenn der Geist im Kosmos keinen rechtmäßigen eigenen Platz hat und wenn er nur ein Nebenprodukt der biochemischen Gehirntätigkeit sein soll, welchen Sinn soll es dann haben, sich nach den Urteilen dieses Geistes zu richten und sie in unserer endgültigen Einschätzung des Universums für wahr zu halten? Wenn die Quelle unseres Wissens schon an sich ein flüchtiges Nebenprodukt ist, das in seiner Existenz von einer bestimmten Kombination lebloser und geistloser Atome oder von den Molekülen der Materie abhängt, wie können wir ihr dann die Autorität verleihen, ein endgültiges Urteil zu fällen über die Frage, was in dieser Schöpfung real oder nicht real sein mag?

Wenn wir unser Urteil fällen, dann sollten wir nicht vergessen, daß es der Geist selber war, der die Debatte ausgelöst hatte. *Er* sammelt die Argumente, *er* schafft die Gegenargumente, die vom Gegner gebracht werden, und die Beweise, die diese beiden anführen. *Er* ist der Richter, der das Urteil fällt, und *er* ist das gefällte Urteil zugleich.

Der Geist ist auch der Skeptiker, der die Idee vom ewigen Leben zurückweist, und er ist der Gläubige, der diese Idee akzeptiert. Verglichen mit der Unendlichkeit der Seele erscheint die gesamte Argumentation so, als würde man Linien auf das Wasser malen, die schon in dem Moment, wo man sie malt, verschwinden. Alle unsere Ideen und Konzepte, unsere Meinungen und unser Glaube, unsere Theorien und Doktrinen ebenso wie unsere Hoffnungen und Befürchtungen kommen aus dem Geist und schlagen sich auch dort nieder. Wenn der Geist nicht ewig lebt, können wir dann irgendeine andere ewig lebende Substanz ausmachen? Wenn wir von Materie sprechen, so entsteht dieser Begriff wiederum im Geist, denn wo sollte Materie ohne den Geist zu finden sein?

Bis zum heutigen Tag haben wir das Rätsel des Bewußtseins nicht begreifen können. Es ist ein Mysterium, das so tief ist, daß die menschliche Intelligenz nicht in der Lage sein wird, es in den kommenden zehntausend

Jahren zu lösen. In der mystischen Vorstellung wird der Geist als ein Ozean ohne Ufer betrachtet, aus dem das Universum entsteht, so wie eine dicke Schicht von Schaum auf der Oberfläche einer unendlichen Tiefe. Wenn wir die fühlbare Welt um uns herum als real betrachten, was sie im Grunde genommen nicht ist, dann sind wir vollkommen verwirrt. Sowohl das Universum als auch unser beobachtender Geist sind die Schöpfung einer allmächtigen Intelligenz, die für uns ebenso unvorstellbar ist, wie es für eine einzelne Ameise möglich wäre, sich die Gesamtsumme des Geistes aller Menschen vorzustellen.

Wir haben, als wir den körperlichen Bedürfnissen des Menschen im Vergleich zu seinen spirituellen Bedürfnissen eine so überragende Bedeutung beimaßen, einen Fehler gemacht. Es war unser Ziel, die Menschheit mit jeder Art von Komfort auszustatten, mit jeder Erleichterung und mit jedem nur erdenklichen Luxus, die Seele aber ließen wir dabei im Stich. Dieses Bemühen hat sich bis zum heutigen Tage fortgesetzt. Dazu im Gegensatz sieht der Plan der Natur vor, das Gehirn zu entwickeln, um den Geist zu veredeln und für die Menschen einen noch über die Sinne hinausreichenden Kanal der Wahrnehmung zu entwickeln. Da die beiden Ziele sich widersprechen, wird die jetzige Ordnung durch eine Katastrophe bedroht, die den Weg blockiert, den die Natur für den Menschen vorgesehen hat: sich dem wohlwollenden Plan der Schöpfung entsprechend zu entwickeln.

Eine Welt des Rätsels

Für den Materialisten ist die Energie, die ein Atom ausmacht, ewigwährend und unzerstörbar. Aber Bewußtsein, das genau dieses Atom wahrnimmt, seine Bestandteile erforscht und ihm ewiges Leben verleiht, ist für ihn vergänglich und flüchtig. Dabei sind selbst die

Begriffe »ewigwährend« und »real« nur Formulierungen des Geistes. Wie konnte er diese Begriffe prägen, wenn er nicht wußte, was sie bedeuten? Und wie konnte überhaupt dieses Wissen entstehen, wenn es nicht darin etwas gab, was sich aus beiden Bereichen nährte?

Im allgemeinen übergehen die agnostischen oder materialistischen Autoren der jüngsten Zeit jede Diskussion über die paranormalen Fähigkeiten des Geistes. Entweder ignorieren sie diesen wichtigen Bereich ganz, oder sie weisen das Phänomen als Resultat fehlerhafter Beobachtung – etwa im Labor – von der Hand, oder aber sie führen es auf Betrug zurück. Daß viele hervorragende Männer der Wissenschaft diese Phänomene sehr genau beobachtet und ihre Authentizität bezeugt haben, fällt für sie überhaupt nicht ins Gewicht.

Daß ein großer Prozentsatz der Wissenschaftler, man sagt über fünfzig Prozent, jetzt an die Möglichkeit einer geistigen Quelle der Erscheinungen glaubt, das hat für sie keine Bedeutung. Sie bleiben bei ihrer Meinung, ohne daß sie anerkennen, daß der Geist als Phänomen noch immer mit für diese Forschungsarbeit angemessenen Mitteln studiert werden muß. Sie wissen, daß das Wissen um das Gehirn immer noch außerordentlich beschränkt ist. Sie wissen, daß sie keine Ahnung haben, welche Art von Energie die Aktivität der Gedanken nährt oder wie diese Energie produziert wird und welches die eigentliche Beziehung zwischen Gehirn und Geist ist.

Aber dieser Mangel an grundlegendem Wissen hält sie nicht davon ab, dogmatische Ansichten zu äußern, in derselben Art und Weise, wie das Fehlen angemessener Instrumente die Sterngucker der Vergangenheit nicht daran gehindert hat, phantastische Geschichten über das Firmament zu erfinden, die uns heute noch zum Lachen reizen. Wenn nur ein Bruchstück der massenhaften Beweise zu dem Phänomen übersinnlicher Wahrnehmung, die während des letzten Jahrhunderts gesammelt worden sind, als wahr akzeptiert wird, dann würde dies ausreichen, um eine gänzliche Revision der Ansichten zu erzwingen, die über Geist und Bewußtsein bestehen.

Der Grund, warum viele Wissenschaftler, die von der Realität psychischer Phänomene überzeugt sind, zögern, den Sprung zu machen und die Mauer des Schweigens anzuklagen oder den Unglauben, der dem Erfolg dieser Experimente entgegengebracht wird, liegt darin, daß der gähnende Abgrund, der sich dann auftun würde, wenn diese Position akzeptiert würde, einfach zu erschreckend ist, als daß man darüber nachdenken wollte. In dem Fall nämlich würde das gesamte gegenwärtige Nachdenken über den Kosmos, über Zeit, Raum und Kausalität, über den Geist und über die Materie bis in seine Grundfesten erschüttert, weil man hinter der Welt der Erscheinungen auf eine Realität stoßen würde, die so unglaublich ist, daß es vollkommen jenseits unserer Fähigkeiten liegt, sie zu erfassen.

So seltsam dies auch erscheinen mag: Diese Realität kommt der visionären Erfahrung des Mystikers näher als dem Bild des Kosmos, das von der materialistischen Wissenschaft gezeichnet wurde. Dies ist es, was einige weitsichtigere Wissenschaftler jetzt gegenüber ihren konservativeren Zeitgenossen ausführen, wenn sie versuchen, den Würgegriff der orthodoxen Lehre zu lockern. Das bemerkenswerte Charakteristikum psychischer Phänomene ist, daß dabei die Gesetze der Zeit, des Raums und der Kausalität fast gar keine Rolle spielen und daß sie in dieser Hinsicht der Existenzform ähneln, die wir in unseren Träumen durchleben. Dies heißt, daß in einem entspannten Zustand der Bewußtheit und wenn wir dem Druck sinnlicher Eindrücke nicht mehr ausgesetzt sind, die Ketten von Zeit, Raum und Kausalität wegschmelzen oder auch lockerer werden und daß sich dann vollkommen andere Erfahrungsbereiche auftun als die, die zu der Welt gehören, die sich uns durch die Sinne und den Geist erschließt.

Da der Traumzustand für uns genauso natürlich ist

wie der Wachzustand, ist es offensichtlich, daß die kausale Welt um uns herum das Ergebnis von Sinneseindrücken ist und daß, wenn diese Eindrücke fehlen, unsere Wahrnehmung Einblick gewinnt in eigene Welten und in eigene Erfahrungen, frei von den unnachgiebigen Ketten der Zeit und des Raums.

Es gibt keinen Grund, warum eigentlich Träume ein untrennbarer Teil nur unserer Nachtexistenz sind. Gibt es irgendeinen Wissenschaftler, der in der Lage gewesen wäre zu erklären, warum es überhaupt Träume gibt? Sie sind uns ein unwiderlegbarer Beweis dafür, daß Bewußtsein auch im Traumzustand fortbesteht und sogar im traumlosen Schlaf, denn wenn Menschen ganz plötzlich aus einem tiefen Schlaf geweckt werden, dann wachen sie häufig mit einer kurzen Erinnerung an das letzte Traumfragment auf, das sie gerade gehabt haben.

Wenn der Geist ein Produkt des Gehirns wäre, dann würde in dem Moment, wo der Körper in einen Zustand der Ruhe fällt und wo der sinnliche Kontakt mit der Welt verlorengegangen ist, die Bewußtheit ausgeschaltet sein. Aber es ist weder das Gehirn noch der Körper, sondern vielmehr der Geist, der die Zügel des Organismus in der Hand hält und der seine Bewegungen, sowohl die vorsätzlichen als auch die autonomen, von Anfang bis zu Ende dirigiert.

In Träumen, im Bereich der außersinnlichen Wahrnehmung, in der Telepathie, beim Hellsehen, dem Vorauswissen und so weiter, bei der Psychokinese, im Bereich der Erscheinungen und bei allem anderen, bei der mystischen Erfahrung, bei den Inspirationen von Künstlern und Poeten, in der Verhaltensweise von genial begabten Menschen und bei Wunderkindern hat uns die Natur so reichlich mit ungewöhnlichen oder unheimlichen Manifestationen des Geistes beschenkt, daß bis zum heutigen Tag kein Wissenschaftler in der Lage gewesen wäre, hierfür eine Erklärung zu finden.

Durch die Trennung des »Beobachteten« vom »Beobachter« versucht die Wissenschaft vergeblich, nur eine einzige anstatt vieler Erklärungen für das Phänomen der Existenz zu finden. Wir könnten argumentieren, daß nur in einem normalen Wachzustand eine klare und zusammenhängende Beobachtung der Welt möglich ist und daß der Traum, die Trance und die mystischen Zustände so unzuverlässig, unrealistisch, unzusammenhängend und verschiedenartig sind, daß es Unsinn wäre, sich zugunsten eines Studiums oder eines allgemeinen Verständnisses der Welt auf sie zu verlassen.

Wir könnten auch argumentieren, daß unsere eigene Erfahrung und unser Überblick über den Kosmos außerordentlich beschränkt sind, daß die Erde bereits Billionen von Jahren vor unserer Ankunft existierte, daß sie zahllose Formen des Lebens hervorgebracht hat, eine nach der anderen, und daß dies noch viele Millionen Jahre, nachdem wir nicht mehr sein werden, so sein wird. Und daß es zahllose andere Welten gibt, andere Sonnen und andere Planeten mit möglicherweise ähnlichen oder anderen Formen des Lebens und des Geistes, deren Gewohnheiten, Ideen oder Philosophien von den unseren radikal verschieden sein können.

Die Welt hat existiert und hat sich weiterentwickelt, als wir noch Kleinkinder waren und uns kaum irgend etwas bewußt war; sie dreht sich weiter, wenn wir schlafen oder wenn wir in Ohnmacht gefallen sind oder unter dem Einfluß von Schlafmitteln stehen, und sie beweist damit, daß sie unabhängig existieren kann und dies auch tut, sogar, wenn wir selbst sie nicht wahrnehmen. Berichte aus der Vergangenheit, Forschungen, die mit den wissenschaftlichen Instrumenten unserer Zeit gemacht worden sind, und die Geräte und das kulturelle Erbe, die uns unsere Vorfahren während der vergangenen zehntausend Jahre überliefert haben, beiweisen ohne jeden Zweifel, daß der Homo sapiens und andere Formen des Lebens vor uns geboren wurden, vor uns lebten und starben und daß sie keine Spur der Seele oder Empfindung, die in ihnen lebendig waren, zurückließen.

All dies ist wahr, und wir können nicht bezweifeln, daß das Universum bereits vor uns bestand, daß es auch heute in riesigen Dimensionen, die wir niemals zu überschreiten hoffen können, existiert und daß es weiterhin während unmeßbar langer Zeiträume bestehen wird, dann, wenn wir als Menschen überhaupt nicht mehr da sein werden. Aber zu gleicher Zeit ist all dies nichts anderes als das Spiel des Bewußtseins. Es sind unsere Wahrnehmungsfähigkeit und unser Geist, die die Vergangenheit bis in weit entfernte Epochen zurückverfolgen; es ist Bewußtheit, die das kulturelle Erbe der Vergangenheit zurückgelassen hat, und es sind wiederum unsere Wahrnehmungsfähigkeit und unser Geist, die sich von der Zukunft ein Bild machen, um die Fortdauer des Universums aufgrund der Erfahrungen der Vergangenheit vorherzusagen.

Gibt es irgendwelche Beweise dafür, daß die Vergangenheit, die Gegenwart oder die Zukunft ohne den Geist existieren können? Es ist der Geist in unseren Vorfahren, in uns und in unseren Nachfahren, der dem Universum zur Existenz verhalf, der dies jetzt tut und es auch in Zukunft tun wird. Unweigerlich kommt die Wissenschaft zu dem Schluß, daß die beobachteten Phänomene der physikalischen Welt nicht vom Beobachter getrennt werden können.

Da gefühllose Materie keine Bewußtheit ihrer selbst hat, müssen wir nach einer anderen Realität, die sowohl als der »Beobachter« als auch als das »Beobachtete« auftritt, suchen. Da die Materie nicht in der Lage ist, diese Doppelrolle zu spielen, bleibt uns nur das »Bewußtsein« als die eigentliche »Realität«, nach der wir suchen. Deshalb ist die Schlußfolgerung klar, daß das Universum nichts anderes ist als Bewußtsein, geteilt in den »Wissenden« und das »Gewußte« oder den »Beobachter« und das »Beobachtete«.

Wie sich dieses Wunder vollzieht, wie der eine zu den vielen wird, wie der Tropfen unseres individuellen Seins vom Ozean getrennt wird, wie er dann als anfälliger, schwacher und vergänglicher Mensch auf dieser Erde lebt, das ist das große Geheimnis, das der Mensch zu lösen geboren wurde. Wir leben nicht in einer Welt von Zeit, Raum und Kausalität außerhalb unserer selbst, sondern in einer Welt des »Mysteriums«, und wir sind sehr verwirrt über die zauberhafte Schöpfung der »Maya«, des »Undurchschaubaren«, wie es die indischen Weisen schon vor so langer Zeit beschrieben haben.

Reines Bewußtsein als eigentliche Realität

Wie kann das Bewußtsein, als Grundsubstanz des Universums, jemals zu sein aufhören oder auch sterben? Um eine entfernte Analogie zu benutzen: Wir können es uns als einen unbegrenzten Ozean vorstellen, der der Leere des Raums ähnelt und in dem riesige, kugelförmige Eisberge treiben.

Das Wasser des Ozeans ist für unsere Sinne nicht wahrnehmbar, aber die gigantischen Eisberge als transformierte Form des Wassers können wir erkennen. Die fließende Masse von nicht wahrnehmbarem Wasser, die Bewußtsein ist und die den gesamten Raum und das Jenseits durchdringt, ist Instinkt mit einem unbegrenzten Potential an kreativer Energie, so unvorstellbar machtvoll, daß die ganze Vielfalt von Billionen von Sonnen im Universum mit ihren verblüffenden Ausmaßen, ihren glühendheißen Temperaturen und der unvorstellbaren Menge an Licht und Hitze, die sie in jedem Augenblick in den Raum hinausschleudern, nur einen kleinen Bruchteil der Kraft darstellt. Wenn wir dies mit unseren Sinnen beobachten, dann sehen wir die Eisgebilde – das heißt, das Universum – überall, aber wenn wir dies von innen, im Zustand der *samadhi*, betrachten, dann verschwinden die Gebilde, und wir nehmen auf jeder Seite Wasser in seinem Urzustand wahr.

Dies ist die einzige Schöpfungstheorie, die wir uns vorstellen können und die mit den jüngsten Trends in der physikalischen Welt und der wachsenden Überzeugungskraft, die das Studium der außersinnlichen Wahrnehmung für uns gewinnt, übereinstimmt. Sie stimmt auch mit dem Szenario überein, das das Leben uns selbst präsentiert, mit den Phänomenen der Religion, den Wundern und dem Geistheilungen, mit den Regeln der Logik und, vor allem, mit der Einheit, die für uns in mystischer Erfahrung erkennbar wird – die unglaubliche Vision von dem Einem in Allem und dem Allen in Einem. Diese wunderbare Erfahrung, die in der Vergangenheit immer wiederholt wurde, ließ jeden, der sie gemacht hatte, vollkommen benommen und ehrfürchtig über so viel Glanz und Erhabenheit zurück.

Im normalen Wahrnehmungszustand erblickt die Seele, die durch den Schleier der Sinne hindurchblickt, das Universum des transformierten Bewußtseins in Form von Erde und Himmel, mit allen Sternen, Planeten und Monden, die trotz unserer Anstrengungen, ihre Unendlichkeit zu messen oder ihr Geheimnis zu ergründen, uns nicht begreifbar sind. Aber wenn sich die Seele dasselbe Schauspiel über ihre eigene Wahrnehmungskraft direkt anschaut und nicht von den Sinnen eingeschränkt wird, dann schmelzen und verschwinden die harten Begrenzungen und enthüllen das reine Bewußtsein als die souveräne Realität hinter der Vielfalt des von den Sinnen geschaffenen Universums.

Dies ist die Crux der Vedanta- und Shiva-Philosophien ebenso wie der Shakti-Doktrinen Indiens. Das Konzept basiert auf der Veränderung im Weltbild, so wie es in *turiya* erfahren wird, dem transzendentalen Zustand, der als die Krönung des Yoga und anderer geistiger Übungen erfahren wird und der darauf abgestimmt ist, die Fähigkeit der Seele, sich selbst wahrzunehmen, zu erhöhen.

Obwohl ich immer wieder das Gehirn als das Instrument bezeichnet habe, durch das sich der Geist auf der Erde manifestiert, widerlegt dies doch in keiner Weise die Auffassung, daß der Geist die Realität ist, die hinter dem Universum steht. Der normale Geist ist nicht in der Lage, den Schleier der Sinne oder der Zeit und der Entfernung zu durchstoßen – und zwar aufgrund der Beschränkungen durch die Struktur des Organs, durch das es sich manifestiert. Die Natur hat bereits Wege für ein riesiges Wachstum der Kräfte der Selbstwahrnehmung geschaffen. Jemand, der begierig danach sucht, kann auf diesen Wegen die Bewußtheit seines eigenen Selbst erlangen. Der Geist gewinnt dann die Fähigkeit, bei dem Versuch, sein Mysterium zu enthüllen, bis in seine normalerweise unzugänglichen Schichten einzudringen.

Es ist offensichtlich, daß der einzige Kanal, durch den der Geist erfahren und erkundet werden kann, der Geist selbst ist, da er für keinen unserer Sinne wahrnehmbar ist und vom Intellekt ebenfalls nicht erfaßt werden kann. Genau dies versucht man durch Meditation oder andere Formen spiritueller Disziplin zu erreichen. Wenn diese Kraft der direkten Beobachtung des Geistes erlangt wird, und zwar auf dem Wege über eine neu hervorgebrachte Aktivität des Gehirns, dann eröffnen sich eine neue Welt des Seins und eine neue Sicht des Universums.

Die Welt ist in völliger Verwirrung, und sie ist von Katastrophen bedroht, da wir dazu gebracht worden sind zu glauben, daß die Unsterblichkeit der Seele und die Vorstellung von einem Leben nach dem Tode reine Mythen seien, die in der Realität keine Substanz haben. Tatsächlich ist genau das Gegenteil der Fall. Die Welt, die wir wahrnehmen, ist die Schöpfung unserer Sinne, während der Beobachter oder die Seele in uns nur ein winziger Bruchteil der ewigen Realität darstellt, die, in verkleideter Form, das Universum ist.

Wenn wir behaupten, der Kosmos sei das Werk einer ozeanischen Intelligenz mit einer unbegrenzten Schöpfungskraft, dann gibt es keinen Konflikt mit den augenblicklich geläufigen Vorstellungen der Wissenschaft über die Beschaffenheit des physikalischen Universums. Schöpferische Intelligenz ist, da sie keine anderen Attribute besitzt, für unsere Sinne nicht wahrnehmbar, aber die Kraft, die sich in erkennbarer Form als das Universum manifestiert, wird als solche von unseren Sinnen wahrgenommen.

Das Universum muß als unbegrenztes Bewußtsein gesehen werden, nicht den Bedingungen von Zeit, Raum oder Kausalität unterworfen, voll bis zum Rand mit unbegrenzter Energie; und beide, dieses unbegrenzte Bewußtsein und die unendliche Energie, können wir mit unserer Vorstellungskraft nicht erfassen. Die Energiesysteme hinter dem sichtbaren Universum kommen alle aus der einen ursprünglichen Energie, die der schöpferischen Intelligenz innewohnt. Was wir als eine leere Ausdehnung des Raumes sehen oder als einen leeren Raum oder als irgendeine Leere, ist voll lebendigen Bewußtseins, das für unsere Sinne nicht wahrnehmbar ist. Wir leben und haben unser Sein in einem Bewußtsein, das durch seine eigene unbegrenzte Kraft sich in unsere materielle Umgebung ergossen hat.

Religiöse Schriften, die dem Gott der Christen, der Muselmanen oder der Juden Allmacht, Allwissenheit und Allgegenwart zuschreiben, weisen, wenn wir sie einmal in unvoreingenommener Weise betrachten, auf denselben Tatbestand hin. Nach dieser Definition ist der HERR allgegenwärtig, ER weiß alles und hat die Macht, alles, was existiert oder das wir uns überhaupt vorstellen können, zu tun oder zu erschaffen, und sogar das, von dem wir überhaupt gar keine Vorstellung haben. Dies heißt, daß Gott als oberste Realität das Universum durchdringt, daß er die Macht besitzt, alles, war darin existiert, zu erschaffen, und daß er von allem, was in dieser Schöpfung geschieht, weiß.

Das bedeutet, in anderen Worten, daß die Schöpfung auch eine Manifestation der Kraft Gottes ist und daß sie, von einem Ende zum anderen, von göttlicher Intelligenz durchdrungen ist.

Daraus folgt, daß die Intelligenz in uns ein außerordentlich verdünnter Strahl der Sonne des Bewußtseins ist, die diese ganze Schöpfung erhellt. Der Mensch ist in winziger Verkleinerung ein Abbild der Realität, die hinter dem Universum existiert. Die Seele ist, wenn auch in außerordentlich verdünnter Form, reines Bewußtsein, und der Körper ist umgewandeltes Bewußtsein und, wie der Kosmos, für unsere Sinne wahrnehmbar. Im Lichte dessen ist das, was wir im Kosmos wahrnehmen, das Spiel des Bewußtseins, einmal manifestiert als hinfälliger und sterblicher Beobachter und ein anderes Mal als kolossales Universum.

In Relation zum Bewußtsein gesehen ist die Materie undurchdringlich, sie ist dem Schöpfungsakt oder auch der willkürlichen Auflösung durch den Schöpfer unterworfen. Welche undurchschaubaren Gesetze diese Aktivtät des allmächtigen Schöpfers regieren, das können wir nicht wissen. Die Energiesysteme, die wir in dieser Welt vorfinden, beginnend mit der Schwerkraft, die die Bewegungen der Sonne und der Planeten kontrolliert, bis hin zu der eindrucksvollen Energie des Atoms, sind alle nur winzige Manifestationen jener unvorstellbaren Kraft des Bewußtseins.

Es mögen im Universum auch noch andere Energien und Kräfte, von denen wir nichts wissen, vorhanden sein. Möglicherweise sind es diese immer noch unbekannten Kräfte, die hinter bizarren psychischen Phänomenen wie Psychokinese, Geistererscheinungen, Levitation, den seltsamen Vorkommnisen von fliegenden Untertassen und von anderen unheimlichen Besuchern aus dem Weltall wirksam werden.

Emporkommend aus derselben unendlichen Energicquelle gibt es möglicherweise andere Schöpfungen und andere Arten von Geschöpfen, die sich vollkommen jenseits der Wahrnehmungsfähigkeit unserer Sinne befinden. Die Menschheit ist möglicherweise auf dem Wege, die Geheimnisse dieser subtilen Kräfte und Energien kennenzulernen und sie für einen blitzschnellen Transport zu weit entfernten Milchstraßen und Sonnensystemen zu nutzen. Wir können nur ein unklares Porträt der Zukunft zeichnen, das auf unseren Kenntnissen der okkulten Traditionen der Vergangenheit aufbaut. Aber sogar dieses blasse Bild verweist auf ein ruhmreiches Schicksal für die Menschen – ein Leben in Freiheit, Glück und Abenteuer, das wir bisher nur mit Engeln und anderen himmlischen Paradiesbewohnern in Verbindung gebracht haben.

Wie könnte dann der Tod diesen winzigen Funken der unendlichen Flamme auslöschen, die doch das Universum hervorgebracht hat und es erleuchtet? Er wird weiterhin im Jenseits leuchten, so, wie die Sonne auf der anderen Seite unseres Globus leuchtet, nachdem sie am Ende des Tages aus unserem Gesichtskreis verschwunden ist. Es ist nur die Begrenzung unserer Sinne, die uns verbietet, jenseits des Horizonts zu blicken.

Wenn unsere Wahrnehmungsfähigkeit nicht derart unzulänglich wäre, dann würden wir die Sonne Tag und Nacht scheinen sehen. Und ähnlich könnten wir auch, wenn wir nicht unfähig wären, das bewußte Selbst in uns mit unseren Sinnen wahrzunehmen, bis in alle Zukunft die Seele in Glück und Erhabenheit in der anderen Welt erkennen, selbst dann, wenn sie nicht mehr mit dem Körper verbunden ist.

Über den Herausgeber

Gene Kieffer traf Gopi Krishna im Jahre 1970 und wurde sein literarischer Agent und Partner, nachdem er seine Autobiographie und einige seiner unveröffentlichten Schriften gelesen hatte. Im selben Jahr gründete er, auf Bitten des Autors, in New York die *Kundalini Research Foundation* (Kundalini Forschungsstiftung), um Interesse an der wissenschaftlichen Erforschung des Phänomens zu wecken. Seine Beschäftigung mit dem Paranormalen begann 1966, als er sich mit dem berühmten Trancemedium Arthur Ford anfreundete, einem Begründer der *Spiritual Frontiers Fellowship*, und als er in den Aufsichtsrat dieser Institution gewählt wurde.

Er ist ebenfalls ein langjähriges Mitglied der *Academy of Religion and Psychical Research* und im Aufsichtsrat des *Temple of Understanding*, einer internationalen Organisation, die es sich zum Ziel gesetzt hat, einen Dialog zwischen den Religionen der Welt zu fördern. Er studierte bereits seit mehr als zwanzig Jahren Mythologie und altägyptische Geschichte und ist im beratenden Gremium für das Sammelwerk *The Encyclopedia of Evolution.*

Gene Kieffer, ein diplomierter Journalist der Universität von Iowa, arbeitete für eine Reihe von Zeitungen, bevor er sich dem Bereich Werbung und Public Relations zuwandte.

esotera-Taschenbücherei im Verlag Hermann Bauer

Dhirendra Brahmachari · Yoga hilft heilen
2. Aufl., 234 Seiten mit 143 s/w-Abb.; kart. ISBN 3-7626-0607-2
Übungen, die starke positive Wirkung auf den gesamten Organismus haben. Dem Schüler wird die Möglichkeit gegeben, seinen ganzen Körper durchzutrainieren.

Paul Brunton · Entdecke dich selbst
2. Aufl., 349 Seiten; kart. ISBN 3-7626-0619-6
Eine Anleitung zur Meditation. Alle Probleme, deren Lösung sich der Mensch unserer Zeit ersehnt, öffnen sich jener konzentrierten Versenkung, die die Tiefenschichten der Seele aufschließt.

Paul Brunton · Karma – Kette von Ursache und Wirkung
238 Seiten; kart. ISBN 3-7626-0628-5
In dieser Sammlung bisher unveröffentlichter Essays erklärt der Autor, warum Gott das sogenannte Böse in der Welt zuläßt. Er gibt eine neue Technik, die das Meditieren erleichtert, erklärt das Gesetz des Karma und stellt die Frage, ob man die Anleitung eines spirituellen Führers benötigt.

Paul Brunton · Die Weisheit des Überselbst
618 Seiten; kart. ISBN 3-7626-0624-2
Ein Weg zu den geheimsten Tiefen in uns selbst. Brunton führt uns den Pfad entlang, der uns in Meditationen über unser geheimstes Wissen schließlich mit dem Yoga des Unwidersprechlichen vom Gipfel in die strahlende letzte Wahrheit blicken läßt.

Eknath Easwaran · Mantram – Hilfe durch die Kraft des Wortes
256 Seiten; kart. ISBN 3-7626-0629-3
Das Mantram ist eine kraftvolle geistige Formel für das Höchste, das wir uns vorstellen können. Ob wir es als Gott oder als das höchste Wesen bezeichnen: Mit dem Mantram wenden wir uns stets an das Beste und Tiefste in uns selbst. Nützliche Gewohnheiten werden gefördert, negative Gefühle abgebaut; wir finden zu einem zielbewußten Handeln.

Verlag Hermann Bauer · Freiburg im Breisgau

Arthur Findlay · Beweise für ein Leben nach dem Tod
2. Aufl., 288 Seiten; kart. ISBN 3-7626-0601-3
Das Phänomen der »Direkten Stimme« als Verbindungsweg zwischen Diesseits und Jenseits. Antworten auf die Fragen: Gibt es ein Leben nach dem Tod? Sehen wir unsere Verstorbenen eines Tages in irgendeiner Form von Jenseits wieder?

Dion Fortune · Die mystische Kabbala
ca. 340 Seiten; kart. ISBN 3-7626-0636-8
Die Kabbala bildet die Basis der westlichen mystischen Tradition und stellt als »Yoga des Westens« ein praktisches System der spirituellen Entfaltung für westliche Menschen dar. So, wie die Kabbala in diesem Buch verstanden wird, ist sie nicht von einer bestimmten Religion abhängig; ihr metaphysisches System kann in Verbindung mit allen mystischen System gesehen werden.

Michel Gauquelin · Kosmische Einflüsse auf menschliches Verhalten
288 Seiten mit 37 Zeichn.; kart. ISBN 3-7626-0606-4
Neue sensationelle Entdeckungen: Zwischen dem Berufserfolg eines Menschen und dem Stand der Planeten in seiner Geburtsstunde gibt es eine Beziehung. Charakterliche Tendenzen zur Geburt unter einer bestimmten Planetenkonstellation sind erblich.

Michel Gauquelin · Planetare Einflüsse auf Persönlichkeit und Lebensweg
276 Seiten mit 15 Zeichn.; kart. ISBN 3-7626-0630-7
Es gibt definitive Zusammenhänge zwischen der Stellung der Planeten bei der Geburt eines Menschen und seinem Lebensweg. Die praktische Anwendung von Gauquelins Forschungsergebnissen hilft, den eigenen Charakter kennenzulernen und festzustellen, für welchen Beruf man sich am besten eignet.

Gert Geisler (Hrsg.) · New Age – Zeugnisse der Zeitenwende
2. Aufl., 207 Seiten; kart. ISBN 3-7626-0608-0
Eine Anthologie wichtiger Beiträge aus fünf Jahren aktueller Berichterstattung der Zeitschrift *esotera*: Dokumente des Umdenkens, der Bewußtseinsveränderung, der Transformation zu einer neuen Zeit.

Gert Geisler (Hrsg.) · Paramedizin – Andere Wege des Heilens
239 Seiten; kart. ISBN 3-7626-0612-9
Eine Anthologie interessanter Berichte aus *esotera* über alternative Konzepte und Methoden zur Wiederherstellung einer positiven Gesundheit.

Steven Halpern · Klang als heilende Kraft
261 Seiten; kart. ISBN 3-7626-0616-1
Eine gesunde »Diät« aus Klängen und Musik als alternative Therapie zur akustischen Umweltverschmutzung und ein Weg, durch die Kraft des Klanges Gesundheit, inneren Frieden und Harmonie zu erlangen.

Erlendur Haraldsson · Sai Baba – ein modernes Wunder
297 Seiten; kart. ISBN 3-7626-0631-5
Ein Forschungsbericht über paranormale Phänomene im Zusammenhang mit dem spirituellen Meister Sathya Sai Baba. Dieser Bericht basiert auf den Beobachtungen eines Wissenschaftlers und auf den Ergebnissen einer ausführlichen Befragung von Augenzeugen. Er beschreibt paranormale Phänomene von außerordentlicher Vielfalt um einen der bemerkenswertesten Männer unseres Jahrhunderts.

Lotte Ingrisch · Nächtebuch
199 Seiten; kart. ISBN 3-7626-0625-0
Es ist die Rückseite unseres Bewußtseins, die Welt hinter dem Spiegel, von der die Autorin berichtet. Nachtfahrten, Spuk, Geister, Dämonen – die Grenzen zu anderen Universen sind überschreitbar. Die Seele des Homo sapiens bekommt wieder Flügel.

Tom Johanson · Zuerst heile den Geist
224 Seiten; kart. ISBN 3-7626-0620-X
Ein Zeugnis für die Existenz ungewöhnlicher, über das Normale hinausgehender Möglichkeiten zur Heilung psychischer und psychosomatischer Leiden.

Allan Kardec · Das Buch der Geister
306 Seiten; kart. ISBN 3-7626-0632-3
Die Grundsätze der spiritistischen Lehre von der Unsterblichkeit der Seele, der Natur der Geister, ihren Beziehungen zu den Menschen; die Sittengesetze, das irdische und künftige Leben und die Zukunft der Menschheit. Nach Kundgebung höherer Geister durch verschiedene Medien.

Allan Kardec · Das Buch der Medien
312 Seiten; kart. ISBN 3-7626-0637-4
Ein Wegweiser für Medien und Anrufer über Art und Einfluß der Geister, die Theorie ihrer verschiedenen Kundgebungen, die Mittel zum Verkehr mit der unsichtbaren Welt und die möglichen Schwierigkeiten, denen man beim Experimentalspiritismus begegnen kann.

Hans-Dieter Leuenberger · Das ist Esoterik
3., aktualisierte Aufl., 223 Seiten; kart. ISBN 3-7626-0621-8
Eine Einführung in esoterisches Denken und in die esoterische Sprache. Dem Neugierigen wird das notwendige Grundwissen vermittelt.

Verlag Hermann Bauer · Freiburg im Breisgau

Lu K'uan Yü · Geheimnisse der chinesischen Meditation
296 Seiten; kart. ISBN 3-7626-0613-7
Selbstgestaltung durch Bewußtseinskontrolle nach den Lehren des Ch'an, des Mahãyãna und der taoistischen Schulen in China.

Lothar-Rüdiger Lütge · Carlos Castaneda und die Lehren des Don Juan
2. Auflage; 171 Seiten mit 4 Zeichn.; kart. ISBN 3-7626-0614-5
Eine praktische Anleitung, die es ermöglicht, Don Juans Lehren nachzuvollziehen und im täglichen Leben anzuwenden. Das von Castaneda beschriebene spirituelle System wird in einen Gesamtzusammenhang mit anderen esoterischen Lehren gestellt, um so dessen Allgemeingültigkeit zu verdeutlichen.

Masahiro Mori · Die Buddha-Natur im Roboter
248 Seiten; kart. ISBN 3-7626-0622-6
Gedanken eines Roboter-Ingenieurs über Wissenschaft und Religion. Vermittlung der Wahrheit und Prinzipien des Buddhismus in einer Sprache, die unserem modernen, wissenschaftlich orientierten Zeitalter gerecht wird.

Karlis Osis und Erlendur Haraldsson · Der Tod – ein neuer Anfang
296 Seiten; kart. ISBN 3-7626-0633-1
In den Berichten von sterbenden und wiederbelebten Patienten, die von den Autoren untersucht wurden, werden die Erscheinungen beschrieben, die die Sterbenden vor ihrem Übergang in ein anderes Leben hatten. Dabei hat es sich erwiesen, daß dies keine Halluzinationen sind, sondern Visionen einer anderen Welt.

Petra A. Peick · Wiedergeburt – Eine Reise in frühere Erdenleben
128 Seiten; kart. ISBN 3-7626-0638-2
An authentischen Protokollen erleben Sie, wie Gerika, eine junge Frau, das Menschsein durch viele Wiedergeburten verstehen lernt. Der Bericht ihrer Rückführung wird ergänzt durch eine Einführung in die Reinkarnationstherapie und in die esoterische Psychologie.

Max Prantl · Licht aus der Herzmitte
335 Seiten; kart. ISBN 3-7626-0617-X
Dokumente einer Erleuchtung. Die Beschreibung mystischer Erfahrungen und zugleich ein prophetischer Ausblick auf eine Zeit der allgemeinen menschlichen Veränderungen.

Ingrid Ramm-Bonwitt · Yoga Nidra – Der Schlaf der Yogis
143 Seiten mit 17 Abb. und 8 Zeichn.; kart. ISBN 3-7626-0615-3
Ein Weg zur Bewußtwerdung des Selbst, der Körper, Seele und Geist in einer selten vollkommenen Weise verbindet und zu bewußtseinstranszendenten Erlebnissen führen kann.

Verlag Hermann Bauer · Freiburg im Breisgau